다 함께 누리는 행복

뉴노멀 시대 행복 방정식

다 함께 누리는 행복

권오문 지음

올림과세움

| 책머리에 |

누구나 행복한 세상을 위한 담대한 전환

인간은 누구나 행복하게 살아가는 세상을 꿈꿔왔습니다. 그러나 인류역사는 온갖 갈등과 분쟁, 그리고 질병 등 비극적인 사건으로 점철되면서 어느 누구도 마음을 놓고 살아보거나 참된 행복을 누리지 못했습니다. 그동안 성현들이 이러한 문제를 해결하기 위해 발 벗고 나섰지만, 세상은 크게 달라지지 않았습니다.

우리 인간이 행복을 찾아 몸부림치고 있는데도 불행의 터널에서 빠져나오지 못하는 원인은 어디에 있을까요? 각 종교에서 주장하듯이 우리 인간은 그야말로 남보다 더 많은 것을 쟁취하려는 탐욕에서 벗어나지 못한 채 무한경쟁을 펼치고 있습니다. 그러나 아무리 많은 재산을 가졌거나 높은 권좌에 앉아 있다고 하더라도 자신이 행복하다고 말하는 사람을 찾아보기 어렵습니다. 우리는 누구나 이처럼 늘 허기진 모습으로 살아가는 것을 보면서 인간의 모순과 한계를 확인하게 됩니다.

그래서 우리가 행복하게 살아가기 위해서는 우선 나 자신이 누구인가를 돌아볼 필요가 있습니다. 다시 말하면 "나는 어디서부터 와서 어디로 가게 되는

가? 나는 왜 사는가? 그리고 나는 누구인가?"라고 하는 근본문제부터 살펴볼 필요가 있다는 것입니다. 결국 그래서 내가 참된 행복에 이를 수 없는 근본적 모순을 가지고 있다면 그에 대한 해결책을 찾아야 할 것입니다.

우리 인간은 그동안 이러한 난제를 풀기 위해 신(神)을 찾아 나섰습니다. 특히 세계 인구의 절대다수를 차지하고 있는 종교인들은 신을 통해 누구에게나 닥쳐오는 인생의 고뇌를 해결하고 삶의 궁극적인 의미를 찾고자 노력했습니다. 그런데 대부분의 종교가 신을 내세우고 있지만, 이 역시 신의 본래 모습을 규명하지 못한 채 이기적 관점에서 신에게 접근하고 있다는 점입니다.

특히 1천여 년의 중세사회를 이끌었던 기독교는 신을 내세우면서 오히려 인간의 자유를 억압하고 이웃 종교와 갈등을 벌여왔습니다. 이는 기독교가 신이 자신을 믿는 사람에게만 구원과 축복을 내리는 초월적인 존재로만 볼 뿐, 누구에게나 자비롭고 공평한 분이라는 신의 본질을 외면했기 때문입니다. 그래서 우리는 신과 인간이 누구인가를 올바로 해명하고 신과의 궁극적인 만남을 통해 우리가 살아가는 목적을 다시 발견하면서 누구나 차별 없이 행복하게 살아갈 수 있는 세상을 실현할 수 있는 길을 찾아야 합니다.

그리고 인간 사회는 그동안 개발이라는 이름 아래 자연생태계를 마구잡이로 훼손한 결과 전 지구적으로 기후 재앙이 일어나면서 전례없는 위기상황 속으로 빠져들고 있습니다. 우리가 코로나바이러스 감염증(코로나19)으로 인해 고통을 받게 된 것도 인간과 자연의 유기적 관계가 무너졌기 때문입니다. 그래서 신과 인간, 자연이 본연의 모습을 회복함으로써 인류가 직면한 문명사적 위기를 근원적으로 해결하고, 누구나 행복한 미래를 개척할 수 있어야 합니다.

　우리는 전대미문의 격변기를 맞이하고 있습니다. 특히 제4차 산업혁명의 영향으로 외적인 환경은 하루가 다르게 급변하고 있습니다. 여기다가 챗GPT를 비롯한 생성형 인공지능(AI)의 등장으로 지식의 개념은 물론 삶의 방식이 크게 달라지고 있습니다. 여기서 제기되는 것이 새로운 일상이나 질서, 표준을 의미하는 뉴노멀(New Normal)입니다. 이제 우리는 달라지는 시대 흐름에 맞춰 과거에 대한 철저한 반성과 함께 모두가 행복하게 살아가는 세상을 실현하기 위해 뉴노멀 시대를 이끌어나갈 수 있는 새로운 가치관을 제시할 수 있어야 합니다.

　그동안 인류가 첨단과학기술을 통해 유례없이 편리한 생활을 누리는 것은 물론 온갖 질병과 노화를 극복하고 생명 연장의 꿈을 이뤄가면서 인간 중심주의는 더욱 확고해졌습니다. 그러나 우리가 인간을 가치의 척도로 삼게 되면 모든 것은 철저하게 상대화할 수밖에 없습니다. 그래서 뉴노멀 시대를 맞아 지금까지 성현들이 노력해온 것처럼 현대 문명사회에서 상실된 신을 재발견하면서 신과 인간, 그리고 자연 세계를 관통하는 영원불변한 법칙과 질서, 즉 새로운 가치관을 깨닫게 될 때 비로소 현대인들이 앓고 있는 가치 상실의 아픔을 치유하고 모두가 행복한 길을 찾을 수 있게 될 것입니다.

　그런데 요즘 우리가 목격하고 있는 시대 흐름은 다행스럽게도 인류의 꿈인 누구나 행복하게 살아가는 공동체를 지향하고 있다는 점입니다. 특히 최근 정보통신기술(ICT)을 접목한 스마트 농업과 양식 기술의 발전에 이어 인공지능(AI)을 기반으로 한 공장의 자동화로 대량생산이 가능해지면서 인간의 먹고사는 문제가 해결되고, 공유경제가 확산하면서 인류사회는 누구나 차별 없이 오순도순 행복하게 살아갈 날도 멀지 않았습니다.

그리고 자본주의가 안고 있는 빈부격차 문제 역시 공정분배를 통해 해결되리라고 보고 있습니다. 마치 자연계가 균형을 이루면서 존재하듯이 향후 인류 문명은 국경과 인종, 종교 등 모든 장벽이 사라지고 자유롭게 이동이 가능해지면서 균형 잡힌 인간 세상이 찾아오게 될 것이기 때문입니다. 그런 점에서 시대 흐름을 이끌 수 있는 올바른 가치관이 뒷받침된다면 인류는 오랜만에 갈등과 분쟁을 끝내고 자유와 평등, 평화의 세계를 실현할 수밖에 없을 것입니다.

그래서 이번에 선보이는 《다 함께 누리는 행복》은 오늘날 인류가 직면한 문명사적 위기를 극복하기 위한 대안으로 신·인간·자연 관계의 회복을 통한 생명공동체 실현 방안을 제시하면서 누구나 행복하게 살아가는 세상을 이뤄나가기 위한 길을 모색했습니다. 이제 인류가 그동안 찾아낸 다양한 지혜를 기반으로 우리의 생각과 생활방식 등 모든 삶의 패러다임을 담대하게 전환하게 된다면 인류의 당면한 위기를 기회로 바꾸고 희망찬 미래를 열어갈 수 있을 것입니다. 이 책이 아무쪼록 독자 여러분에게 전환기적 위기를 지혜롭게 극복하고, 참된 행복을 찾는 데 도움이 될 수 있기를 기원합니다.

2024년 9월 15일
권 오 문

차례

책머리에 / 누구나 행복한 세상을 위한 담대한 전환 ·4
프롤로그 / 뉴노멀 시대 행복한 공동체의 조건 ·11

제1부 첨단기술 문명 시대, 더 가까워진 행복의 꿈

제1장 첨단과학기술이 만드는 미래는 어떤 세상일까?
1. 초연결사회, 경계를 허물다 ·22
2. 융합시대, 새 판을 짜다 ·29
3. 게임체인저와 달라지는 삶 ·36
4. 인공지능과 빅 데이터가 여는 미래 ·43

제2장 누구나 행복한 세상, 과학기술이 열어간다
1. 첨단기술이 만들어가는 낯선 미래, 새로운 질서 ·52
2. 달라지는 노동환경, 삶의 본질을 향한 진통 ·59
3. 성차별과 세대 단절이 사라지다 ·66
4. 미래의 역습, 행복의 주인공이 되는 길 ·73

제3장 급변하는 시대 흐름, 달라지는 행복의 조건
1. 뉴노멀 시대 행복의 기준 ·82
2. 계층 상승, 능력주의의 민낯 ·89
3. 인간의 개성과 자유, 그리고 공감 혁명 ·96
4. 나보다 남을 먼저 생각할 때 찾아오는 행복 ·103

제2부 인간과 자연의 아름다운 동행

제1장 인간의 꿈, 누구나 행복한 세상은 언제 찾아올까?
1. 인간의 꿈, 끝없는 이상사회 실험 ·114
2. 이념 갈등에서 보는 인간의 모순과 한계 ·121
3. 인간은 고유한 개성체, 누구나 행복할 권리 ·128
4. 열린 마음으로 세상을 바라볼 때 찾아오는 행복 ·135

제2장 손에 잡히는 행복, 영원한 행복의 길
1. 트랜스 휴먼 시대의 생명윤리 ·144
2. 무한경쟁과 차별 현상, 그리고 질서 너머로 ·151
3. 누구나 챙겨야 할 행복한 인간백서 ·158
4. 생각의 대전환, 손에 잡히는 행복 ·165

제3장 성큼 다가온 생명공동체의 꿈, 모두가 행복한 세상
1. 인간 중심주의를 넘어 생명공동체의 세계로 ·174
2. 인간과 자연, 공존·공생의 길 ·181
3. 생명 연장시대, 행복한 인생 설계 ·188
4. 우주질서대로 살아갈 때 만나는 행복 ·195

제3부 행복, 잠시 멈춰 서서 돌아보다

제1장 인간은 왜 신에게서 행복을 찾았을까?
1. 첨단과학 시대에도 신을 찾는 까닭은? ·206
2. 탈종교시대, 달라지는 행복의 의미 ·213
3. 누구나 행복한 세상, 왜 그 꿈이 빗나갔나? ·220
4. 신을 향한 인간의 염원, 다 함께 누리는 행복 ·227

제2장 성인에게 듣는 행복한 공동체의 길
1. 성인들이 제시한 행복 방정식은? ·236
2. 성인들이 말하는 온전한 인간, 완전한 행복 ·243
3. 종교가 말하는 행복은 왜 빗나갔나? ·250
4. 종교가 앞장서 이뤄야 할 행복한 세상 ·257

제3장 행복한 세상을 위해 우리가 당장 챙겨야 할 것들
1. 인간의 꿈, 행복한 세상은 왜 이뤄지지 않았나? ·266
2. 탐욕, 불행의 씨앗이 된 까닭은? ·273
3. 오늘에 되새겨보는 사랑의 깊은 뜻은? ·280
4. 한순간의 결단, 그리고 영원한 행복 ·287

에필로그 / 뉴노멀 시대, 인간의 꿈이 현실로 다가오다 ·294

| 프롤로그 |

뉴노멀 시대 행복한 공동체의 조건

인류는 유례를 찾아볼 수 없는 대전환기를 살아가고 있습니다. 첨단과학기술의 발전으로 하루가 다르게 외적 환경이 달라지고 있습니다. 그리고 세계 곳곳에서 나타나고 있는 기후 재앙은 우리의 생존문제와 직결돼 있다는 것을 다시 한번 확인하게 됩니다. 이렇듯 우리는 코로나19 팬데믹이 세계인들의 일상을 바꿔놓았듯이 유례없는 급격한 변화를 실감하면서 살아가고 있습니다.

그렇다면 우리는 달라지는 시대 흐름에 어떻게 적응해야 할까요? 지금은 개인을 넘어 인류 전체, 더 나아가 우리가 몸담고 있는 지구환경을 먼저 생각하면서 달라지는 시대 흐름에 적응하지 않으면 안 될 때입니다. 그리고 오늘날 인류는 직면한 난제들을 하나하나 해결하는 것은 물론, 누구나 차별 없이 행복을 누릴 수 있는 세상을 만들기 위해서는 우리 생각과 삶을 전면적으로 바꾸지 않으면 안 될 절박한 상황에 직면해 있습니다.

디지털 전환시대의 통찰력

우리는 2019년 말 중국 우한에서 발생한 코로나19 팬데믹으로 인해 불확실성의 시대가 눈앞에 다가온 것을 실감하고 있습니다. 더구나 재택근무와 원격 수업 등 일상생활이 비대면을 통해 상당 부분 이뤄지면서 제4차 산업혁명 시대의 변화상을 한 발짝 앞서 경험하고 있습니다. 지금 우리는 현기증이 날 정도로 빠른 변화의 한가운데 서 있습니다.

특히 우리 생활과 밀접한 산업 생태계가 근본적으로 바뀌고 있습니다. 대표적 사례로, 코로나19사태로 인해 기업 대부분이 직격탄을 맞았지만, 온라인 쇼핑몰들은 오히려 그 수혜를 톡톡히 보았습니다. 세계 최대 전자상거래 업체이자 첨단기술의 대표 기업인 아마존의 경우 2020년의 전체 매출이 2019년에 비해 29.5% 증가한 3861억 달러(약 431조5천400억 원)에 달하는 등 세계 경제가 마이너스 4%의 성장이라는 어려운 여건에서도 새로운 신화를 창조했습니다.

제프 베이조스가 1994년 온라인 서점으로 시작한 아마존은 전자상거래와 클라우드 컴퓨팅 관련 분야는 물론 사물인터넷, 우주 관광, 자율주행 자동차 등 다양한 기업을 거느리면서 세계적 기업으로 성장했습니다. 아마존이 이처럼 유통을 넘어 다양한 분야를 제패하고 있는 것은 제4차 산업혁명 시대를 맞아 어느 기업도 넘볼 수 없을 만큼 시대 흐름에 맞춰 디지털 전환에 성공했기 때문입니다. 이는 이러한 전환기에 어떻게 하면 살아남을 수 있느냐 하는 것을 보여주는 중요한 사례입니다.

이처럼 급격한 변화에 대응하는 유일한 방법은 스스로 시대 흐름을 이끌고 변화하는 것입니다. 특히 세계적 기업에서 보듯이 새로운 변화의 흐름에 적극적으로 준비할 수 있어야 합니다. 그리고 그동안 무심코 지나쳐온 것들에 대해서도 새로운 생명을 불어넣을 수 있는 뛰어난 발상입니다. 과거에 빛을 보지 못한 발명품이나 창의적 아이디어들이 많기 때문입니다. 그래서 기업은 디지털 전환시대를 맞아 새로운 통찰력을 갖고 도전에 나서는 것입니다. 이것은 개인의 삶에도 그대로 적용됩니다. 그래서 우리는 이러한 시대 흐름에 뒤처지지 않기 위해서는 기존의 생각과 생활방식을 전면적으로 바꿔나갈 수 있어야 합니다.

특히 우리는 코로나19 팬데믹을 통해 작은 바이러스에도 무너질 만큼 매우 약한 모습이라는 것을 실감하면서 다시 한번 자연과 인간이 상생하지 않으면 안 된다는 것을 확인했습니다. 그리고 디지털 문명사회에서는 우리 인간도 서로를 경쟁의 대상으로 생각하면서 외면하거나 적대시할 것이 아니라 나보다 남을 먼저 생각하면서 나눔과 섬김의 문화를 정착시켜나가야 합니다.

그래서 우리는 나 개인의 성공도 중요하지만, 개체목적과 전체목적의 조화 속에서 누구나 차별 없이 행복하게 살아가는 아름다운 세상을 만들어가지 않으면 안 된다는 것입니다. 그런 점에서 인류는 급격히 달라지는 시대 흐름에 맞춰 개인의 행복보다는 모두가 행복하게 살아가는 세상을 실현하기 위해 힘을 모으지 않으면 안 될 때가 다가오고 있음을 깨닫기 시작했습니다.

새 질서와 표준을 만들어가는 뉴노멀 시대

세계는 뉴노멀 시대를 맞이하고 있습니다. 주요 선진국들이 2008년 글로벌 금융위기를 극복하기 위해 신성장 정책 추진과 부실기업 구조조정 등을 통해 새로운 경제질서 재편에 나서는 과정에서 뉴노멀(New Normal)이라는 말이 등장했듯이 코로나19 팬데믹을 겪으면서 새로운 사회 질서, 새로운 표준을 만들어나가는 뉴노멀 시대로의 진입을 더욱 가속화했습니다.

이 같은 변화의 중심에는 인공지능(AI)과 사물인터넷(IoT), 3D프린팅 등 과학기술 혁신이 뒷받침하고 있음은 물론입니다. 특히 미국 AI연구소가 개발한 챗GPT가 등장하면서 다시 한번 인간과 기술의 문제를 돌아보는 계기가 됐습니다. 딥러닝(기계학습)을 기반으로 AI가 문장을 생성해 사람처럼 언어를 구사하도록 만든 것이 챗GPT입니다. 2018년 개발 이후 꾸준히 업그레이드한 챗GPT는 GPT-3.5, GPT-4 모델을 선보인 데 이어 GPT-4o를 공개했습니다.

그리고 구글 역시 새로운 AI 모델 '프로젝트 아스트라'를 발표했습니다. 이들 새 버전은 텍스트·음성·이미지·영상 정보를 모두 처리할 수 있는 멀티모달 AI 모델로서 마치 사람과 대화하는 것처럼 자연스럽게 이야기를 나눌 수 있다는 점에서 주목받고 있습니다. 이러한 GPT-4o와 아스트라의 등장으로 'AI 비서' 개발 경쟁이 다시금 불붙고 있습니다. 그런데 이러한 AI 대전이 인류역사에 기여할 것인지, 또는 위협이 될 것인지가 인류에게는 현실적인 관심사로 떠오르고 있습니다.

이와 함께 우리가 눈여겨봐야 할 것이 생명공학 분야입니다. 특히 생명공학은 멸종동물의 복원과 난치병 치료, 맞춤 아기 등 새로운 분야에서 큰 성과를 보여주고 있습니다. 여기다가 머지않아 생명공학 기술은 인간의 신체 기능과 수명뿐 아니라 지적·정서적 능력까지 크게 변화시키는 단계에 이르고 있습니다. 요즘 인간의 생명 연장에 직접적인 영향을 주면서 가장 주목받고 있는 생명공학 기술은 유전자 가위 크리스퍼(CRISPR)입니다. 그동안 유방암에 걸리면 유방 절제 수술을 해야 했지만, 크리스퍼가 암을 유발하는 유전자만 싹둑 잘라내면 완치할 수 있다는 것입니다. 이러한 생명공학 기술의 발전은 그동안 도외시해온 신(神)과 인간, 자연의 정체성에 대한 근본문제를 제기하고 있습니다.

유발 하라리는 저서 《사피엔스》의 마지막 장에서 "지난 40억 년 동안 지구상의 모든 생명체는 자연선택의 법칙에 따라 진화했는데, 이제 호모 사피엔스는 그것을 지적설계의 법칙으로 대체하고 있다."라면서 "앞으로 몇십 년 지나지 않아 유전공학과 생명공학 기술 덕분에 우리는 인간의 생리 기능, 면역계, 수명뿐 아니라 지적·정서적 능력까지 크게 변화시킬 수 있게 될 것이다."라고 내다봤습니다. 그러면서 "핵 재앙이나 생태적 재앙이 우리를 먼저 파괴해 버리지 않는 한, 지금과 같은 속도로 기술이 발달한다면 호모 사피엔스가 완전히 다른 존재로 대체되는 시대가 곧 올 것이다."라고 덧붙였습니다.

그리고 후속 저서 《호모데우스》에서는 "이제껏 신의 영역이었던 '불멸, 행복, 신성'의 영역으로 다가가는 속도가 너무 빠르고 그 물결이 거세서 개인의 힘으로는 막을 수 없다."라고 주장하고 있습니다. 이제 생명공학 기술은 신의 영역으로 간주해왔던 생명 창조에까지 다가가다 보니 신과 인간의 관계도 새로운 관심 사항으로 부각되고 있습니다.

그동안 인류는 여러 사상과 이념, 그리고 종교를 앞세워 평화롭고 행복한 세상을 꿈꿔왔지만, 인류의 꿈은 인간이 가지고 있는 한계, 즉 탐욕이 밑바탕이 된 집단이기주의를 극복하지 못한 채 번번이 좌절되고 말았습니다. 그러나 요즘 학자들은 부(富)의 양극화를 해결하기 위해 통계물리학을 통해 모두가 만족하는 공정분배 방안을 찾아내기도 합니다. 즉 공정분배 원칙의 수학적 모델을 이용한 한정된 자원의 경제적 배분 방법을 개발하는 것입니다. 물론 참여자의 주관적 만족을 그 기준으로 삼는다면 합리적 분배원칙이 나오기 어렵지만, 자원의 자연스러운 분포가 공정의 기준이 되고, 우리 사회가 따뜻한 공동체로 나가게 된다면 공정한 분배가 가능하다고 보고 있습니다. 특히 모든 국경과 장벽이 사라지고 이동이 자유롭게 된다면 인류는 만인에 의한 만인의 투쟁 상태에서 벗어나 질서 있게 새로운 문명을 창출할 수 있다는 것입니다.

그런 점에서 이제 우리는 공생·공영의 새로운 가치관을 정립하면서 오늘날 인류의 당면과제들을 하나씩 풀어나가야 합니다. 특히 우리 인류가 기존의 철학과 이념, 종교의 한계를 극복하면서 자연과 더불어 행복하게 살아가는 이상공동체를 실현하기 위해서는 새로운 가치관을 기반으로 근원적 해결책을 찾아야 합니다. 이는 기존의 가치관이 빠르게 해체되고 새로운 문화가 형성되고 있는 시점에서 시대 흐름을 정확히 짚고 이에 대응해야 한다는 것입니다. 우리가 앞으로 신과 인간, 자연의 관계를 다루는 것 자체가 다소 복잡하고 지루할 수도 있지만, 지구 구성원 모두가 행복하게 살아가는 생명공동체를 실현하기 위해서는 이 길밖에 없다는 점에서 온 인류가 오순도순 더불어 살아가는 새로운 가치관을 모색하고 실천하기 위해 힘찬 발걸음을 내딛기를 기대합니다.

| 제1부 |

첨단기술 문명 시대, 더 가까워진 행복의 꿈

| 제1장 |

첨단과학기술이 만드는 미래는 어떤 세상일까?

1. 초연결사회, 경계를 허물다

우리는 인간 사이에 맺어진 깊은 인연 때문에 서로 감동을 받으면서 살아갑니다. 그런 점에서 그 인연이 끊어지지 않고 계속 이어질 수 있다면 이보다 더 큰 행복이 없을 것입니다. 이는 곧 연결의 힘, 서로 함께할 때의 행복을 말합니다.

우리 인간에게 서로 인연을 맺고 만남을 가능하게 하는 수단은 많습니다. 교통수단의 발달로 공간의 제약을 넘어설 수 있게 됐고, 지금은 정보통신기술(IT)을 바탕으로 시간까지 극복하고 있습니다. 그리고 사람과 프로세스, 데이터, 사물 등이 빠르게 연결되고 모든 것이 공유되는 사회입니다. 그러나 우리 인간이 초연결사회에 살아가면서 일상생활은 편리해졌지만, 아직도 많은 사람이 소외되고 또 다른 단절의 아픔을 겪고 있습니다. 그래서 우리 눈앞에 새롭게 전개되는 초연결사회에서 서로가 진정한 마음으로 소통하면서 행복을 누릴 수 있는 길을 찾을 때가 됐습니다.

초연결사회의 도래와 그 한계

인터넷은 컴퓨터나 모바일 등을 통해 정보 교류를 활성화하면서 우리 생활의 전반을 바꿔놓았습니다. 특히 우리는 인터넷을 통해 모든 정보를 검색하는 것은 물론 쇼핑과 은행 업무 등 많은 일을 처리하게 됩니다. 더구나 지금은 여러 사물에 정보통신기술이 융합돼 실시간으로 데이터를 주고받는 사물인터넷(IoT) 시대로 접어들었습니다.

사물인터넷은 모든 사물을 네트워크화하여 서로 소통할 수 있게 하는 시스템입니다. 이는 인터넷 등장 이후 가장 획기적인 변화로 볼 수 있습니다. 특히 완전 자율주행 자동차나 스마트 홈, 스마트 빌딩, 건강관리 서비스 등 모든 분야에 인터넷이 연결되면서 마치 세상은 하나의 거대한 유기체처럼 움직이고 있습니다. 다시 말하면 사물인터넷은 센서와 네트워크 기술, 빅 데이터, 클라우드 컴퓨팅, 인공지능, 3D프린팅 등의 다양한 기반 기술이 어우러지면서 우리 생활 환경을 전면적으로 바꿔놓고 있습니다.

여기다가 사물인터넷은 인간의 개입이 없이 블루투스나 근거리무선통신(NFC), 센서 데이터 등의 도움으로 각 기기가 서로 알아서 정보를 주고받으며 작동을 하게 됩니다. 예를 들면, 청소기와 세탁기, 오디오와 TV, 냉장고와 조리기 등 집안의 사물들이 입력된 데이터에 따라 자동으로 서비스를 제공하는 것입니다. 이렇듯 사물인터넷은 사물에 센서를 부착해 실시간으로 데이터를 주고받으면서 작동하다 보니 인간 생활은 더욱 편리해졌습니다.

이제는 메타버스가 세상을 바꾸겠다는 기세입니다. 메타버스는 초월을 의미하는 메타(meta)와 우주의 의미를 담은 유니버스(universe)의 합성어로서 현실 공간과 가상의 공간이 유기적으로 결합해 또 다른 세계를 열어가고 있습니다. 메타버스를 통해 게임이나 영화, 상거래, 전시, 광고 등이 구현되면서 현실의 삶이 가상의 공간에서 이뤄지고 있는 것입니다.

그리고 미국의 비영리 연구소 오픈AI가 개발한 대화형 AI 챗봇인 챗GPT의 등장으로 인간 사회는 다시 한번 소용돌이가 몰아치고 있습니다. GPT(Generative Pre-trained Transformer)는 기존에 입력된 언어로만 대화를 진행하는 '연산형' 변환기에서 진일보해 딥러닝을 통해 스스로 언어를 생성하고 추론할 능력을 지녔다는 점에서 큰 의미가 있습니다. 챗GPT를 학습시킨 핵심 기법들은 수십 년에 걸쳐 발전해온 전통적인 AI 학습 모델과 알고리즘입니다.

2018년에 초기 모델인 GPT-1이 탄생한 데 이어 최근에는 오픈AI가 챗GPT의 새 버전 'GPT-4o'를 공개했습니다. GPT-4o는 텍스트, 비디오, 오디오, 음성을 모두 처리하는 전천후 AI로 볼 수 있습니다. 이전 모델에 비해 답변 처리 속도가 2배나 빨라졌으며, 음성 반응 속도 또한 평균 320밀리초(1밀리초=0.001초)로 향상되어 실시간에 가까운 속도로 반응할 수 있게 되면서 현실감 있는 AI로 진화했습니다.

챗GPT는 시행착오를 거쳐 최적의 방법을 터득하는 방식인 강화 학습의 기법으로 스스로 오류를 바로잡고 잘못된 전제를 지적할 수 있도록 설계됐으며, 코딩이나 명령어 없이 텍스트 입력만으로 인간과 소통하거나 정해진 과제를 수 초 내로 수행하며, 이전 대화를 기억할 수 있어 맥락을 파악한 채 대화를 이어갑니다. 그러나 인간과 컴퓨터로 대화를 주고받는 단계를 뛰어넘어 다양한 기능을 동시에 수행하는 범용 인공지능(AGI)의 역할을 하기 위해서는 한 번 더 거대한 기술적 진보가 필요하다는 것이 전문가들의 전망입니다.

우리에게 가장 실감 나게 다가오고 있는 것은 바로 '디지털 전환' 입니다. 이제 우리는 디지털 전환시대에 살아남을 수 있는 새로운 생존방식을 모색해야 할 때가 됐습니다. 즉 달라지는 시대 흐름에 적응하면서 누구나 행복을 누릴 수 있는 길을 찾아야 한다는 것입니다. 그것은 우리가 서로 간의 따뜻한 인연의 끈을 어떻게 오롯이 유지하느냐가 관건이 아닐 수 없습니다.

초연결사회의 새로운 가치관

2022년 10월 15일 경기도 성남시 분당구 SK 판교캠퍼스 A동 지하 3층 전기실의 화재로 인해 우리 국민 절대다수의 소통수단으로 자리매김된 카카오 시스템에 장애가 발생했습니다. 메신저가 먹통이 되고, 택시는 안 잡히고, 전자 결제도 불편을 겪었습니다. 이는 우리의 생활에 편리하다는 이유로 아무런 경계심 없이 받아들인 디지털 초연결사회의 작은 고리가 끊어질 경우, 우리 사회의 시스템이 큰 혼란을 겪을 수 있다는 것을 보여준 공개 경고였습니다.

이제 초연결사회를 살아가는 우리가 접하고 있는 물건 가운데 인터넷에 연결되고 자동화하지 않은 것이 없을 정도입니다. 기기에 탑재된 각종 센서 곳곳에서 다양한 정보를 수집하고, 수집된 정보는 인터넷을 통해 인공지능(AI)

학습이 가능한 중앙 슈퍼컴퓨터에 모이게 됩니다. AI가 분석한 결과를 각각의 기기들로 다시 보내면 각 기기는 이를 바탕으로 주변 상황의 변화에 탄력적으로 대응하게 됩니다. 이런 상황에서 천재지변이나 인터넷 마비, 악성 디도스 공격 등으로 인해 우리의 일상생활은 물론 공장 가동이 정지되고, 도로를 달리던 수많은 전기차는 일제히 멈춰 설 수밖에 없다는 것입니다.

그렇지만 디지털 기술이 인간에게 가져다주는 큰 변화는 이제 나와 생각이 다른 사람을 포용하고, '소유'가 '공유'라는 개념으로 크게 바뀌고 있다는 점입니다. 즉 생산된 재화와 서비스를 특정 개인만이 소유하는 것이 아니라 여러 사람이 공유하면서 모두가 행복하게 살아가는 세상을 추구하는 방향으로 달라지고 있다는 것입니다. 이는 그동안 기득권층을 중심으로 모든 제도나 법, 그리고 관행 등이 운영됐지만, 이제는 어느 특정 개인이나 단체, 국가보다는 모두를 위해 재편되고 있다는 것을 보여주고 있습니다. 이처럼 모든 것이 소유 중심에서 공유로 방향이 바뀌게 되고, 개인 중심에서 공동체 중심으로 의식변화가 나타나고 있는 것은 연결과 소통이 만들어낸 현대사회의 진면목이 아닐 수 없습니다. 그래서 모든 사람이 첨단과학기술문명의 혜택을 골고루 누리면서 행복하게 살아갈 수 있도록 새로운 가치관과 삶의 방식, 즉 뉴노멀 시대를 살아갈 수 있는 길을 제대로 정립해나가는 것이 어느 때보다 절실하다는 것을 확인하게 됩니다.

우리가 초연결사회를 살아가기 위해서는 개인 중심의 서양문화보다는 동양의 연결주의 문화에 주목해야 합니다. 동양의 전통문화는 불교나 유교, 도교의 연결주의적 가치체계가 근간이 돼 왔습니다. 특히 서구의 개인주의 문화를 극복할 수 있는 가치관은 불교의 연기법(緣起法)이나 유교의 이기론(理氣論), 도교의 음양론에서 찾을 수 있습니다. 여기서 연기법은 모든 현상은 독립·자존적인 것은 하나도 없고, 모든 조건·원인이 없으면 결과도 없다는 것입니다. 송나라의 주자가 정립한 이기론은 우주 속에 존재하는 모든 현상은 '이(理)'와 '기(氣)'로써 구성됐고, 만물 생성의 근원이 되는 정신적 실재인 '이'와 유형적 존재인 '기'에 의해 생성·변화한다고 보고 있습니다.

오늘날 첨단정보통신기술은 인간 생활 전반에 걸쳐 급격한 변화를 불러왔습니다. 그러다 보니 현대인들은 초연결 시대에 접어들면서 이전에 겪어보지 못한 전혀 새로운 경험을 하고 있습니다. 더구나 많은 사람이 뉴노멀 시대를 살아가면서 또 다른 단절과 소외, 불안감이 증폭되는 것을 보게 됩니다. 그런 점에서 우리가 맞이하게 될 새로운 세상에서는 소외되는 사람이 없이 서로가 협력·상생하면서 자신이 가진 것을 골고루 나눌 수 있어야 합니다. 특히 어떤 한 사람도 낙오하지 않고 모두가 디지털 기술의 활용 능력을 갖춰 디지털 복지를 누리는 초연결 생태계를 만들어가야 합니다. 그렇게 서로가 배려하면서 공동체의 이익을 위해 함께 손을 잡게 될 때 우리 사회는 더욱 살맛 나는 세상이 되지 않을 수 없습니다.

요즘 첨단과학기술은 하루가 다르게 우리 생활을 바꿔놓고 있습니다. 이제 우리가 누구나 행복하게 살아갈 수 있는 세상을 실현하기 위해 노력한다면 머지않아 그러한 꿈도 우리 눈앞에 다가오게 될 것입니다. 그런 점에서 우리가 초연결 시대를 맞아 삶의 의미를 되찾고 다 함께 행복을 누릴 수 있는 길을 모색하기 위해서는 달라지는 시대 흐름을 이끌어갈 수 있는 공생·공영의 새로운 가치관을 정립해야 합니다. 그것은 다름 아닌 우리 모두가 새로운 변화에 적응하면서 나보다 남을 먼저 배려하고 서로 나누면서 살아가는 인간 본연의 모습을 회복하는 길이기도 합니다.

2. 융합시대, 새 판을 짜다

첨단기술 문명이 주도하는 현대사회의 특징은 각종 경계선이 무너지고 있다는 데 있습니다. 다시 말하면 융합(融合)과 퓨전, 크로스오버, 컨버전스, 하이브리드라는 이름 아래 그동안 서로를 구별했던 수많은 경계선이 무너지면서 제3의 창의적 문화가 만들어지고 있습니다.

특히 인류는 그동안 개인이나 단체, 국가의 이익을 앞세우고 장벽을 쌓아 올리면서 갈등과 분쟁을 빚어왔습니다. 그렇지만 요즘 시대 흐름은 과학기술의 발달로 인해 높게 드리워졌던 인위적 경계선이 무너지고, 누구나 행복하게 살아갈 수 있는 세상을 지향하고 있다는 점에서 매우 바람직한 현상이 아닐 수 없습니다.

서로 다른 것이 모여 하나가 되는 세상

과학기술의 발달은 인간의 생활 전반을 바꿔놓고 있습니다. 교통수단이 발달하면서 공간적인 한계를 초월하여 어디든 오갈 수 있게 됐고, 인터넷과 모바일 등 첨단통신기술은 지구 반대편은 물론 우주 여행객들까지 영상을 통해 실시간 대화가 가능하게 했습니다. 지금 우리는 지구촌 시대가 열리면서 지역과 국경은 물론 인종과 종교, 이념, 문화의 담이 철폐되고 있음을 목격하게 됩니다.

우선 이러한 경계선의 철폐는 대중문화에서부터 나타났습니다. 이미 1950년대에 흑인들의 블루스와 백인들의 컨트리가 합쳐져서 '로큰롤'이 탄생했고, 1960년대 말에는 록과 재즈가 손을 잡아 '재즈 록'이라는 퓨전 장르가 만들어진 것은 이러한 경계선의 철폐를 보여주는 중요한 사례입니다. 특히 1980년대에 접어들면서 이념의 장벽을 딛고 동서양의 문화 교류가 활성화하면서 가요와 클래식, 국악과 랩을 접목하는 등 새로운 음악 장르가 더욱 다양한 모습으로 등장하게 됩니다.

이러한 융합 현상은 고정관념이나 틀을 뛰어넘어 더 나은 세상을 추구하는 인간의 몸부림이라고 볼 수 있습니다. 18세기 종교적 믿음보다 인간의 이성을 강조했던 계몽사상은 합리적 사고를 중시했으나 객관성을 지나치게 내세우면서 20세기에 들어와 새로운 도전을 받기 시작합니다. 그래서 세계인들이 모든 사회규범과 의식, 전통적 사회 체계를 해체하고자 한 포스트모더니즘에 열광했습니다. 다시 말하면 19세기에 대상을 그대로 옮겨놓는 것, 즉 재현이라는 사실주의에 대한 반발이 신화와 전통 등 보편적이고 보수성을 중시하는 모더니즘으로 나타났고, 이 역시 난해하고 추상적인 기법으로 흐르면서 대중과 유리되자 1960년대에 들어오면서 작가의 자율성과 개성, 다양성, 대중성이 존중되는 포스트모더니즘 쪽으로 예술은 방향을 틀게 된 것입니다.

이렇게 인간은 끊임없이 자신을 억눌러온 온갖 장벽을 허물고 새로운 돌파구를 찾아 나왔습니다. 이러한 현상은 최근 영역이나 장르를 넘나들며 다양한 섞임을 주류로 하는 문화예술 운동에서 두드러지고 있습니다. 그동안의 서구 역사를 보면 하나의 논리가 정립되기 위해 반대 논리를 억압했지만, 이제는 이념을 앞세워 편을 가르거나 이분법적으로 서로를 구분해온 관행을 뛰어넘고자 하는 것입니다.

특히 현대사회의 중요한 특징인 융합 현상은 컨버전스(Convergence)라는 이름으로 새로운 기술을 창출하고 있다는 점입니다. 일반적으로 '하나로 합친다.'라는 의미의 컨버전스는 이종 제품이나 비즈니스 모델 간, 산업 간의 결합을 나타내는 말로 쓰이고 있습니다. 휴대전화에 카메라나 MP3, DMB 등의 기능이 덧붙여지는 것도 디지털 컨버전스의 한 예로 볼 수 있습니다. 이와 마찬가지로 화학에서 유래한 퓨전(Fusion)은 '서로 다른 두 종류 이상의 것을 섞어 새롭게 만드는 것'을 의미하고 있습니다. 이 역시 퓨전 뮤직이나 퓨전 푸드 등 다양한 형태로 발전하고 있습니다.

하이브리드(hybrid)도 서로 다른 성질을 가진 요소를 둘 이상 뒤섞는 것을 말합니다. 예를 들면, 전기나 휘발유 따위의 동력원을 두 종류 이상 번갈아 가면서 사용할 수 있게 한 것이 하이브리드 자동차입니다. 기존의 자동차보다 연료 소비율이 낮고 배기가스 배출량이 적어 환경친화적인 차로 새롭게 부각되고 있습니다.

그리고 경계를 자유롭게 넘나든다는 의미의 크로스오버(cross-over)도 마찬가지입니다. 이는 주로 대중문화뿐만 아니라 정치나 경제, 사회 등 전 분야에 걸쳐 나타나고 있습니다. 그런데 이러한 융합 현상은 단순한 통합을 넘어서 유기적 화학 결합을 통해 기존에 볼 수 없었던 새로운 가치를 창출해 낸다는 데 큰 의미가 있습니다.

인류역사는 이처럼 무지(無知)에서 지(知)를 향해 꾸준히 발전해오면서 인간 본연의 모습을 한 단계씩 회복해온 과정이라고 볼 수 있습니다. 특히 오색인종이 각종 인위적 경계선을 허물고 한 가족처럼 살아갈 수 있는 것은 인류의 오랜 꿈이 이뤄지고 있음을 보여주는 상징적 모습이라고 하지 않을 수 없습니다.

행복을 향한 인간의 몸부림

인간이 지식을 갖게 된다는 것은 어떤 대상에 대해 객관적으로 인식하고 이해를 한다는 것을 말합니다. 그리고 학문은 어떤 분야를 체계적으로 정리한 지식체계라고 볼 수 있습니다. 그런데 그동안 학문은 분야별로 성과를 올리는 데 급급했지만, 지금은 학제 간의 융합을 통해 새로운 지식을 창출해 내고 있습니다. 다시 말하면 학문 상호 간에는 이질적이지만 서로를 섞어 새로운 차원의 지식을 만들어내는 것입니다.

그래서 기술의 융합이 새로운 그 무엇을 만들어내는 데 목표가 있다면 지식의 융합, 즉 통섭(統攝)은 그것을 위한 학문적 기반을 만드는 것이라고 볼 수 있습니다. 특히 자연과학과 인문학의 연결로 이뤄진 과학철학은 과학 지식의 논리적 구조와 주요 이론에 대한 철학적 분석, 과학과 윤리적 문제, 과학기술이 인간 정신과 신체에 대해 가지는 함의 등 과학과 인간 실존에 대한 통찰력을 갖게 합니다. 이러한 과학과 인문학의 융합은 현대사회에서 과학기술의 발전에 따른 인간성 상실과 윤리 도덕적 문제를 해결하는 데 있어서 객관적이고 논리적인 해답을 제공하고 있습니다.

이처럼 학계에서 학문의 경계를 허물기 위한 시도들이 진행되고 있는 것은 인류가 직면한 여러 현안이 복합적인 형태로 나타나고 있는 상황에서 여러 학문이 힘을 모아 종합적인 이해를 통해 해결 방안을 찾기 위해서입니다. 그래서 인문학과 사회과학 전문가는 과학기술에 대한 기본 지식을 습득하고, 공학도들은 고전과 철학, 문학 등 인문학과 사회과학적 분야에 관심을 갖게 되는 것입니다. 그런 점에서 융합시대에는 단편 지식이 아닌 전체 흐름을 잡아낼 수 있는 통찰력을 기르는 것이 무엇보다 중요시되면서 다양한 학문 간의 통섭 교육이 시행되고 있습니다.

특히 과학과 인문학, 예술 등 각 학문의 통합은 각 학문에 깊이 숨겨진 세상의 질서를 새롭게 발견하고 그것을 통해 인류의 당면과제를 총체적으로 해결하는 것은 물론, 온 인류가 행복하게 살아갈 수 있는 새로운 가치를 창출하는 데 목표가 있습니다. 그리고 융합은 특정 문제를 효과적으로 해결하기 위한 하나의 방법론이란 점에서 융합 인재는 자신의 전문 영역을 중심으로 다른 분야를 폭넓게 섭렵하면서 창의성을 확보하고, 새로운 블루오션 영역을 개척해 나가게 되는 것입니다.

요즘 애플과 페이스북 등 세계적 기업에서 보듯이 창의적 아이디어를 기반으로 개발된 소프트웨어가 경제발전의 새로운 동인(動因)으로 등장하기 때문에 인류역사상 어느 때보다도 경제적 가치로서 그 중요성이 높이 평가되고 있습니다. 특히 애플은 종래 기술 중심의 제품을 사용자 경험 중심의 패러다임으로 창의적 전환을 시도하면서 새로운 신화를 창출했습니다. 그리고 페이스북(메타)은 사용자 중심으로 모바일 환경에 빠르게 대처한 것이 성공 요인으로 작용했습니다. 이들 기업이 성공할 수 있었던 배경은 학문 간의 융합을 통해 창의적 생각이 나래를 펼 수 있었기 때문입니다.

특히 요즘 인공지능(AI)의 발전은 '빅블러(big blur)' 시대를 앞당기고 있습니다. 빅블러 현상은 사회 환경이 빠르게 변화하면서 산업 간 경계가 허물어지는 것을 말합니다. 그래서 기업은 새로운 시대에 필요한 핵심 역량으로 '문제 해결 능력', 창의성을 들고 있습니다. 이에 따라 인재 교육도 시대 흐름에 유연하게 대처하고 다양한 혁신을 시도할 수 있게 '생각하는 힘'을 기르는 방향으로 설계되고 있습니다.

그리고 우리 인간은 내외 양면의 무지를 해결하기 위해 종교와 과학을 앞세웠습니다. 즉 종교는 내적인 진리, 과학은 외적인 진리를 찾아 나왔습니다. 그런데 지금까지 과학의 연구 대상은 본질 세계가 아니고 현상세계였지만 앞으로는 외적이며 결과적인 현상세계에서 내적이며 또한 본질의 세계로 그 차원을 높여가고 있습니다. 그래서 요즘 종교와 과학이 융합이라는 대세를 타고 인간 양면의 무지를 극복하기 위해 나서면서 인류가 풀지 못했던 신과 인간, 우주의 근본문제도 하나씩 해결되고 있습니다.

이제 과학기술의 융합이 세상을 완전히 바꿔놓았듯이 학문의 융합이 모두가 차별 없이 행복하게 살아갈 수 있는 인류의 오랜 꿈을 열어가게 될 것입니다. 더구나 AI 로봇이 인간을 대신해 연중무휴 24시간 일을 하게 될 때 의식주 문제가 자연스럽게 해결되면서 누구나 행복하게 살아갈 세상을 실현하는 것에 관심을 쏟지 않을 수 없습니다. 그래서 우리 인간이 외적 변화에 맞춰 내적인 가치관으로 새롭게 무장하게 된다면 갈등과 분쟁의 역사를 청산하고, 머지않아 온 인류가 한 가족처럼 오순도순 살아가는 세상을 맞이하게 될 것입니다.

3. 게임체인저와 달라지는 삶

우리는 유례없는 변화의 시기를 살아가고 있습니다. 지금은 역사의 축이 바뀌고 새로운 역사의 축을 세우는 전환시대입니다. 독일 철학가 카를 야스퍼스가 기원전 800년부터 기원전 200년까지 중국, 그리스, 인도, 페르시아에서 새로운 종교와 철학이 발생한 것을 두고 '축의 시대'라고 말했듯이 지금은 그에 못지않게 역사의 중심축이 새롭게 자리를 잡아가는 급격한 변화의 시대입니다.

특히 애플 창업자 스티브 잡스와 페이스북(메타) 창업자 마크 저커버그, 구글 창업자 래리 페이지, 테슬라 최고경영자(CEO) 일론 머스크 등 게임체인저(Game Changer)들은 혁신적인 아이디어를 통해 짧은 기간에 세계시장을 장악하고 인간의 삶까지 통째로 변화시키고 있습니다. 이처럼 외적 게임체인저들이 첨단과학기술을 통해 외부 환경을 최고로 편리하게 바꿔놓았듯이 지금은 정신적 게임체인저의 등장으로 내적인 축의 전환도 이뤄질 것으로 기대되고 있습니다.

역사의 흐름을 바꿔놓은 게임체인저

어느 시대이든 역사의 흐름을 바꿔놓은 게임체인저가 있었습니다. 특히 최근 과학기술 분야에서는 혁신적 아이디어를 통해 기존의 시장 판도를 새롭게 바꿔놓는 게임체인저들을 볼 수 있습니다. 보통 게임은 규칙을 정해 놓고 승부를 겨루는 놀이이지만, 이들 게임체인저는 게임의 판도를 바꿔놓을 만큼 창의적 방법을 제시하면서 세상을 변화시키고 있는 것입니다.

다보스 포럼을 주관하는 세계경제포럼(WEF)의 클라우스 슈바프 회장은 빅 데이터와 인공지능(AI), 클라우드, 자율주행차 등 과거 우리가 상상하지 못했던 기술혁명의 진전으로 글로벌 산업을 지배하는 게임 규칙이 달라지고 있다고 밝히고, "새로운 세상, 제4차 산업혁명 시대에서는 큰 물고기가 작은 물고기를 잡아먹는 것이 아니라 빠른 물고기가 느린 물고기를 잡아먹는다."라고 강조했습니다. 이는 제4차 산업혁명 시대에는 기존의 공룡 기업은 도태되고 발 빠르게 변신하는 기업만이 게임체인저로서 생존할 수 있다는 것을 의미합니다.

게임체인저들은 힘의 중심축이 철저히 소비자 권력 시대로 시장이 움직이고 있다는 것을 미리 눈치채고 발 빠르게 대처했습니다. 다시 말하면 소비자들의 마음을 정확히 읽으면서 특정 인물이나 분야를 열성적으로 좋아하는 팬덤을 만들어낸 것입니다. 그래서 소비자의 욕구와 신기술이 결합해 개인의 삶을 윤택하게 하고 세상을 풍요롭게 만들고 있습니다. 게임체인저들이 이처럼 창의적 발상으로 미래를 개척하고 더 나은 세상을 만들기 위해 노력해왔기 때문에 우리가 편리한 생활을 누리고 있는 것입니다.

요즘 젊은이들은 테슬라와 스페이스X의 최고경영자(CEO)인 일론 머스크를 게임체인저의 전형으로 꼽고 있습니다. 남아프리카공화국 프리토리아에서 태어난 머스크는 어린 시절에 자주 공상에 빠지면서 '왕따'의 아픔을 겪기도 했고, 혼자 컴퓨터 프로그래밍을 배운 뒤 12세에 비디오 게임 코드를 직접 짜서 500달러에 팔기도 했습니다. 그는 할리우드 블록버스터 '아이언맨'의 주인공 '토니 스타크'의 실제 모델로도 유명합니다. 그리고 머스크는 24세에 인터넷을 기반으로 지역 정보를 제공하는 'ZIP2'라는 회사를 설립한 뒤 창업 4년 만에 컴퓨터 제조업체에 매각하면서 2천200만 달러를 손에 거머쥐었습니다. 이 돈으로 인터넷 결제 시스템 회사인 '페이팔'을 공동 창업해 첫 번째 잭폿을 터뜨렸습니다. 이 역시 이베이에 15억 달러를 받고 매각했으며, 이를 종잣돈으로 삼아 테슬라를 설립한 뒤 7년 만에 뉴욕 증권시장에 상장시켰습니다. 여기다가 머스크는 2002년 6월 우주 왕복 로켓 제조사인 '스페이스엑스(SpaceX)'를 설립해 우주 개척에 나섰습니다. 이렇듯 '이단아의 신화'를 기록하고 있는 머스크는 기발한 상상력을 통해 남다른 사업 수완을 발휘하면서 게임체인저로 등장했습니다.

이들 게임체인저는 변화하는 소비자들의 행동 양식에 재빨리 대응하면서 기술혁신, 즉 디지털 신기술을 앞세워 세계시장을 석권했습니다. 다시 말하면 성공한 스타트업들은 기존의 경쟁업체에서 고객을 빼앗아 오는 것이 아니라 달라지는 고객의 구매 행동을 미리 파악한 뒤 이에 대처하면서 성공 신화를 만들었습니다. 결국 변화하는 소비자의 트렌드를 읽었기 때문에 오늘날 애플이나 구글, 페이스북, 테슬라와 같은 기업들이 탄생할 수 있었습니다.

　게임체인저들이 이처럼 시대 흐름을 미리 간파하고 세계적 기업을 일으켰 듯이 지금은 외적인 환경 변화에 발맞춰 정신적 혁명을 주도할 수 있는 내적인 게임체인저들이 등장할 때입니다. 다시 말하면 기업의 성공과 실패는 소비자들의 마음을 어떻게 읽고 거기에 올바로 대처하느냐에 달려 있는 것처럼 현대사회는 세계인의 마음을 사로잡고 모든 사람에게 행복을 가져다줄 수 있는 게임체인저들을 기다리고 있습니다.

축의 전환시대, 무엇을 바꿀까

　카를 야스퍼스가 말한 축의 시대 700년 동안은 혼란이 극에 달한 시기입니다. 즉 이 시기는 BC 2000년께부터 거대한 화산 폭발이 잦아지면서 지구 온도가 차고 건조해지는 등 극심한 기후 변화로 인해 인류가 고통을 받고 있었습니다. 특히 이집트에서는 BC 1090년 통일왕국 시대가 막을 내리게 되고, 중국에서는 서방의 유목민인 견융이 호경을 공략한 이듬해인 BC 770년에 주나라가 수도를 동쪽의 낙양으로 옮기면서 약육강식의 춘추전국시대가 등장합니다. 중앙아시아에서 유목하던 아리안족이 인도를 침입하면서 인더스 문명을 일으켰던 민족을 몰아내고 인도의 주인이 됐습니다. 이처럼 혹독한 재해성 기후로 인해 민족의 이동이 잦아지면서 민족 간 충돌이 일어나고 전쟁이 빈발하게 됩니다. 결국 정신적 게임체인저가 등장해 인류에게 새로운 방향을 제시하면서 전환기적 혼란을 수습할 수 있었습니다. 다시 말하면 성인들의 가르침을 바탕으로 새로운 종교와 사상이 탄생하면서 혼란을 수습할 수 있었고, 이 시기에 집대성된 정신문명은 지금까지도 줄곧 인류 사회에 지대한 영향을 끼치고 있습니다.

특히 붓다가 태어날 당시 인도는 전제적인 국왕이 통치하는 도시국가 간의 정복 전쟁이 이어졌습니다. 붓다는 2천565년 전인 BC 6세기에 탄생해 29세에 출가하여 6년간의 고행 끝에 인간이 어떻게 고통에서 벗어나고 참된 삶이 어떤 것인가를 가르쳤습니다. 그리고 BC 6세기경 춘추전국의 혼란기에 태어난 공자 역시 여러 나라를 두루 돌아다니면서 인(仁)을 정치의 이상으로 하는 도덕주의를 설파하고, 수많은 제자를 길러 이상국가 실현의 기반을 다지는 등 위대한 사상가로서 큰 발자국을 남겼습니다.

여기다가 소크라테스도 황금만능주의로 혼란을 겪던 BC 5세기에 태어나 플라톤, 아리스토텔레스와 함께 고대 그리스 철학의 전성기를 이룩했습니다. 그는 '영혼(psyche)'이란 개념을 도입하면서 인간의 삶을 외면적 출세와 영달이 아닌 내면적 양심과 존엄성에 근거해서 정립할 것을 주장한 최초의 철학자입니다. 특히 그는 육체의 감각과 욕망, 쾌락과 고통에서 벗어나 오롯이 영혼만이 깨끗하게 존재할 때, 비로소 진리에 이를 수 있다고 보았습니다. 따라서 철학은 육체의 영향에서 영혼을 해방하는 정화작업의 일환이었습니다. 그리고 소크라테스는 덕과 앎의 일치를 중시하면서 인간의 무지에 대한 자각과 문답법을 이용한 내면적 탐구를 통해 철학적 관점을 자연에서 인간으로 옮겨가게 했다는 점에서 큰 의의를 찾을 수 있습니다.

그리고 카를 야스퍼스는 이 시기에 구약성경의 예언자인 예레미야를 주목

합니다. BC 7세기에 활동한 그는 유대인들에게 재난이 임박했음을 경고하고 회개를 촉구했던 구약의 대표적인 선지자 중의 한 사람입니다. 특히 그는 왕이 원하는 예언만 말하는 가짜 선지자와는 달리 하늘로부터 받은 예언을 그대로 전하다 보니 늘 기득권 세력과 마찰을 빚었고, 끝내 동포 유대인이 던진 돌에 맞아 죽게 됩니다. 유대교는 이러한 과정을 거쳐 기원전 7세기 바빌론 포로시기에 자리를 잡게 됩니다.

이렇듯 축의 시대에는 종교와 사상이 탄생하면서 혼란을 수습하고 인류에게 새로운 길을 제시했습니다. 특히 야스퍼스가 '기술시대'라고 명명한 현대사회는 축의 시대 이상으로 혼란스러운 상황이 전개되고 있습니다. 그리고 지금은 물질문화가 최고도로 발달했지만, 정신적으로는 그에 발맞추지 못하면서 총체적 위기상황에 처해 있다는 것입니다. 그래서 이러한 혼란을 극복할 수 있는 대안이 나와야 할 때입니다. 그것은 다름 아닌 축의 시대에 새로운 종교와 사상이 나온 것처럼 지금은 자유·평등·평화·행복을 향한 인간의 오랜 꿈을 실현하고 시대 흐름을 앞장서 이끌어갈 수 있는 새로운 가치관이 제시되지 않으면 안 될 때라는 것입니다.

그런데 축의 시대를 이끌었던 종교가 지금까지 인류에게 큰 영향을 끼친 것은 사실이지만, 지금은 종교가 오히려 이기적 집단으로 변질하면서 종파 간의 이전투구로 인해 갈등과 분쟁이 끊이질 않고 있습니다. 그리고 요즘 우리 사회에서 벌어지고 있는 보수와 진보의 갈등에서 보듯이 이념과 사상 역시 인류에게 많은 분열을 초래했습니다. 그런 점에서 지금은 내적 게임체인저가 등장해 이러한 혼란과 갈등을 수습하기 위해 새로운 가치관을 제시하지 않으면 안 될 때입니다. 특히 그러한 게임체인저는 종교와 철학이 쌓아 올린 정신문화와 과학기술문명의 통합을 통해 전환기적 혼란을 수습하고 시대 흐름을 이끌어갈 수 있어야 합니다. 그래서 누구나 차별 없이 행복을 누릴 수 있는 세상을 실현하고자 하는 인류의 오랜 꿈을 성취해야 할 것입니다.

4. 인공지능과 빅 데이터가 여는 미래

인간은 본래 자연 상태에서 살아왔지만, 어느샌가 과학기술이 만들어낸 문명의 혜택을 누리게 됐고, 지금은 정보를 많이 습득한 사람이 앞서가는 사회가 됐습니다. 특히 다량의 정보를 체계적으로 분류·집계한 빅 데이터(Big Data)가 금융과 문화, 교통, 유통, 국방, 기상, 기업, 교육, 헬스케어 등 모든 디지털 혁신 분야에서 크게 활용되다 보니 이를 확보하기 위한 경쟁은 나날이 치열해지고 있습니다.

그런데 방대한 데이터의 수집과 분석, 활용이 디지털 산업의 경쟁력으로 연결되는 빅 데이터 시대의 결실은 인공지능(AI)을 기반으로 한 챗GPT의 출시로 모아지고 있습니다. 여기에 최신 알고리즘이 적용돼 탁월한 종합과 분석, 판단과 예측이 눈길을 끌고 있습니다. 물론 챗GPT는 아직 사용자의 질문에 대해 완벽한 답변을 생성하지 못하거나 그 내용이 편향적일 수 있다는 점도 간과해서는 안 됩니다.

AI와 빅 데이터가 만들어가는 세상

세계가 미래 먹거리로 부상한 AI 개발에 사활을 걸고 있습니다. 그동안 반도체의 기적을 이뤘던 우리나라는 이 거대한 물결에 뛰어들어 다시 한번 새로운 영광을 누릴 수 있을까요? 업계에서는 현재 AI 개화기를 위한 인프라 구축 단계로 보고 AI 주도권을 잡기 위한 경쟁에 뛰어들고 있습니다.

2022년 11월 30일 챗GPT가 불러온 생성형 AI 열풍은 산업 사회와 세계 경제에 광범위한 영향을 끼치며, 다양한 형태로 업무 방식, 생산성, 혁신을 재정의하고 있습니다. 메타버스, 대체불가토큰(NFT) 등 유행처럼 스쳐 간 개념들과 전혀 다른 파급력으로 인해 짧은 기간에 뉴노멀로 자리 잡았습니다.

여기다가 AI 에이전트 기술은 인간의 말을 이해하고 주변 환경을 인식하여 일련의 목표를 달성하기 위해 정보를 수집, 분석, 의사결정을 지원하거나 행동을 취할 수 있도록 돕고 있습니다. 이는 사용자의 데이터를 분석해 맞춤형 서비스를 제공하고 스마트폰에 있는 애플리케이션과 연결해 택시 호출이나 음식 주문 등은 물론 업무 자동화와 데이터 분석을 통한 의사결정 지원 같은 징검다리 역할을 합니다. 그리고 AI 에이전트는 자율주행과 스마트홈, 개인 맞춤 서비스 등 다양한 분야에서 활용도가 급증하면서 한층 중요성이 커지고 있습니다. 예를 들면 AI 에이전트는 주인의 지시를 그대로 이행하는 스마트홈 집사 역할을 톡톡히 해내고 있습니다.

인류는 이처럼 AI가 매일 디지털 환경 변화를 주도하고 새로운 시대를 열어가고 있음을 목격합니다. 특히 대규모 언어모델인 챗GPT와 같은 AI 도구

들은 단순히 소프트웨어(SW)만이 아니라 변화의 촉매제로서 우리의 삶과 가치관을 바꾸고 있습니다. 더구나 AI를 통한 혁신은 물리적, 지리적 한계를 뛰어넘어 우리가 일하고 배우고 사회화하는 방식을 재정의하는 것은 물론 물리적 세계와 가상세계 사이의 구분이 점차 모호해지는 미래세계를 보여주고 있습니다.

디지털 문명의 선두주자인 AI는 인간이 만든 기술이지만 인간의 능력을 뛰어넘으면서 이를 어떻게 통제할 것인가 하는 두려움까지 느끼는 전문가들이 늘어나고 있습니다. 그래서 AI 개발자의 시각에 따라 편향성이나 '가짜 뉴스' 문제까지 대두되면서 '인공지능의 핵심 가치판단 기준이 무엇이 되어야 하나?' 라는 철학적 문제까지 등장하고 있습니다.

또한 기술적 특이점, 초인공지능이 출현하는 시점이 오면 인류는 인간과 버금가거나 더 뛰어난 AI가 알아서 기술을 개발하는 것을 보게 될 것입니다. 벌써 AI가 AI를 개발하는 기술이 선보이고 있습니다. 구글 오토ML(AutoML)의 경우 학습이 잘 된 선배 인공지능이 아무것도 모르는 후배 인공지능을 가르치는 기술을 개발했습니다. 앞으로는 인공지능이 사람을 가르치는 세상이 올지도 모를 일입니다.

그리고 현대사회에서 개인이나 조직의 성공 여부를 결정짓는 중요한 요소가 정보입니다. 특히 다양한 정보를 집대성한 빅 데이터는 산업혁명 시기의 원유(原油)나 석탄처럼 생산성 향상을 위한 중요한 원천이자 미래 경쟁력의 우위를 좌우하는 중요한 자원으로 활용되고 있습니다. 여기다가 기업이 빅 데이터에 눈독을 들이는 것은 인공지능(AI)과 사물인터넷(IoT), 로봇기술, 드론, 자율주행 자동차 등을 통해 목격하듯이 제4차 산업혁명의 동력과 기반이기 때문입니다.

특히 요즘 세상의 모든 사물이 네트워크로 연결돼 서로 소통하는 사물인터넷을 통해 빅 데이터를 수집하고, 그것을 클라우드에 저장해 인공지능으로 분석하고 활용하면서 제4차 산업혁명은 획기적 변화를 가져오고 있습니다. 더구나 스마트 홈, 스마트 빌딩, 헬스케어 서비스 등 모든 분야를 연결하고 있는 인터넷은 마치 공기와 다름없이 우리 생활에 깊숙이 스며들고 있습니다. 이처럼 빅 데이터는 산업계 전반에 변화를 몰고 왔습니다. 이제 기업은 빅 데이터의 활용을 통해 고객의 행동을 예측하고 대처 방안을 마련할 수 있다 보니 더욱 경쟁력을 강화하고, 생산성 향상과 비즈니스 혁신을 가져오고 있습니다.

이렇듯 빅 데이터 시대에는 개인의 일상은 물론 기업경영 환경과 국가 경제 전반에 걸쳐 큰 변화를 가져올 수밖에 없습니다. 특히 텍스트, 이미지, 음성, 영상을 넘나드는 생성형 AI 챗GPT의 능력은 모든 종류의 창작 산업을 재편성하고 있다는 점을 주목해야 합니다. 그래서 우리 인간 역시 이러한 시대 흐름에 맞춰 평준화와 표준화, 보편화, 투명성 등의 뉴노멀에 적응하지 않으면 안 될 상황에 직면해 있는 것입니다.

시대 흐름과 공생·공영의 철학

빅테크가 축조한 AI 알고리즘이 신속히 새로운 맞춤형 정보를 추천하고 제공하면서 편리한 측면도 있지만, 이러한 의사소통방식에는 그동안 생각하지 못했던 많은 문제점이 드러나고 있는 것도 주목해야 합니다. 특히 AI 알고리즘이 각 개인이 선호하는 콘텐츠 위주로 추천을 지속하다 보니 대부분 자신의 의견이나 신념에 부합하는 정보에만 주목하는 확증 편향성을 가지게 된다는 점입니다. 여기다가 사용자에게 맞게 걸러진 정보가 마치 거품(버블)처럼 사용자를 가둬버리는 '필터 버블(Filter Bubble)' 현상도 현안으로 떠오르고 있습니다.

그리고 요즘 PC와 모바일 기기 등 첨단제품의 사용이 일상화하면서 그 흔적이 데이터로 그대로 남게 됩니다. 특히 쇼핑, 은행, 증권과 같은 금융거래는 물론 주요 도로와 공공건물, 심지어 아파트 엘리베이터에까지 설치된 방범용 CCTV가 개인의 움직임을 속속들이 촬영하고 있고, 한동안 코로나19의 확산을 저지한다는 명분으로 개인 정보가 담긴 QR 코드를 출입처마다 요구하면서 그야말로 영국의 소설가 조지 오웰이 소설 《1984년》에서 언급한 빅브러더 시대가 도래하고 있습니다.

여기다가 챗GPT가 공개되자마자 폭발적인 관심을 끌게 된 배경은 자신이 원하는 정보를 입력만 하면 바로 결과가 나오기 때문입니다. 그래서 배우거나 경험의 과정이 없어도 원하기만 하면 정리된 지식이 차려지다 보니 열광을 한 것입니다. 그러나 챗GPT와 같은 생성형 AI가 단순노동 직군을 대체할 것이라는 기존 예상과 달리 행정직이나 사무직까지 위협을 받는 등 나날이 그 파장은 커지고 있습니다. 이렇듯 AI는 파급력이 크고, 악의적으로 사용될 가능성이 크다는 점에서 언제든지 AI의 활동을 규제하거나 중단시킬 수 있는 장치가 필요하다고 보고 각국 정부가 대책 마련에 나서고 있습니다.

그렇지만 우리는 빅 데이터 시대를 맞아 인류의 오랜 꿈이 이뤄질 수 있다는 가능성에 주목해야 합니다. 빅 데이터는 대용량 데이터라는 의미를 넘어 그 데이터를 효과적으로 처리하고 분석할 수 있는 기술에 더 초점을 맞추면서 새로운 가치를 창출할 수 있는 기반이 되고 있기 때문입니다. 더구나 공장 자동화를 통해 대량생산이 가능해지면서 인간 생활에 큰 변화가 나타나고 있습니다. 미국의 세계적인 석학인 제러미 리프킨은 《한계비용 제로 사회》라는 저서에서 사물인터넷 플랫폼을 도입하면서 고정비용을 회수한 후 더 이상 생산비가 들어가지 않는 한계비용 제로 상태에 이를 경우 거의 공짜로 상품을 생산하는 시대가 오게 될 것으로 전망했습니다.

다시 말하면 사물인터넷을 통해 수백억 개의 센서가 자연 자원과 생산 설비, 전력망, 물류망, 재활용 흐름에 부착되고 가정, 사무실, 차량, 심지어 인체에까지 심어지게 될 때 프로슈머들이 인터넷을 통해 빅 데이터와 인공지능 알고리즘을 이용해 생산성을 높이고 생산과 공유의 한계비용을 제로 수준으로 낮출 수 있게 된다는 것입니다. 이처럼 '공유경제'라는 새로운 형태의 경제 시대가 열리고, 자연스럽게 의식주 문제가 해결될 때 누구나 행복하게 살아갈 수 있는 풍요한 세상이 오지 않을 수 없다고 전망됩니다.

물론 사물인터넷이 활성화하고 기계가 일자리를 대체하는 과정에서 탈인간화는 불가피하게 나타나게 됩니다. 특히 인간 복제와 생명 연장 기술이 정착된다면 인간에 대한 근본적 회의가 나타날 수밖에 없습니다. 그래서 우리가 새로운 문명사회의 주인공이 되기 위해서는 새로운 가치관으로 무장해 달라지는 시대 흐름을 이끌 수 있어야 합니다. 다시 말하면 디지털 문명사회를 살아가기 위해서는 공생·공영의 철학을 통해 누구나 차별 없이 행복을 누릴 수 있는 세상을 실현해 나가야 한다는 것입니다. 그것이 오늘날 시대 흐름이 지향하는 방향이자 온 인류의 꿈이기 때문입니다.

| 제2장 |

누구나 행복한 세상, 과학기술이 열어간다

1. 첨단기술이 만들어가는 낯선 미래, 새로운 질서

2050년 우리의 미래는 어떤 모습일까요? 새로운 미래는 한 걸음씩 우리에게 다가오고 있습니다. 물론 세계인의 일상을 멈추게 한 코로나19 팬데믹이 보여주었듯이 우리가 예상치 못한 미래도 불시에 찾아올 수 있지만, 요즘 갓 태어난 아이가 30대 중반으로 접어드는 2050년에는 세상이 어떤 모습으로 바뀔 것인가를 놓고 연구하는 서적이 잇따라 출간되면서 다가올 세상도 서서히 그 윤곽이 잡혀가고 있습니다.

앞으로 우리의 삶은 과학기술의 발전으로 더욱 편리하게 되겠지만, 수명연장과 인구감소, 지구 온난화와 주거환경 변화, 전통적 직업 퇴출과 새로운 일자리 탄생 등 많은 변화에 직면하게 될 것입니다. 특히 인공지능(AI) 로봇이 인간의 일자리를 대체하면서 노동을 통한 단순 소득만으로는 먹고 사는 것이 어려워질 수 있습니다. 그래서 우리는 모든 사람이 차별 없이 행복하게 살아갈 수 있는 길을 모색하는 등 열린 마음으로 미래를 준비해야 할 때가 됐습니다.

더 가까이 다가온 미래

우리나라 총인구는 2024년에는 5천175만 명에 이르렀지만, 2050년에는 4천712만 명으로 줄어들게 됩니다. 그리고 인구의 절반이 65세 이상의 고령인구로 채워지면서 의료복지 비용이 정부 예산의 70%를 차지합니다. 특히 대학에서는 대부분 온라인 공개 수업을 통해 자기가 원하는 공부를 하다 보니 캠퍼스는 없어지거나 창작 공간인 메이커 센터로 용도가 바뀝니다.

여기다가 2045년을 배경으로 한 영화 '매트릭스'처럼 머지않아 뇌에 칩을 이식해 그 칩에 지식을 업로드하는 기술이 개발되면서 학습의 개념이 달라지고 능력이라는 말도 사라지게 됩니다. 그래서 아이들은 공부하는 대신 종일 자신이 하고 싶은 일을 찾아다니거나 메이커 센터에서 체험의 기회를 갖습니다.

더구나 AI가 인간의 일을 떠맡으면서 2025년에는 기존 직업의 60%, 2050년쯤이면 일자리 대부분을 대체하게 됩니다. 특히 평균수명이 2050년이면 130세에 육박하다 보니 결혼 방식 역시 달라질 수밖에 없습니다. 전 세계를 무대로 기업활동을 하거나 일자리를 찾아 나서는 사람들이 한 사람과 결혼해 100년 이상을 산다는 것은 쉽지 않기 때문에 전통적인 결혼 제도가 사라지고 생활이나 생산, 사랑 등 다양한 이유로 여러 명과 중복 파트너십을 맺는 일이 일어나게 됩니다. 이는 《세계 미래보고서 2030-2050》이라는 서적에 언급된 내용입니다.

《세계 미래보고서 2030-2050》은 사물인터넷과 3D 프린터, 머신러닝, 합성생물학, 나노기술, 뇌공학, MOOC(온라인 공개수업), 태양광 에너지, 스마트 그리드, 클레이트로닉스, 탄소나노튜브와 그래핀, 유전체 정보시스템 등 수많은 신기술의 등장을 예측했습니다. 그리고 아바타 관계 관리자, 복제 전문가, 기억 수술 전문의, 탄소 배출권 거래 중개인, 양자컴퓨터전문가 등 앞으로 주목받게 될 미래직업도 소개했습니다.

최근 화제의 중심에 선 생성형 인공지능(AI) 챗GPT로 인해 배움터인 학교의 역할이 축소될 가능성이 커지고 있습니다. 그동안 누구나 학교에서 지식을 쌓아왔고, 인터넷에서 필요한 지식을 검색했지만, 챗GPT처럼 인간 뇌를 모방한 초거대AI가 빠른 속도로 진화할 경우 더 이상 학교가 필요없는 시대가 오게 된다는 것입니다. 지식(知識)은 어떤 대상에 대해 배우거나 실천을 통해 알게 된 명확한 인식이나 이해를 말합니다. 그동안 지식은 자신의 직접 경험과 각종 매체로 전달되는 타인의 경험을 배움으로써 축적됐지만, 이제는 배움의 과정이 없어도 챗GPT를 통해 세상의 모든 지식을 내 것으로 삼을 수 있는 시대가 오기 때문입니다.

다시 말하면 자신이 원하는 것을 챗GPT에 입력하면 바로 '정리된 지식'이 나오게 됩니다. 시나 소설, 논문 등을 쓰고자 할 때 챗GPT에 요청하면 모두 해결해주는 것입니다. 초기 모델인 GPT-1이 2018년에 탄생한 이후 새로운 버전이 연이어 출시되면서 스스로 오류를 바로잡고 정확한 정보를 제공하는 방향으로 발전해나가고 있습니다. 코딩이나 명령어 없이 텍스트 입력만으로 인간과 소통하거나 정해진 과제를 수행하며, 이전의 모든 과정을 기억하면서 대화를 이어가고 있습니다.

그러나 최근 챗GPT 개발사 오픈AI와 구글 딥마인드의 전현직 13명이 AI의 위험을 경고하고 나설 정도로 AI의 통제도 발등의 불로 다가오고 있습니다. 이들은 공동 성명을 내고 AI 기술이 초래할 위험으로 기존의 불평등을 심화시키는 것부터 조작과 잘못된 정보, 잠재적으로 인간의 멸종을 초래하는 자율적인 AI 시스템의 통제 상실까지 다양하다고 경고했습니다.

여기다가 'AI 거품론'도 제기되고 있습니다. 즉 AI 산업에 대한 회의론입니다. 미국 소비와 고용이 침체되면서 AI 투자가 계속될 수 있을지, 실제 수익으로 이어질지 불안감이 커지고 있다보니 AI 열풍을 주도해 온 엔비디아는 한때 세계 시총 1위에 오르며 화려한 대관식을 치르자마자 내리막길을 걷기도 했습니다. 일각에선 AI의 미래가 장기적으로 낙관적이라고 하더라도 AI 시장을 2000년대 초 '닷컴 버블'에 빗대고 있을 정도로 그 과정은 꽃길이 아닌 굽이굽이 비탈길일 수밖에 없다는 것입니다.

더 나은 미래를 위한 약속

우리는 제4차 산업혁명이라는 새로운 문명사적 전환기를 살아가고 있습니다. 오늘날 가장 큰 변화를 이끌어온 것은 스마트폰입니다. 스마트폰을 신체 일부처럼 사용하는 새로운 세대를 뜻하는 '포노 사피엔스(phono sapiens)'라는 말이 등장할 정도로 스마트폰은 디지털혁명을 주도해 왔습니다. 손에서 뇌로 연결되는 스마트폰은 현대인에게 또 하나의 인공장기의 역할을 하고 있는 것입니다.

세계 최초의 휴대전화는 1973년 모토로라에서 근무하던 마틴 쿠퍼 박사와 그의 연구팀이 개발했지만, 이제는 다양한 응용프로그램(애플리케이션)을 설치할 수 있게 되면서 전화나 문자 메시지는 물론, 웹 서핑, 게임, 동영상 감상, 문서 열람·작성 등 모든 업무처리가 손안에서 이뤄지고 있습니다. 스마트폰 혁명은 이처럼 정보통신산업의 패러다임뿐만 아니라 인간의 소통 방식마저 바꾼 역사적인 사건입니다.

제4차 산업혁명은 이처럼 스마트폰에 의한 초연결과 인공지능을 기반으로 한 초지능이 핵심 내용입니다. 우리는 인터넷을 탑재한 스마트폰의 대중화로 인해 촉발된 공유 경제와 사물인터넷(IoT) 등을 통해 이미 초연결사회를 살고 있습니다. 그리고 이세돌 9단과 대결했던 인공지능 바둑 프로그램인 알파고에서 본 것처럼 스스로 학습하는 컴퓨터인 딥러닝과 머신러닝, 빅 데이터 등 새로운 초지능의 영역들이 이미 우리 사회 곳곳에서 그 영향력을 키워가고 있습니다.

그리고 SNS의 등장은 IT(정보기술)를 기반으로 한 제4차 산업혁명의 진전으로 비대면 사회의 뉴노멀화가 몰고 오는 새로운 사회변화를 상징합니다. 이는 곧 제4차 산업혁명 시대에 접어들면서 그동안 일반화됐던 획일화와 중앙 집중, 폐쇄성 등을 무너뜨리고 있습니다. 다시 말하면 제3차 산업혁명까지는 효율성을 높이기 위해 의사 결정권을 가진 소수와 침묵하는 다수로 구성됐지만, 이제는 개방과 분권, 맞춤을 지향하면서 새로운 질서를 잡아가고 있다는 것입니다.

그래서 세계적인 기업들도 그동안 이익을 극대화하는 데 초점을 맞춰온 것과는 달리 이제는 중개자로서 자신의 이익을 최소화하고 거래 당사자 간의 만족을 극대화하는 쪽으로 패러다임을 바꾸고 있습니다. 특히 기업이 자기 이익을 극대화하기 위해 권력을 놓기가 어려웠지만, 한동안 세계적으로 비디오 대여 사업을 독점해온 미국의 블록버스터가 달라지는 고객들의 요구를 외면하면서 몰락의 길을 걷게 된 사례에서 보듯이 이제는 제4차 산업혁명 시대 기업은 고객 중심주의를 무엇보다 핵심가치로 삼지 않으면 안 된다는 것을 보여주고 있습니다. 요즘 세계 일류기업가들이 사회공헌사업에 눈을 돌리는 것도 이러한 배경 때문입니다.

더구나 신기술의 도입으로 노동시간이 축소되고 생산성이 늘어나면서 인간의 일자리도 줄어들 수밖에 없다 보니 남을 우선하고 자신의 이익을 최소화하는 이타적 모델이 자리잡을 수밖에 없습니다. 즉 개인이나 기업이 이익의 극대화만을 추구하는 패러다임이 더 이상 시대 흐름에 맞지 않는다는 것입니다. 그래서 아마존이나 구글, 페이스북 등 세계적 디지털 기업들은 철저히 소비자 중심으로 경영의 초점을 맞추고 있습니다. 이처럼 기존의 플랫폼 소유자들에게 이타적 모델을 내세우면서 도전하는 사람들이 늘어나게 되면서 기업 역시 체질 변화가 불가피하리라고 봅니다.

그리고 코로나19의 환란을 겪으면서 인류 삶의 절반은 가상공간에서 이뤄졌고, 디지털 네트워크를 기반으로 하는 플랫폼 경제가 급부상했습니다. 그런데 이러한 플랫폼의 세계가 제4차 산업혁명에 대응하는 혁신의 공간인 동시에 부(富)와 노동시장의 양극화를 낳고 있는 격차의 공간이라는 이중적 특성이 드러나면서 뉴노멀 시대는 공동체 정신의 회복에 초점을 맞추지 않으면 안 된다는 것을 보여주고 있습니다. 그래서 개인이나 기업, 국가, 세계 역시 누구나 차별 없이 행복하게 살아가는 세상을 실현하는 데 앞장서지 않으면 살아남을 수 없는 시대가 우리 목전에 다가오고 있습니다. 그것이 시대정신이자 인류가 공유해야 할 가치관이 아닐 수 없습니다.

2. 달라지는 노동환경, 삶의 본질을 향한 진통

인간의 노동은 과학기술의 발전에 따라 큰 변화를 보여왔습니다. 그동안 농업의 기계화와 공장 자동화로 많은 사람이 일자리를 잃었습니다. 특히 요즘은 날이 갈수록 공장 자동화 기술이 발전하고 인공지능(AI)이 인간의 일자리를 대체하면서 노동시장은 일대 전환이 이뤄지고 있습니다.

그런데 과학기술이 나날이 발전하는 지식정보사회에서는 노동시간이 곧 기업의 이윤과 직결되는 시대는 지나가고, 일과 삶의 균형을 통해 직장인들의 행복을 추구하는 방향으로 바뀌지 않을 수 없다는 점입니다. 그래서 앞으로 과학기술 발전은 노동시간 단축과 함께 '부(富)의 불평등' 문제를 해결하는 데 크게 이바지하리라고 봅니다. 특히 노동시간이 단축될 경우 우리가 어떻게 행복을 누리면서 살아갈 것인가에 더 많은 관심을 쏟아야 할 때가 된 것입니다.

노동의 종말이 가져올 충격

제4차 산업혁명 시대를 맞아 노동환경에 큰 변화가 나타나고 있습니다. 노동시장은 AI 로봇을 앞세우면서 서비스업은 물론 지식노동까지 크게 위협받고 있습니다. 특히 데이터 분석가와 디지털 마케팅, 업무 프로세스 자동화 전문가 등 새로운 수요가 창출되는 반면, 단순 데이터 입력이나 회계 관리직, 단순 조립 공장 노동자 등의 일자리는 감소하는 추세입니다. 그리고 로봇이 그동안 주로 공장에서 정해진 프로그램에 따라 정확하게 물건을 이동하거나 부품을 조립하는 것에 그쳤지만, 이제는 서빙 로봇, 바리스타 로봇, 조리 로봇 등 AI 로봇이 인간의 역할을 상당 부분을 떠맡고 있습니다.

이처럼 AI에 의한 일자리 대체는 큰 충격으로 다가오고 있습니다. 영국 옥스퍼드대 칼 프레이 교수 등 전문가들은 제4차 산업혁명 시대에는 현재 일자리의 20~50%가 새로운 기술로 대체될 것으로 내다보았습니다. 물론 세계경제포럼(WEF)이 2020년 10월 발표한 '2020 일자리의 미래' 보고서에 따르면 2025년까지 자동화 기술의 발전과 코로나19 팬데믹의 영향으로 8천500만 개의 일자리가 로봇에 의해 대체되지만, AI와 콘텐츠 생산 등의 분야에서는 9천700만 개 일자리가 생겨날 것으로 전망했습니다. 이는 인터넷이 확산하기 전에는 상상할 수 없었던 새로운 형태의 일자리들이 등장하기 때문입니다.

그리고 미래산업의 핵심기술로 주목받는 생성형 인공지능(AI)인 챗GPT의 등장은 노동 현장에도 큰 변화를 불러일으키고 있습니다. 미국과 유럽의 약 3

억 개 일자리가 인공지능으로 대체될 것이라는 전망이 나오면서 일론 머스크 테슬라 최고경영자(CEO)와 스티브 워즈니악 애플 공동창업자 등 1천여 명의 주요 인사들이 6개월만이라도 인공지능 학습을 멈추자고 촉구하고 나섰습니다. 골드만삭스에 따르면, 미국을 기준으로 인공지능이 자동화할 분야는 사무와 관리가 46%로 가장 높았고 이어 법률 44%, 엔지니어링 37%, 생명·물리·사회과학 36%, 금융 35% 순으로 나타났습니다.

세계 최대 영화산업 중심인 할리우드가 멈춰 섰습니다. 2023년 5월 2일부터 장기간 파업에 들어간 미국작가조합(WGA) 1만1천500여 명에 이어 9월 14일 자정을 기해 배우 스태프 등 16만여 명이 몸담은 배우·방송인 노동조합(SAG-AFTRA)까지 동반 파업에 돌입한 것입니다. 이들은 대기업 스튜디오를 대표하는 영화·TV 제작자 연맹(AMPTP)을 상대로 동반 파업을 벌인 것입니다. 이로 인해 세계 영상 콘텐츠 시장을 이끄는 미국 메이저 스튜디오와 TV 케이블 네트워크, 넷플릭스와 아마존 프라임 등 스트리밍 서비스는 파업으로 인해 신작 제작이 전면 중단됐습니다.

그런데 이번 파업의 중심에는 AI와 온라인 동영상 서비스(OTT)의 스트리밍(streaming)이 자리 잡고 있습니다. 이는 상상을 초월하는 미디어 환경변화 때문입니다. AI가 글을 자동 생성할 수 있는 능력이 크게 향상되면서 불거진 인간(작가)과 AI 간의 갈등과 충돌이라고 볼 수 있습니다. 특히 작가 여러 명이 머리 싸매고 달라붙어 수개월, 혹은 수년씩 걸려 쓰던 TV·영화 대본도 챗GPT 같은 생성형 AI로 순식간에 그럴듯하게 만들어내기 때문입니다. 그래서 작가협회 소속 영화·방송작가들은 영화나 TV 대본 작성 때 AI 사용을 제한해야 한다고 주장합니다. 더구나 제작자들이 AI를 활용해 작가들이 쓴 대본에서 새로운 대본을 임의로 만들어 내거나 AI를 이용해 만들어낸 대본을 작가들에게 수정하라고 요구해서는 안 된다는 것입니다.

실제로 방송사와 영화사, OTT 등 제작자 입장에서는 기존 작품을 학습한 생성형 AI를 이용해 기본 구조나 초안을 만든 후 작가들을 참여시켜 완성도를 높이는 것이 경비 절감에 도움이 될 수 있다고 보고 있습니다. 그렇지만 이러한 제작상의 변화에 따른 공정한 수익 분배를 배우조합이나 작가조합이 요구하고 나선 것입니다. 여기다가 배우·성우들은 자신의 얼굴과 목소리가 AI의 이미지 합성기술인 딥페이크(deepfake) 기술로 얼마든지 재창조되는 것을 우려해 디지털 초상권을 요구하고 있습니다.

누구나 행복하게 살아가는 공동체의 실험

인간은 일하기 위해 태어났을까요? 인간에게 노동은 삶을 영위하는 수단으로 절대적인 조건이었습니다. 다시 말하면 인간이 살아가기 위해서는 물자가 필요했고, 그 물자는 노동을 통해 얻어졌기 때문에 그야말로 노동은 신성시됐습니다. 그러다 보니 카를 마르크스는 상품의 가치는 상품 생산에 소요된 노동량 혹은 노동시간에 의해 결정된다고 하는 '노동가치설'을 주장했습니다. 물론 이 노동가치설은 인간의 주관적 만족도가 상품 가치의 기준이 된다는 '효용가치설'과는 대립됩니다. 그러나 '노동가치설'은 마르크스 등장 이전부터 학계에서 꾸준히 제기돼왔지만, 마르크스 경제학의 핵심 이론 중

하나로 자리잡으면서 공산주의 태동에 결정적 역할을 하게 됩니다.

그런데 이 '노동가치설'은 처음부터 모순을 안고 있었습니다. 농업과 수공업이 중심이 된 18세기 이전 사회에서는 육체적 노동이 생산의 중심요소가 될 수 있었지만, 공장 자동화로 인해 육체적 노동이 줄어들고 정신노동이 강조되는 요즘 사회에서는 '노동가치설'이 맞지 않다는 것입니다. 특히 AI 로봇의 활용에 따라 극소수의 인력만으로 거대한 가치 창출이 가능해짐으로써 많은 노동자가 일자리를 잃는 상황까지 벌어지고 있기 때문입니다. 그러다 보니 지금은 AI가 주도하는 제4차 산업혁명 시대를 맞아 우리 인간이 몸을 움직여 일해온 노동 역시 그 의미가 이전과는 크게 달라지고 있습니다. 더구나 제4차 산업혁명은 노동자들에게 희망보다는 절망을 안겨주는 측면이 없지 않습니다.

《사피엔스》의 저자 유발 하라리는 AI가 노동력을 대체하면서 노동자를 '쓸모없는 계급'으로 전락시킬 것이라고 주장한 배경도 이 때문입니다. 앞으로 전문가인 소수에게만 일자리가 주어지고 다수는 무직자·무노동자로 내몰리는 상황에서 직장에 나가 일하는 것만을 가지고 노동이라고 규정할 수 없는 상황이 벌어질 수밖에 없습니다. 그러나 노동시장의 변화는 결코 부정적으로만 볼 수 없습니다. 특히 머지않아 소수가 직장에 나가고 다수는 하는 일이 없이 장기간의 휴가를 떠날 수밖에 없는 날이 올 수도 있지만, 이것은 인류의 오랜 꿈, 즉 누구나 행복하게 살아가는 공동체 실현에 크게 이바지할 수 있다는 것입니다.

특히 코로나19 팬데믹은 근로 방식의 변화를 가속화했습니다. 공동 사무

공간에 기반한 오프라인 근무체계는 디지털 연결망에 기반한 온라인 근무체계로 빠르게 전환됐습니다. 즉 화상 회의와 원격 근무 솔루션을 통해 집이 곧 사무실이 됐고, 재택근무가 일상화했습니다.

포드자동차의 설립자인 헨리 포드가 임금의 삭감 없이 주 5일 근무제를 처음으로 시행한 것도 공장 자동화가 가능했기 때문입니다. 일정한 시간에 일정한 장소에서 일정한 형태로 일하도록 정형화된 근무제도에서 벗어나, 업무량이나 일의 성격 등에 따라 업무시간을 탄력적으로 배분하는 유연근무제도 역시 많은 기업에서 도입하고 있습니다. 특히 주 3, 4일 근무도 AI 로봇의 발전으로 머지않아 현실화할 수 있을 것입니다. 이미 일부 기업에서는 주 3일 사무실 출근이나 원격 근무, 가상의 공간에서 온라인으로 업무를 처리하는 메타버스 근무 등 다양한 근무 형태를 도입했습니다. 이는 언제, 어디에서 일하는가를 따지기보다는 더 본질적인 일의 가치에 집중하고, 직원들이 최적의 환경에서 업무에 몰입할 수 있도록 하기 위해서입니다.

이처럼 노동시장에도 누구나 행복하게 살아가는 공동체의 실험이 이뤄지고 있습니다. 이제 정부는 기업과 손을 잡고 고용보험을 확대하는 등 일자리에서 밀려나는 노동자를 위해 사회안전망을 더욱 촘촘히 구축해야 하는 과제를 떠안게 된 것입니다. 특히 일자리를 나누고 어려운 사람을 지원하는 사업은 달라지는 노동환경에 탄력적으로 대응해야 한다는 점에서 피할 수 없는 과정입니다. 그래서 앞으로는 개인의 이익보다 인류 공동의 운명을 생각하고 서로 협력하는 시대가 오지 않을 수 없습니다.

우리는 머지않아 소수의 뛰어난 천재가 인류를 먹여 살리는 지식정보 사회가 고도화하고, 과학기술의 발달로 대량생산이 가능하게 되면서 누구나 차별 없이 행복하게 살아갈 수 있는 이상공동체, 그야말로 대동사회(大同社會)가 이뤄지는 것을 보게 될 것입니다. 이렇듯 인류가 꿈꿔온 이상세계 실현을 위해 서로 돕고 배려하는 나눔과 상생의 문화를 정착시켜나가는 것은 전환시대를 살아가는 우리 모두의 몫이 아닐 수 없습니다.

3. 성차별과 세대 단절이 사라지다

　인간이 스스로 선택할 수 없는 것이 있다면 그것은 남자 여자로 태어나는 것과 나이가 들어가는 것이라고 할 수 있습니다. 특히 여자는 태초부터 지금까지 남자로부터 줄곧 차별을 받아왔고, 아직도 그러한 관행은 완전히 개선되지 않고 있습니다. 그리고 치열한 경쟁 중심의 자본주의 사회에서는 나이 때문에 일찍 직업전선에서 퇴출당하는 사례가 많았습니다.

　그러나 머지않아 여성들의 사회적 지위나 부(富)의 소유가 남성을 능가하고, 낮은 출산율과 고령화 사회의 진입으로 노년층 인구수가 청년층 인구수를 추월하면서 남성과 여성, 청년세대와 노년 세대의 차별이 사라지게 될 것으로 보입니다. 여기다가 모든 것이 달라지는 디지털 전환시대를 맞아 기존의 이념과 제도, 관행 등이 뿌리째 흔들리면서 차별과 불평등이 사라지는 것은 물론, 인간 본연의 모습을 회복하면서 누구나 행복하게 살아가는 세상이 올 수밖에 없기 때문입니다.

여성이 앞서는 시대가 온다

인류에게 닥쳐올 가장 큰 위협은 인구의 변화입니다. 1950년 24억9천만 명이던 세계 인구가 2012년에는 75억 명으로 3배까지 늘어나면서 무분별한 개발과 에너지 사용의 급증 등으로 지구환경 역시 몸살을 앓고 있습니다. 그런데 요즘은 세계의 정치와 경제, 문화를 주도해온 선진국일수록 낮은 출생률을 기록하고 있습니다.

우리나라의 경우 1970년에는 한 해에 100만 명이 태어났으나 한 세대가 지난 2002년에는 그 숫자가 꼭 절반인 50만 명으로 줄었습니다. 그리고 20년이 더 지난 2022년에는 또다시 절반으로 줄어 25만 명이 태어난 것입니다. 이러한 현상은 여성의 지위 향상과도 밀접한 관련성이 있습니다. 여성들이 사회에 적극적으로 진출하고 경제적 지위도 남성과 동등해지면서 출산을 기피하고 있기 때문입니다. 대한민국 여성 1명이 평생 낳을 것으로 기대되는 출생아 수는 0.7명 정도에 불과합니다.

인류역사를 돌아보면, 수렵시대에 힘이 세고 민첩한 자가 우두머리가 됐듯이 그동안 상대적으로 힘 있는 남자 중심의 사회가 이어졌고, 모든 제도와 관행이 남자를 중심으로 움직여왔습니다. 그러나 과학기술이 발전하고 평등사회로 진입하면서 남자 우선의 질서나 가치관이 서서히 사라지고 남녀 상관없이 능력을 앞세우는 사회로 바뀌고 있습니다.

여기다가 여성의 사회 진출을 제도적으로 돕고 있는 나라들이 늘어나고 있습니다. 프랑스 정부는 이미 2005년 5월 모든 정당의 선거 입후보자 명단에 여성을 50% 이상 포함하도록 하는 법률을 제정해 여성의 고위직 진출을 제도화했고, 최근 에마뉘엘 마크롱 대통령은 남녀 각각 11명으로 내각을 구성했습니다. 캐나다나 스페인 등 여러 나라가 이러한 추세를 따라가고 있습니다. 그동안 140여 개국이 헌법으로 양성평등을 보장하면서 여성의 지위와 권한이 신장했지만, 우리나라처럼 아직도 국회나 내각에서 활동하는 여성의 비율은 극히 낮고, 상당수 국가에서 여성 고용률도 남성의 절반에 머무르고 있으나 이 역시 빠르게 개선되리라고 봅니다.

그런데 이러한 여성 차별은 인간의 정신사를 지배해온 종교에 뿌리를 두고 있다는 점입니다. 가톨릭에서는 여성은 사제가 될 수 없도록 제도화하고 있으며, 수녀에게는 신도들이 고해성사를 할 수 없습니다. 개신교의 경우 예장 합동은 제도적으로 여성에게 목사 안수를 허락하지 않고 있으며, 여성 목사 안수가 허용되는 교단도 남성이 대부분 요직을 맡거나 주요 임지로 배치되고 있는 것이 현실입니다. 불교도 교구본사 주지를 맡은 비구니가 없을 정도로 남녀차별 현상은 여전히 개선되지 않고 있습니다. 이란이 1979년 이슬람 혁명 이후 여성들이 공공장소에서 히잡을 착용하지 않으면 최소 벌금형이나 심하면 교도소까지 갈 수 있도록 규제하는 등 이슬람교 여성들이 착용하는 히잡이나 부르카 등은 국제적으로도 논란의 대상이 되고 있습니다.

각 종교가 여성 차별의 근거로 경전을 들고 있습니다. 특히 구약성경에 여자가 뱀의 유혹에 넘어가 타락한 뒤 남자에게 그 죄를 전파하면서 하나님으로부터 "네가 남편을 지배하려고 해도 남편이 너를 다스릴 것이다."(창세기 3:16)라고 경고를 받는 등 유난히 성 차별적 내용이 많이 등장합니다. 그러나 성경에는 "하나님이 당신의 형상대로 사람을 창조"(창세기 1:27)했다거나 예수를 믿게 될 경우 "유대 사람도 그리스 사람도 없으며, 종도 자유인도 없으며, 남자와 여자가 없습니다. 여러분 모두가 그리스도 예수 안에서 하나이기 때문입니다."(갈라디아서 3:28)라는 구절을 보면, 남녀가 똑같이 하나님의 자녀라는 것입니다.

구약성경에 차별적 내용이 등장하는 것은 이스라엘이 철저한 가부장 사회였다는 것과도 무관하지 않습니다. 쿠란에도 남녀평등과 모성·여권 존중 사상이 곳곳에 배어 있지만, 세월이 흘러 무슬림 세계 권력자들이 자신들의 입맛에 따라 교리 해석을 달리하기 시작하면서 경전 정신은 점차 변질됐습니다. 이제 여성 차별은 종교 본연의 모습과는 거리가 멀다는 점에서 이러한 관행은 서서히 사라질 수밖에 없습니다.

세대 단절은 없다

세계보건기구(WHO)가 발표한 자료에 따르면 우리나라의 평균수명은 2017년 기준으로 남자 79.7년, 여자 85.7년입니다. 1970년의 평균수명이 남자 58.6세, 여자 65.6세인 것에 비교하면 47년 만에 남자는 21.1년, 여자는 20.1년이 늘어났습니다. 이는 일본, 스위스 등과 비슷한 수준인데, WHO는 조만간 세계 1위를 차지할 것으로 전망했습니다.

그리고 우리나라는 2025년이면 65세 이상 고령자가 전체 인구의 20%에 달하는 초고령사회에 진입하게 됩니다. 우리나라가 전체 인구의 7%인 고령화 사회에 진입한 이후 25년 만에 초고령사회로 바뀌게 되는 것입니다. 특히 우리나라는 고령화 사회에서 초고령사회로 변화하는 속도는 세계에서 가장 빠르다는 점입니다. 2005년 초고령사회에 진입한 일본이 2020년에 전체 인구의 28.7%가 고령자들이듯이 이탈리아(23.3%)와 포르투갈(22.8%), 핀란드(22.6%) 등 상당수 국가가 초고령사회에 진입했습니다. 특히 일본의 경우 생산 가능 인구(15~64세)가 1990년대 후반부터 줄어들기 시작하면서 2013년에는 '고령자고용안전법'을 개정하여 정년을 70세로 늘리기도 했습니다.

미국 펜실베이니아대 와튼스쿨 마우로 기엔 교수는 《2030 축의 전환》이라는 저서에서 2030년이면 세계 인구의 약 40%에 해당하는 35억 명이 60대 이상의 노년 세대가 차지하면서 노년층 인구가 청년층 인구보다 많아질 것으로 전망했습니다. 그리고 이들이 세계 자산의 절반 이상을 차지하고, 연간 15조 달러에 달하는 구매력을 갖게 되면서 세상을 지배할 것으로 예측했습니다. 특히 노년층은 첨단 신기술을 이용해 편리한 삶을 누리게 되고, 이에 따라 실버 시장 규모의 확대로 건강, 가사 관리 등 관련 사업이 큰 호황을 맞게 되리라는 것입니다.

기엔 교수는 오늘날 출생률 감소와 코로나19 팬데믹이 일으키는 지각변동은 시작에 불과하며, 2030년을 모든 변화의 물결이 응집해 폭발하는 시기, 즉 임계점으로 보았습니다. 그래서 2030년엔 60세 이상 인구가 지구에서 가장 높은 생산적인 활동을 하게 되고 활기찬 삶을 누리게 될 것으로 예상했습니다. 이렇듯 인류 사회는 머지않아 부지불식간에 전혀 낯선 세상과 마주하게 될 것입니다.

이제 노년 세대들이 뒷방 늙은이로 물러나는 것이 아니라 세상을 이끌어갈 주역으로 부상할 것으로 보입니다. 그리고 그동안 노화에 대해 신체적·정신적 기능의 쇠퇴를 말했지만, 이제는 수명 연장 기술이 현실화하고 노년 세대들이 자신의 역할을 다시 찾게 되면서 노년에 대한 인식이 크게 달라질 것입니다. 그런 점에서 노년 세대들은 지난 생애를 돌아보면서 후회를 한다거나 미련을 가질 것이 아니라 늙음을 그대로 받아들이면서 모든 것을 긍정적으로 생각하고 자부심을 가지는 것이 필요합니다. 특히 노년은 중년의 연장일 뿐이기 때문에 그간의 활동을 중단할 것이 아니라 적정수준의 사회적 활동을 유지하면서 신체적으로나 정신적으로 더욱 건강하고 삶에 대해 만족감을 상승시켜나가야 합니다. 이는 노년기에 신체 기능이 다소 쇠퇴한다고 해서 노인의 역할과 지위까지 동시에 내팽개친다면 100세 시대를 살아갈 수 없기 때문입니다.

요즘 이러한 시대 흐름에 따라 자신의 계발에 관심을 가지는 노년 세대들이 늘어나고, 창업 전선에도 뛰어들고 있습니다. 이는 자신의 오랜 지혜와 경륜을 사장하지 않고 활기찬 신 노년 시대를 꿈꾸면서 새로운 도전을 하는 것입니다. 특히 노년 세대들이 스스로 꺼져가는 등불로 생각하거나 가련하기 짝이 없는 삶의 끄트머리로 밀려났다고 생각하는 것이 아니라 정신적으로 더욱 성숙해지면서 보람 있게 살아가고자 하는 의지의 표현이라고 볼 수 있습니다.

우리 인간은 누구나 은퇴할 나이가 다가오면 미지의 신세계와 조우해야 합니다. 그래서 청장년 세대나 노년 세대들이 누구나 차별 없이 행복을 누릴 수 있는 세상을 실현하기 위해 서로 손을 잡아야 합니다. 특히 청장년 세대들도 기다림과 설렘 속에서 100세 시대를 맞이하기 위해서는 미리 노년 세대를 위해 그러한 자리를 만들어줘야 합니다. 그래서 부모와 자녀가 서로 존경과 사랑의 눈길을 보내듯이 더 이상 세대 단절로 인한 갈등이 없이 누구나 아름다운 노년 시대를 마무리할 수 있도록 서로 이해하고 존경하는 분위기를 가꿔 나갈 때가 지금입니다.

4. 미래의 역습, 행복의 주인공이 되는 길

 요즘 세상은 우리가 정신을 차리지 못할 정도로 빠르게 변화하고 있습니다. 여기다가 권력이나 재산, 그리고 남보다 능력이 많다고 하는 사람을 중심으로 굴러가는 사회구조이다 보니 상대적 박탈감을 느끼는 사람이 많아졌습니다. 그런데 지금까지 인류 사회는 이러한 구조적 모순을 해결하고 누구나 행복하게 살아가는 세상을 만드는 데 소홀히 하면서 약육강식의 사회가 지속돼온 것입니다.

 더구나 오늘날 외적으로는 편리한 세상이 됐지만, 내적 발전이 뒤따르지 못하면서 누구나 불행과 불만족을 느끼면서 살아가고 있습니다. 다시 말하면 아무리 남부럽지 않게 살아간다고 하는 사람들 가운데도 자신이 행복하다고 말하는 사람은 적습니다. 이는 인간이 행복을 누리면서 살아가는 것이 최고의 목표이지만, 자신이 누구인가를 모른 채 세상 흐름을 좇아가고 있기 때문입니다. 따라서 우리에게는 시대 흐름에 따라 변화하고 있는 행복에 대한 가치관을 새롭게 정립해야 할 과제를 안고 있습니다.

주체적 삶을 떠난 현대인들

현대사회의 가장 큰 특징은 첨단통신기술의 발달로 이웃과의 소통 방법이 크게 달라졌다는 것입니다. 특히 현대인들은 인터넷 기술 기반의 SNS(소셜 네트워킹 서비스)에 접속해 공통의 관심사를 가진 사람들과 다양한 정보를 주고받거나 특정 이슈에 관해 대화하면서 토론을 벌이기도 합니다. 그러다 보니 대부분 눈을 뜨자마자 카카오톡과 페이스북, 트위터 등에 올라온 메시지를 확인하면서 하루를 시작하게 됩니다. 요즘 SNS가 이처럼 현대인들의 일상을 바꿔놓고 있습니다.

그런데 SNS가 정보의 중요한 소통수단이기는 하지만 부정적인 면도 많다는 점입니다. 다시 말하면 모든 것에는 빛과 어둠, 양(陽)과 음(陰)이 존재하듯이 디지털 문명사회 역시 야누스적 얼굴을 보여주고 있습니다. 현대인들은 스마트폰으로 언제, 어디서나 원하는 사람과 실시간으로 소통을 하는 등 첨단정보통신기기의 높은 편리성과 실용성에 환호하지만, 개인 정보의 노출로 인한 피해도 만만치 않다는 것입니다. 특히 많은 사람이 스마트폰이 손에서 한순간이라도 떨어지게 되면 자신도 모르게 불안해지는 금단현상을 보이고 있습니다.

더구나 SNS는 서로의 얼굴이 드러나지 않은 채 소통하다 보니 개인의 이야기를 모두에게 공개하거나 아무런 의심 없이 다른 사람의 이야기를 그대로 받아들이면서 자신이 누구인지 잊어버리거나 스스로 판단하는 힘조차 상실할 때가 많아지고 있습니다. 이러한 SNS 중독 증세는 세상의 흐름에 무조건 좇아가게 합니다. 다시 말하면 가상세계에서 실제와는 다르게 많은 사람이 선망하는 새로운 자아를 만들어내고 정서적 교감을 하다 보니 현실 감각과 생활의 균형을 잃어버린 채 살아가는 것입니다.

요즘 세상은 편리해졌지만, 현대인들은 이처럼 주체성을 상실한 채 무엇인가에 쫓기는 듯 지내고 있습니다. 즉 자기 자신이 삶의 주체이고 내 삶을 끌고 가는 주인이지만, 오늘날 많은 사람이 스마트폰에 자신의 모든 것을 내맡긴 채 정작 자신이 주인이라는 것을 모르고 살아간다는 것입니다. 특히 SNS를 통해 전달되는 정보는 이해관계에 따라서는 정반대로 판단할 수 있지만, 대부분 맹목적으로 받아들이면서 자신도 모르게 그것을 제공하는 사람의 의도대로 끌려가게 됩니다.

여기다가 정확한 정보인지 확인하지도 않은 채 돌아다니는 글들을 보고 쉽게 판단을 내리게 되는 대중 심리를 이용해 교묘하게 여론을 조작하는 일도 일어나고 있습니다. 대표적 사례가 우리 사회를 갈라놓은 보수와 진보 측이 온라인에서 벌이는 치열한 싸움입니다. 정치 지도자는 서로 자기편을 만들기 위해 진영 논리를 내세우면서 선전·선동을 하고, 국민은 판단도 보류한 채 이념 싸움에 끌려가고 있는 것이 우리의 현실입니다. 결국 이러한 팬덤정치에 휩쓸리는 것은 자신이 삶의 주인공이 되지 못한 채 주변의 움직임에 휘둘리면서 살아가고 있음을 보여주는 것입니다.

우리는 스스로가 삶의 주인공이 되길 꿈꾸고 있습니다. 그것은 외부의 힘에 의지하지 않고 오직 자신의 판단과 능력으로 스스로의 삶을 가꿔갈 때 가능하게 됩니다. 우리가 삶의 주인공이 되겠다고 다짐하는 순간 자신을 아끼고 사랑하는 마음이 생기는 것은 물론, 내면에 잠자고 있던 열정이나 천재성도 깨어나게 됩니다. 그런 점에서 나 자신이 주인공이 되지 못하는 삶은 온전한 삶이라고 볼 수 없습니다.

삶의 주인공이 되는 길

우리 사회에서 성공했다고 하는 사람들은 하나같이 주변 상황에 흔들리지 않고 자신의 꿈을 이루기 위해 초지일관 일에 매진했습니다. 이와는 달리 보통사람들은 타인이 만들어놓은 길을 답습하는 것에 급급하다는 것입니다. 그래서 자신의 꿈을 향해 도전을 멈추지 않고 나만의 성공 신화를 써 나가기 위해서는 자신이 세상의 주인공이라는 것을 확인하는 것이 무엇보다 중요합니다.

지금부터 2천600여 년 전 붓다는 인도의 룸비니 동산에서 정반왕과 마야 부인 사이에서 태어나자마자 일곱 발자국을 걸으며, "하늘 위와 하늘 아래에서 오직 내가 홀로 존귀하다(天上天下唯我獨尊)"라고 외쳤다는 이야기가 전해지고 있습니다. 이는 붓다 자신을 비롯해 모든 존재가 존엄성을 가지고 태어났다는 것을 말하고 있습니다. 그래서 붓다는 고통 속에 헤매는 중생에게 이를 깨우치고, 인간 본래의 성품인 '참된 나(眞我)'를 실현할 수 있는 길을 찾겠다는 결심을 하게 됩니다. 붓다는 결국 29세에 화려한 왕자의 자리를 박차고 나와 고단한 출가사문(出家沙門)의 길을 통해 35세 때 깨달음을 얻은 뒤 45년 동안 전법에 온 힘을 투입합니다.

그러다가 붓다는 쿠시나가라에서 80세에 열반에 들면서 "자신을 등불로 삼고 자신을 귀의처로 하라. 법을 등불로 삼고 법을 귀의처로 하여 수행하라(自燈明法燈明 法燈明法歸依)."라는 유언을 남기게 됩니다. 이 역시 자신이 주인공이라는 것을 의미하는 불교의 핵심적 가르침입니다. 붓다는 세상에 영원한 것은 없다는 엄연한 현실을 직시하고 자신이 처하고 있는 현재의 이 순간을 최선을 다해 자신을 주인공으로 삼아 정진하라는 것입니다.

이렇듯 우리 인간은 한평생 살아가면서 남에게 휘둘리지 않고 자신의 고귀한 가치를 실현하는 것에 삶의 목표를 둬야 합니다. 그러기 위해서는 불교에서 말하듯이 주체성을 잃지 않고 늘 깨어 있어야 합니다. 불교도들이 어느 한순간도 멈추지 않고 자신이 무엇을 하고, 무엇을 느끼고 생각하는지를 끊임없이 알아차려야 한다고 생각하면서 수행 생활을 가장 중요하게 보고 있는 이유도 여기에 있습니다.

이는 곧 자아실현(自我實現)을 의미하는 것이기도 합니다. 아리스토텔레스는 인간의 삶이 자아의 잠재적 가능성의 실현 과정이라는 것을 처음으로 언급했습니다. 그리고 그는 인간의 본질을 합리성으로 보고, 그것을 최대한으로 발휘함으로써 인간의 궁극적인 목표인 행복에 이를 수 있다고 강조했습니다. 그런 점에서 우리는 자신의 잠재적 가능성을 창조적으로 발휘하고 실현하기 위해 부단히 노력해야 합니다. 이처럼 자신이 추구하는 이상적 가치를 발견하고, 그 가치를 성취하기 위해 노력하는 것이 자아실현의 길이라고 볼 수 있습니다.

그래서 우리가 최후의 승리자가 되기 위해서는 나는 누구인가를 올바로 깨닫고, 자신이 설정한 목표를 향해 끊임없이 달려가야 합니다. 그리고 우리는 자신이 성공하기에는 너무 늦었다고 해서 걱정하거나 모든 것을 성취했다고 우쭐할 필요는 없습니다. 지금 자신이 머무르고 있는 곳은 최종 목적지까지 이르는 과정에 불과하기 때문에 최선을 다해 자신이 온전한 모습으로 설 수 있도록 노력하고 삶의 궁극적 목표를 달성하기 위해 달려가야 한다는 것입니다.

애플사의 창업자인 스티브 잡스는 자신의 꿈을 실현하기 위해 대학교를 중퇴합니다. 미혼모의 자녀로 태어난 뒤 양부모에 의해 양육된 잡스는 어느 날 친구가 취미로 만든 인쇄 회로기판을 보자 눈이 번쩍 뜨였습니다. 잡스는 친구에게 "이거 굉장하다! 이것으로 나랑 사업해 보지 않을래?"라고 하면서 사업을 시작해 첫 거래에서 50개를 파는 데 성공합니다. 잡스는 자신이 정말 하고 싶은 일을 발견한 것입니다.

그러면서 그는 부모님의 집 차고에 '애플'이라는 작은 회사를 차렸습니다. 그리고 매일 오늘의 삶이 마지막 날인 것처럼 일에 집중했습니다. 그러나 1987년 값이 비싼 매킨토시 생산을 그만두자는 애플의 CEO 존 스컬리와 의견 충돌을 일으키다 자신이 세운 회사에서 쫓겨났지만, 11년 만에 이사회의 간절한 요청으로 다시 돌아와 위기에 처한 회사를 다시 일으키고 아이폰 신화를 쓰게 됩니다.

지금 우리는 미증유의 전환시대를 살아가고 있습니다. 우리가 달라지는 시대 흐름을 따라잡지 못하게 된다면 영원히 낙오자가 될 수밖에 없습니다. 그래서 우리 자신이 과연 어떤 모습을 하고 있는지를 생각해야 합니다. 삶의 주인공인가, 아니면 누군가의 삶을 흉내 내고 있는가? 삶의 주인공은 그 누구도 아닌, 소우주(小宇宙)라고 하는 바로 우리 자신입니다. 그리고 나 자신을 뛰어넘어 서로 나누고 배려하면서 살아가야 합니다. 그것이 바로 이 땅에서 누구나 행복하게 살아갈 수 있는 세상을 실현하는 지름길이자 우리가 공유해야 할 가치관입니다. 지금은 우리 자신이 누구인가를 올바로 알고 한 번뿐인 인생, 보람차게 살아갈 수 있도록 노력해야 할 때입니다.

| 제3장 |

급변하는 시대 흐름, 달라지는 행복의 조건

1. 뉴노멀 시대 행복의 기준

　오늘날 우리 인간이 처한 상황은 천태만상입니다. 부모로부터 많은 재산을 물려받거나 남들보다 좋은 대학, 좋은 직장을 다니면서 어려움 없이 살아가는 사람이 있는가 하면, 어려운 환경에서 힘겹게 살아가는 사람도 많습니다. 더구나 자본주의 사회는 부의 편중화 현상으로 소수를 제외한 대부분이 밤낮 없이 힘든 노동을 하지 않으면 살아가는 것조차 힘든 구조입니다. 그러다 보니 누구나 어렵게 살아가는 자신을 돌아보면서 남보다 더 많은 것을 챙기고자 하는 생각이 늘 자리잡게 되는 것입니다.

　그러나 우리는 금쪽같은 시간을 보람 있고 아름다운 삶을 위해 할애하는 것이 아니라 과도한 물질 추구나 명예, 혹은 권력 쟁취 등을 위해 투입하다 보면 말년에는 허무한 생각이 몰려올 수밖에 없습니다. 본래 우리 인간은 삶의 의미를 되찾고 자신에게 부여된 시간을 어떻게 활용하느냐에 따라 인생의 성공 여부가 드러나게 됩니다. 행복은 자신에게 주어진 환경을 어떻게 슬기롭게 이끌어가느냐에 달려 있기 때문입니다. 그래서 우리는 주변을 의식하기보다는 각자 나름대로 보람 있게 시간을 관리하면서 한 번뿐인 생애를 의미

있고 행복하게 보낼 수 있는 길을 찾아야 합니다.

달라지는 뉴노멀 시대의 행복

우리는 새로운 기준이나 일상이 자리를 잡아가는 뉴노멀(New Normal) 시대를 살아가고 있습니다. 뉴노멀은 2008년 금융위기 이후 세계 경제가 새롭게 재편되는 과정에서 '비정상'으로 여겨졌던 것들이 '정상'으로 자리잡아가는 것을 보면서 크게 회자되기 시작했습니다. 다시 말하면 각종 규제의 완화와 금융 산업의 급격한 성장으로 인해 고위험 상품에 대한 투자가 증가하고 부동산 가격의 거품 현상이 나타나면서 발생한 금융위기 이후, 이에 대한 반성과 함께 탐욕보다는 절제로, 고속 성장보다는 지속가능한 성장이라는 새로운 질서를 모색하는 시점에서 뉴노멀이란 말이 주목을 받게 된 것입니다.

특히 이 당시 정부의 지나친 시장 방임이 경제위기를 불러왔다는 점에서 정부의 적절한 규제가 필요해졌고, 돈을 돌려 거품을 일으키는 경제성장 방식에 제동이 걸리게 됐습니다. 그래서 세계 경제는 금융 규제가 강화되고, 금융기관들은 고위험 투자를 축소하다 보니 저성장과 저소비, 높은 실업률 등의 새로운 변화가 나타나게 됐습니다.

이렇듯 세계 각국이 금융위기를 뉴노멀이라는 새로운 기준을 세워 돌파해 나갔듯이 코로나19가 몰고 온 격변기를 슬기롭게 극복하는 과정에서 다시금 뉴노멀이란 말이 등장하게 된 것입니다. 다시 말하면 우리가 달라지는 시대 흐름에 맞춰 누구나 슬기롭게 위기를 극복하면서 행복하게 살아가기 위해서는 새로운 발상을 통해 삶의 잣대와 가치관을 정립해야 하기 때문입니다.

그렇다면 우리가 마주하고 있는 뉴노멀 시대의 행복에 대한 기준은 무엇일까요? 우리는 급격한 전환기를 살아가면서 가치관과 자아 개념, 그리고 삶의 양식에 큰 변화가 나타나고 있음을 목격하게 됩니다. 특히 시대와 환경 변화로 나타나는 뉴노멀은 평범한 일상과 삶의 가치를 새롭게 조명하고 있다는 점에서 주목받고 있습니다. 그것은 인간 본연의 모습을 추구하고자 하는 욕구와 누구나 각자의 다양한 특성을 살려 나가고자 하는 흐름을 반영하고 있기 때문입니다.

그리고 우선 코로나19 팬데믹으로 인해 일상생활은 대부분 가정을 중심으로 이뤄졌습니다. 그러다 보니 일상의 가치, 평범한 일상생활을 소중하게 생각하게 된 것입니다. 특히 젊은이들을 중심으로 주거공간에서 소소한 일상의 행복을 추구하는 휘게(Hygge)나 현재 자신의 행복을 중시하는 욜로(YOLO), 집 밖에서의 경험을 집안에서 즐기는 인스피리언스(Insperience) 등 다양한 생활양식이 자리잡게 됐습니다. 그동안 남들의 시선을 행복의 척도로 삼아온 사람들이 비대면 문화가 확장되면서 자신의 존재가치와 정체성을 발견하고자 한 것입니다. 이처럼 뉴노멀 시대를 맞아 누구나 진정한 행복을 누리기 위해서는 자율적인 본성 회복이 중요한 과제로 떠오르고 있습니다.

요즘 맑은 물과 초원을 찾아 옮겨 다니는 유목민처럼 살아가는 사람들도 등장하고 있습니다. 특정한 가치와 삶의 방식에 얽매이지 않고 끊임없이 새로운 자아를 찾아가는 것입니다. 특히 오늘날 젊은이들은 휴대전화, 노트북, PDA 등과 같은 첨단 디지털 기기를 들고 다니면서 시공간의 제약 없이 인터넷에 접속하여 필요한 정보를 찾고 쌍방향으로 소통하고 있습니다. 이들은 특정한 가치와 삶의 방식에 매달리지 않고 끊임없이 자신을 바꾸어 가는, 그야말로 21세기는 노마드(Nomad)의 시대를 이끌어가고 있습니다.

그런데 요즘 급격한 변화에 적응하지 못한 채 뒤처지는 이들이 많습니다. 다시 말하면 비대면 문화가 일상화하면서 무인 시스템을 도입하는 점포들이 늘고 있지만, 기계에 익숙하지 않은 노년층이 있고, 생성형 인공지능(AI) 도입에 따라 자동화가 가속화하면서 아예 노동시장에 진입할 기회마저 사라진 청년층이 늘어나고 있습니다. 이처럼 심화하는 양극화를 극복하기 위해서는 국가나 기업이 발 벗고 나선다고 하더라도 한계가 있기 때문에 서로 돕고 살아가는 세상을 만들어야 합니다. 그래서 뉴노멀 시대를 이끌어나갈 새로운 가치관 정립이 시급히 요청되고 있는 것입니다.

더불어 살아갈 때 찾아오는 행복

인생의 궁극적인 목표는 행복이라고 말합니다. 성현들도 고통과 불행 속에서 허덕이는 우리 인간들에게 행복에 이를 수 있는 길을 제시했습니다. 그들은 행복을 정신적 측면에서 접근했지만, 오늘날 힘들게 살아가는 사람들에게는 당장 의식주 문제 등 해결해야 하는 과제가 산적해 있습니다. 그러다 보니 행복은 자기 삶에 대한 만족도가 크게 좌우하게 됩니다. 그래서 자신이 정한 목표를 달성할 때의 성취감을 행복이라고 여기는 사람도 있고, 가족이 잘 지내는 것을 행복이라고 생각하는 사람도 있습니다. 대부분 어떤 어려운 일에도 평정심을 잃지 않고 주어진 환경에서 최선을 다해 살아갈 때 행복이 찾아온다고 보고 있습니다.

그런데 현대인들은 남들보다 더 많은 실력을 쌓고, 더 많은 재산을 모으기 위해 한평생을 바칩니다. 그러나 그렇게 자신을 투입한 만큼 행복이 찾아오지 않는다는 것입니다. 특히 현대인들은 지금보다 더 행복해지기 위해서는 많은 돈이 필요하다고 생각하지만 그렇게 재산을 많이 모은 사람 가운데 행복하다고 말하는 사람은 많지 않습니다. 그래서 우리는 진정한 행복을 찾기 위해 새로운 출발을 해야 할 때가 됐습니다.

요즘 우리는 전환기를 살아가면서 우리가 그동안 망각하고 있었던 진실과 마주하게 됩니다. 그 가운데 하나가 인간과 자연은 상호 연결돼 있음을 다시 한번 확인하게 됐습니다. 코로나19는 자연 서식지를 잃어버린 바이러스가 인간을 새로운 숙주로 하면서 발생했습니다. 그리고 강한 바이러스의 전파력으로 인해 순식간에 세계를 공포 속으로 몰아넣었습니다. 결국 우주 질서는 인간과 인간, 인간과 자연이 상호 연결된 공동체적 운명 관계 속에서 움직이게 된다는 것을 깨닫게 된 것입니다. 그러다 보니 우리 인간은 나 자신이 아무리 행복하더라도 그것이 진정한 행복이 아니라는 것을 느끼기 시작했습니다. 행복은 이처럼 더불어 사는 삶에서 오기 때문입니다.

그리고 우리는 인공지능(AI) 기술이 만들어내는 세상에서 살아갈 수밖에 없다는 점입니다. 이미 챗GPT 등 생성형 AI가 인간의 능력을 초월하고 있는 현실을 목격하고 있습니다. AI 기술의 파급효과는 인터넷의 100배 이상이 될 것으로 보는 이들도 있습니다. 특히 로봇과의 일상적 대화가 자유롭게 이뤄지면서 이웃과의 교류가 없더라도 불편함이 없이 살아갈 날이 머지않았습니다. 이처럼 30여 년 전에 등장했던 인터넷처럼 앞으로 AI 기술이 우리 삶을 크게 바꿔놓게 될 것입니다.

그래서 우리 인류는 인간의 지능과 역량을 능가하는 AI 기술을 활용해서 기존의 방법으로는 불가능했던 더 나은 미래, 더 행복한 미래를 만들어야 하는 과제를 안고 있습니다. 그러기 위해서는 AI가 개발자의 통제를 벗어나고 있다는 경고가 나오고 있는 상황에서 우리 인간이 지구공동체의 일원이라는 인식 아래 다 같이 행복을 누리면서 살아갈 수 있는 새로운 가치관으로 무장하는 수밖에 없습니다.

그리고 우리의 미래를 AI에 내맡길 것이 아니라 우리 각자가 삶의 주인공이 되지 않으면 이 난국을 헤쳐나갈 수 없다는 것입니다. 이는 바로 자아실현의 구현으로 얻어지는 가치입니다. 자아실현은 개개인이 독창적 잠재력과 능력을 최대한 발휘하여 자신의 목표와 가치를 이뤄나갈 때 가능해집니다. 다시 말하면 단순한 성공이나 성취를 넘어 자신의 삶에 의미와 가치를 부여할 때만이 독창적이고 창발적 가치를 만들어 낼 수 있고, 이웃과 함께 행복한 삶을 영위할 수 있게 된다는 것입니다.

그런 점에서 초지능·초융합·초연결 사회인 뉴노멀 시대의 핵심가치는 그동안 서로 외면했던 이웃을 다시금 돌아보면서 나눔과 섬김, 베풂의 삶을 정착시켜나가는 것으로 볼 수 있습니다. 그리고 당면한 기후 위기를 극복하기 위해서는 성장보다는 어떻게 하면 사회가 건강하게 지속할 수 있을지를 생각하면서 삶의 방식을 전면적으로 바꿔나가야 합니다. 이것은 누구나 차별 없이 행복하게 살아가는 세상을 만들어갈 수 있는 최소한의 조건들이기 때문입니다. 우리가 이러한 가치관으로 무장할 때 인류 사회가 겪어왔던 갈등과 분쟁을 청산하고 모처럼 평화로운 세상을 맞이하게 될 것입니다.

2. 계층 상승, 능력주의의 민낯

인간은 누구나 천부적 소질을 가지고 태어납니다. 그래서 어떤 사람이든 약간의 차이는 있을 뿐 자신이 하고 싶은 일을 찾아 능력을 발휘할 수 있는 환경이 갖춰지게 되면 어떠한 과제든 수행할 수 있다는 것입니다. 그런데 능력 위주의 사회는 계층 이동은 어려워지고, 불평등은 더욱 깊어지게 하고 있습니다. 특히 현대사회는 개인의 능력을 불가침의 가치로 보고 치열한 경쟁이 이뤄지기 때문에 여기에서 낙오되는 사람은 체념한 채 살아갈 수밖에 없는 구조입니다.

그러나 우리는 과학기술의 발전으로 인간이 해야 할 일을 인공지능(AI) 로봇과 같은 첨단기기가 상당 부분 떠맡고 있다 보니 개인과 전체의 조화 속에 이웃과 더불어 살아갈 수 있는 길을 모색하지 않으면 안 될 때가 됐습니다. 다시 말하면 개인의 이익보다는 남을 배려하는 공동체 정신이 우선되는 사회가 돼야 한다는 점에서 능력주의를 넘어설 수 있는 새로운 가치관이 자리잡아야 한다는 것입니다.

능력주의의 함정

자본주의는 치열한 경쟁을 통해 일자리를 찾고 능력에 따라 보수를 받는 사회구조입니다. 그래서 양극화가 깊어지고, 이러한 승자독식의 논리는 또 다른 불평등을 만들고 있습니다. 그러나 그동안 부모의 신분에 따른 세습 주의나 부의 대물림 현상이 상당히 무너진 것은 다행스러운 일이지만, 일률적인 선발시험을 통해 개인의 능력을 평가받는 현 제도 역시 새로운 불평등을 조장하고 있다는 우려가 제기되고 있습니다.

국제구호개발기구 옥스팜은 2020년 1월 20일 자산 10억 달러 이상의 세계 최상위 부자 2천153명이 세계 인구의 60%에 해당하는 46억 명보다 더 많은 부를 소유하고 있는 것으로 발표했습니다. 옥스팜은 해마다 1월 스위스에서 열리는 다보스포럼에 맞춰 이 같은 보고서를 공개하면서 국제사회에 부의 불평등 문제 해결을 위해 발 벗고 나서야 한다고 촉구해왔습니다.

자본주의 사회에서는 이러한 부의 불평등이 개인의 능력에 따른 것이기 때문에 어쩔 수 없는 현상으로 받아들이고 있습니다. 그래서 일부 대기업 임원들이 높은 연봉과 상여금, 스톡옵션을 받는 것도 재능과 노력에 대한 보상을 제공해야 한다는 능력주의에 따라 정당한 것으로 보는 것입니다. 다시 말하면 특출한 재능을 가진 기업인들에게 최고의 보수를 주지 않는다면 좋은 기업이나 많은 일자리도 만들어지지 않기 때문에 모두가 손해를 보게 된다고 주장합니다.

그런데 개인의 능력에 따라 사회적 지위나 보상이 결정되는 능력주의는 공정한 것처럼 보이지만 새로운 불평등을 조장할 수 있다는 점입니다. 다시 말하면 공정의 상징처럼 돼온 능력주의가 실제론 새로운 불평등을 낳고 있으며, 능력이라는 것 또한 이미 계급화하면서 사회 갈등을 부추기고 있다는 비판의 목소리가 높아지고 있습니다. 즉 능력주의가 제대로 작동하기 위해서는 모든 사람에게 능력을 발휘할 공평한 기회가 제공돼야 하지만 아직도 현실은 그렇지 못하다는 것입니다.

더구나 능력주의는 오랫동안 여성을 비롯한 약자를 배제하고 차별해온 인류역사를 보더라도 오히려 뛰어넘을 수 없는 계급을 강화하고 있는 것이 현실입니다. 특히 우리 사회는 누구에게나 공정하게 일할 기회가 주어지는 것처럼 말하지만 여성은 '능력'이라는 것을 앞세우는 사람들 때문에 그동안 불안정한 일자리에 내몰리고 불평등한 처우를 받아왔습니다. 다시 말하면 상대보다 1점만 더 얻으면 취직이나 입학이 가능하고, 1표라도 이기면 국회의원이나 지방자치단체장 등으로 진출할 수 있는 우리 사회 현실에서 이것이 과연 능력을 평가하는 잣대가 될 수 있느냐는 것입니다.

특히 인류 사회에 만연했던 특혜나 차별을 철폐한다는 명분을 내건 능력주의가 마치 기회의 균등을 보장하는 듯하지만, 오히려 더 공고한 계급의 대물림 수단으로 이용되고 있다는 것입니다. 최근 우리 사회 지도층의 일탈 현상에서 보듯이 이렇게 선발된 엘리트들이 많은 재산을 거머쥐고 자녀들에게 특별교육과 변칙을 통해 '능력'을 한껏 발휘하면서 자식에게까지 이를 상속하고 있습니다. 그러다 보니 저소득층 가정의 자녀들은 경쟁에서 뒤처질 수밖에 없습니다. 부유층 자녀들이 계획적이고 집중적인 교육을 받아온 것과는 달리 이들은 교육의 기회는 물론 취업전선에서도 밀려날 수밖에 없기 때문입니다. 이렇게 소수 엘리트가 부와 권력, 그리고 중요한 정보를 장악하면서 새로운 계층으로 탄생하고 있는 것이 우리 사회의 현실입니다. 그런 점에서 능력주의 함정에서 벗어나기 위해서는 교육과 취업 분야의 개혁부터 이뤄져야 합니다.

능력주의의 한계와 기부문화 활성화

2006년 6월 투자 귀재로 불리는 미국의 워런 버핏이 재산의 85%를 5개 자선단체에 기부하겠다고 선언했습니다. 그리고 마이크로소프트(MS) 창업자인 빌 게이츠는 최근 이혼으로 많은 논란을 일으켰지만, 은퇴 전에 세 자녀에게 각각 1천만 달러(약 108억 원)씩만 물려주고 재산의 95%는 기부하겠다고 밝혔습니다. 페이스북 창업자 저커버그와 부인 프리실라 챈도 2015년 자신의 지분 99%를 기부하겠다고 선언했습니다.

미국의 기부문화는 오랜 역사를 가지고 있습니다. 특히 영국 스코틀랜드에서 부모와 함께 13세에 이민을 온 '철강왕' 앤드루 카네기는 부자로 죽는 것은 불명예스럽다고 여겼으며, 84세에 숨질 때까지 자신의 모든 재산을 처분해 전국에 공공도서관을 짓는 데 사용하는 등 기부문화를 정착시켰습니다. '석유왕' 존 록펠러는 1890년 시카고대학 설립을 위해 6천만 달러 이상을 기부했고, 1913년에 3억5천만 달러를 들여 록펠러재단을 설립했습니다.

한국에서는 김범수 카카오 창업자 겸 이사회 의장이 2021년 신년 메시지를 통해 재산 절반 이상을 사회에 기부하겠다고 밝혔습니다. 블룸버그 통신은 최근 김범수 의장이 순자산 135억 달러(약 15조5000억 원)를 보유해 123억 달러 규모의 순자산을 가진 이재용 삼성전자 부회장을 제치고 한국 1위에 올랐다고 발표하기도 했습니다. 김 의장은 PC에서 모바일 시대로 옮겨갈 것을 예상하고 2010년 카카오톡으로 메신저 시장을 선점하면서 새로운 신화를 만들어내기도 했습니다.

그리고 국내 배달 앱 1위인 '배달의민족'을 창업한 김봉진 우아한형제들 의장도 재산의 절반 이상(약 5천500억 원)을 기부하겠다고 약속했습니다. 김 의장은 '전화번호부 앱' 콘셉트로 배달의민족 사업 아이템을 잡아 2010년 회사를 세웠으며, '배달의민족'을 독일 딜리버리히어로(DH)에 매각하면서 받은 DH 주식 가치 등을 포함하면 재산 규모가 1조 원대에 이르고 있습니다.

자본주의 사회에서는 개인의 능력에 따라 많은 재산을 가질 수도 있지만, 그것을 독점할 때 다른 사람은 그만큼 어렵게 살아갈 수밖에 없습니다. 그래서 공동체 사회가 유지되기 위해서는 이처럼 기부문화가 확산하지 않으면 안 된다는 것입니다. 특히 능력주의 사회에서 부의 불평등을 줄일 수 있는 길은 인간이 살아가는 데 필요한 최소한의 소득은 보장해주는 사회가 돼야 합니다. 그러기 위해서는 우리 사회도 미국의 부자들이 보여준 것처럼 기부문화를 활성화하고 복지정책을 강화해야 합니다.

그런데 요즘 세계적 기업을 일군 사람들은 좋은 대학을 나왔다거나 시험을 통해 능력을 검증받은 사람이 아니라 남들이 생각하지 못하는 창의적 발상으로 세계의 기업문화를 이끌어가고 있다는 점에서 능력에 대한 기준 역시 크게 달라지고 있습니다. 그리고 이들 기업이 직원을 선발할 때 인성을 중요하게 보는 것도 능력주의 한계를 극복하기 위함입니다. 세계 최대의 인터넷 검색 기업인 구글의 경우 아무리 남보다 똑똑하고 능력이 뛰어나도 인성에 문제가 있다면 절대로 직원으로 채용하지 않는 것이 관행입니다. 이들 기업은 직원을 잘못 선발했을 경우 조직 전체에 끼치는 영향이 크다는 것을 알고 있기 때문입니다.

그런 점에서 능력주의라는 이름 아래 특별히 노력하는 과정도 거치지 않고 성공과 실패가 짧은 기간에 판가름이 나는 현대사회 구조를 근본적으로 바꾸기 위해서는 더 이상 능력주의가 공정과 정의라는 말로 포장돼서는 안 된다는 것입니다. 마이클 샌델 미국 하버드대 교수는 《공정하다는 착각》이란 책에서 "우리가 '노력하면 성공할 수 있다'라고 너무나도 당연히 생각해왔던, 개인의 능력을 우선시하고 보상해주는 능력주의 이상이 근본적으로 크게 잘못되어 있다."라면서 승자에게는 오만을 갖게 하고 패자에게는 굴욕을 가져오게 하는 것이 능력주의의 민낯이라고 말합니다. 특히 그는 자신이 어떤 집에서 태어났느냐, 어떤 능력을 갖추고 있느냐에 따라 재산과 소득이 판가름이 나는 사회가 공정한 사회라고 말할 수 없다고 주장했습니다. 그래서 더 이상 부의 세습이 '성취가 아닌 행운'임을 인식한다거나 자신의 능력을 앞세운 성공이 '행운이 아닌 성취'라고 생각하는 사회가 돼서는 안 된다는 것입니다.

이제 우리는 능력주의 사회에서 승리가 자신의 능력과 노력으로 얻어낸 당연한 보상이라고 생각하기에 앞서 남들도 자신처럼 능력도 있고 많은 노력을 하고 있다고 생각하면서 먼저 남을 배려할 수 있어야 합니다. 다시 말하면 누구나 천부적 소질을 가지고 평등하게 태어났다는 점을 인식하면서 서로 존중하고, 누구나 차별 없이 행복을 누릴 수 있는 세상, 그야말로 공정한 사회가 될 수 있도록 힘을 모아야 합니다. 그것이 인류가 꿈꿔왔던 평화롭고 행복한 세상을 실현하는 지름길입니다.

3. 인간의 개성과 자유, 그리고 공감 혁명

인간은 누구나 다른 사람과 구별되는 고유의 특성이 있습니다. 그래서 개성을 충분히 발휘하려면 누구에게도 억압을 받지 않고 자유롭게 살아갈 수 있어야 합니다. 더구나 요즘처럼 인간의 창의성을 중요하게 보고 있는 상황에서는 무엇보다 각자의 개성을 온전히 발휘할 수 있는 세상을 만들어나가야 합니다.

그리고 누구나 행복하게 살아가는 세상이 실현되기 위해서는 우선 개인에서부터 남에게 배려와 사랑, 감동을 선사할 수 있는 공감 혁명이 시작돼야 합니다. 다시 말하면 개인이 우선 제대로 자리를 잡은 뒤 이웃에게 아름답고 행복하게 살아가는 모습을 전파할 수 있다면 누구나 감동받고, 살맛나는 세상으로 바뀌지 않을 수 없을 것입니다. 성현들이 인간의 변화에 초점을 맞춰 가르침을 내린 이유도 여기에 있습니다. 이처럼 우리가 온전한 모습을 회복하고 이웃에게 사랑과 감동을 전파하면서 가정과 사회, 국가, 세계에도 자연스럽게 평화와 행복이 찾아올 수 있는 길을 찾아야 합니다.

남에게 감동을 주는 삶

오늘날 우리 사회가 안고 있는 난제들을 해결하기 위한 방법으로 소통의 중요성을 강조하는 목소리가 높아지고 있습니다. 이는 많은 사람과 어울려 살아가는 사회이다 보니 이웃과 오순도순 교류하면서 서로에게 감동을 주고 행복을 나누는 삶이 무엇보다 절실하기 때문입니다. 특히 첨단디지털 문명 시대를 살아가는 현대인들은 일상에서의 공감 능력을 더욱 소중하게 생각합니다. 요즘 과학기술의 발전으로 인공지능(AI)이 인간의 영역을 상당 부분 대체하고 있지만, 인간의 공감 능력만은 모방하기 어렵다 보니 인간끼리 서로 오가는 따뜻한 정이 그리운 것입니다.

그리고 현대사회는 남보다 더 많은 것을 챙기려는 치열한 경쟁사회이다 보니 이웃에 대한 배려와 존중이 무엇보다 필요합니다. 더구나 오늘날 우리 사회의 승자독식 구조를 무너뜨리기 위해서는 바로 나보다 남을 먼저 생각하는 문화가 정착돼야 합니다. 특히 지구촌에 끊이지 않고 벌어지는 분쟁과 갈등, 차별과 소외 등의 문제를 이성에 호소하는 방식으로만은 도저히 해결할 수 없다 보니 남에게 먼저 사랑의 손길을 보내면서 공감 혁명을 이끌어내는 것이 무엇보다 필요하다는 것입니다.

그런 점에서 그동안 인류가 성인들을 추앙하면서 그들의 가르침을 따르게 된 이유에 대해 주목해야 합니다. 그것은 성인들이 자신의 가르침을 직접 행동으로 보여줌으로써 공감 혁명을 일으켰기 때문입니다. 특히 예수는 제자들이 하늘나라에서는 누가 가장 큰 사람이냐고 묻자 "어린이들과 같이 되지 않으면, 절대로 하늘나라에 들어가지 못할 것이다. 그러므로 누구든지 이 어린이와 같이 자기를 낮추는 사람이 하늘나라에서는 가장 큰 사람이다."(마태복음 18:3~4)라고 말합니다. 이는 어린이처럼 자기를 낮추고 순수한 모습이 될 때 누구나 공감을 하고, 하늘나라에도 들어가게 된다는 것입니다. 예수가 하늘나라 백성의 조건으로 마음이 가난한 사람, 즉 탐욕을 내려놓은 사람을 들고 있는 것도 마찬가지입니다. 즉 많은 재물을 가진 사람이라고 해서 결코 행복하다고 말할 수 없듯이 마음이 깨끗하고 매사에 감사하는 사람만이 하늘나라 백성의 자격이 있다고 보았습니다.

예수의 이러한 가르침은 유교의 핵심사상인 '수신제가치국평천하(修身齊家治國平天下)'와도 연결됩니다. 여기서 '수신'은 자기를 갈고닦는 수양을 말합니다. 마음을 깨끗하게 한다는 것입니다. 이는 욕망의 절제와 공동체를 위한 희생과 헌신, 곧 공감 혁명이 뒤따르게 될 때 가능합니다. 그리고 '제가'는 흔히 '가정을 다스린다.'라는 것보다는 집안을 가지런하게, 즉 바르게 세운다는 것을 말합니다. 그다음에 나라를 다스리고 천하를 평화롭게 할 수 있다는 것입니다.

이처럼 성인들은 모든 사람이 차별 없이 행복하게 살아가는 세상을 만들기 위해서는 우선 나 자신부터 달라져야 한다는 것을 강조하고 있습니다. 그것은 다름 아닌 누구나 인간 본연의 모습을 회복하면서 이웃을 향해 공감 혁명을 일으키고, 더 나은 세상을 만들기 위해 두 손을 잡아야 한다는 것입니다.

이제는 공감의 시대다

지금 세상이 갈등과 혼란에 휩싸여 있는 것은 우선 개인에게서 그 원인을 찾을 수 있습니다. 개인이 바로 서지 못하고 있기 때문입니다. 개인이 바로 선다는 것은 이웃과 오순도순 서로 도우면서 살아갈 수 있는 인격을 갖추는 것을 말합니다. 이처럼 각 개인이 올바른 인성을 갖추는 것은 사회의 최소단위인 가정에서부터 시작돼야 합니다. 그런 점에서 가정의 역할이 무엇보다도 중요합니다.

요즘 부모들은 자녀들이 개성을 제대로 살려가면서 인성을 길러갈 수 있도록 자유롭게 키우고 있습니다. 특히 자유는 곧 선택이기 때문에 자녀에게 스스로 판단하고 결정하게 하다 보면 자신의 세계를 그려가면서 성숙해지는 것입니다. 다시 말하면 아이에게 스스로 선택할 기회를 주게 되면 자연스럽게 자아가 형성되고, 자신의 삶을 개척하기 위한 힘을 길러가게 됩니다. 이렇게 가정에서 성장한 뒤에는 사회인으로서도 자연스럽게 성숙한 인격을 갖추게 됩니다. 그리고 자녀가 사회에 적응하면서 어려움을 겪을 수도 있지만 스스로 해결하면서 끝내는 성공하게 된다는 것입니다.

이렇듯 부모가 자녀의 개성을 살리면서 교육에 나서듯이 모든 인간이 자신의 개성을 발휘하면서 자유롭게 살아갈 수 있는 환경이 갖춰지게 될 때 우리가 사는 세상은 아름답고 평화롭게 바뀌지 않을 수 없습니다. 특히 요즘 부모들이 온전한 자유와 선택권을 부여하고 사랑으로 교육하는 것처럼 지금은 우리 사회를 억압해온 이념이나 제도를 전면적으로 바꿔나가면서 나보다 먼저 남을 배려하게 된다면 누구나 행복하게 살아갈 수 있는 세상이 올 수밖에 없다는 것입니다.

우리 사회가 양극화로 몸살을 앓고 있고, 계층 이동이 점점 어려워지고 있는 것은 능력을 앞세운 무한경쟁의 구조 때문입니다. 그리고 현대사회의 이러한 구조적 문제점을 근본적으로 해결하지 않고서는 누구나 행복하게 살아갈 수 있는 세상을 실현할 수 없다는 점에서 이제는 서로가 배려하면서 평화롭게 살아가는 길을 찾아야 합니다. 그것은 온 인류를 한 가족처럼 생각할 때 이뤄질 수 있습니다.

그러기 위해서는 우선 가정에서 부모가 자녀를 사랑하듯이 서로가 남의 일을 내 일처럼 생각하면서 서로 돕고 배려하는 공동체 정신을 회복해야 합니다. 그러한 분위기가 범사회적으로 조성된다면 온 인류는 누구나 차별 없이 행복한 세상을 만들기 위해 손을 잡지 않을 수 없을 것입니다. 그것이 인류 사회가 지금까지 갈등과 분쟁으로 점철됐던 인류역사를 청산하고 자유와 평등, 평화, 행복의 새로운 시대를 열어갈 수 있는 길이기 때문입니다.

성인들은 누구보다도 인간 사회의 모순을 파악하고 개혁에 앞장선 분들입니다. 다시 말하면 성인들은 인간이 고통과 불행 속으로 빠져들게 되는 것은 인간 서로 간의 갈등 때문이라고 보고 사랑과 자비, 인(仁) 등을 통해 서로 하나가 될 것을 역설했습니다. 특히 붓다는 성도 후 삶 45년 동안 치열한 삶의 현장 속을 거닐면서 중생 구제에 나섰습니다. 그는 종교적 가르침을 앞세워 사람들을 복종시키거나 희생을 강요하지도 않고, 철저히 중생의 고통을 해결하는 실천적 입장에 섰습니다. 붓다는 마지막 순간에도 "자신을 등불로 삼고 자신을 귀의처로 하라. 법을 등불로 삼고 법을 귀의처로 하여 수행하라."라고 한 것입니다.

이제 우리는 성인들이 보여준 것처럼 자신이 어디에 서 있는지를 올바로 깨닫고, 인간 본연의 모습을 회복하기 위해 노력해야 합니다. 그리고 각 종교에서 자기 수행을 통한 깨달음을 강조하지만, 그것이 구체적으로 삶을 통해 완성될 때 의미가 있습니다. 여기서 중요한 것은 우리 인간에게는 누구나 개인이 해야 할 일이 있고, 전체를 위한 책임이 있다는 것입니다. 그래서 남을 위한 헌신과 희생, 사랑이라는 말이 나오게 됩니다.

그리고 지금은 물질 자본 시대가 아니라 공감 자본 시대입니다. 그래서 세계적 기업들은 하나같이 변화하는 소비자들의 마음을 읽고, 소비자들이 공감하는 제품 개발에 나서고 있다는 공통적인 특징이 있습니다. 그런 점에서 어떤 기업이든 성공하기 위해서는 인간의 마음을 사로잡고 심장을 움직이게 하는 콘텐츠를 개발하는 것이 무엇보다 중요합니다. 이렇듯 공감은 디지털 문명 시대의 가장 중요한 생존조건이 아닐 수 없습니다.

오늘날 종교인들이 비판받고 있는 것은 말과 행동이 다른 것에서 오는 이중성 때문입니다. 그동안 인류가 성인들을 존경해온 것은 자신의 가르침을 몸소 실천했고, 누구보다 공감 혁명을 일으켰기 때문입니다. 그런 점에서 종교가 위기를 극복하기 위해서는 자신들이 추앙하는 성인들의 가르침대로 언행일치의 모습을 보여줘야 합니다.

그리고 모든 종교인의 소망대로 이 땅에 성인들이 꿈꿨던 세계가 이뤄지기 위해서는 그들의 가르침을 우리의 삶 가운데서 구체화하면서 모두가 인격적으로 다시 태어나는 길밖에 없습니다. 다시 말해서 우리 모두가 남보다 이웃을 먼저 배려하고, 서로 공감할 수 있는 길을 찾아 실천하게 된다면 온 인류가 한 가족처럼 행복하고 평화롭게 살아갈 수 있는 세상이 실현되지 않을 수 없다는 것입니다.

4. 나보다 남을 먼저 생각할 때 찾아오는 행복

인간 사회에 갈등과 분쟁이 끊이질 않는 것은 개인과 집단들이 무한경쟁 속에서 남을 배려하기보다는 자신의 이익을 앞세우고 있기 때문입니다. 그러다 보니 서로 거리를 두거나 점점 높은 담을 쌓게 됩니다. 더구나 성인들은 나보다 남을 먼저 생각하면서 서로 사랑할 것을 강조했지만, 그들의 가르침을 따르겠다고 나선 종교인들조차도 수많은 교파로 갈라져 이전투구를 벌이면서 세속인들로부터 외면을 받고 있습니다.

우리는 누구나 서로 자신의 이익을 먼저 챙기고 갈등과 분쟁을 일삼는다면 평화로운 세상은 절대로 올 수 없다는 것을 알고 있습니다. 그런 점에서 우리에게 가장 시급한 과제는 자기중심적인 생각과 탐욕에서 벗어날 수 있는 길을 찾는 것입니다. 그래서 지금은 남을 배려하는 이타적 삶을 통해 누구나 차별 없이 행복하게 살아가는 세상을 실현하기 위해 힘을 모아야 할 때입니다.

인류가 꿈꿔온 이상사회

인류는 그동안 모든 사람이 행복하게 살아가는 이상사회를 추구해왔습니다. 공자는 북방 견융족의 침입으로 주나라가 힘이 약해지면서 강대국이 약소국을 침략하는 약육강식의 정복 전쟁으로 춘추전국시대가 극심한 혼란을 빚게 되자 모든 사회 구성원이 도덕성을 회복하면서 자신의 역할을 충실히 수행하고 하나로 어우러지는 대동사회(大同社會)를 이상국가로 내세우게 됩니다.

《예기(禮記)》예운편(禮運篇)에는 큰 도가 행해지면 전체 사회가 공정해져서 현명한 사람과 능력 있는 사람이 지도자로 뽑히게 되며, 신의가 존중되고 친목이 두터워진다고 밝히고 있습니다. 그래서 대동사회는 누구나 자기 부모만을 부모로 생각하지 않고 남의 부모도 내 부모와 똑같이 생각하며, 자기 자식만을 자식으로 생각하지 않고 남의 자식도 내 자식과 똑같이 생각한다는 것입니다. 특히 나이 많은 분들은 여생을 편안히 마치게 되고 젊은이는 각각 자기 적성과 능력에 맞는 일자리에서 활동하게 되며, 어린이들은 곱고 바르게 자라게 되고, 홀아비와 홀어미를 비롯해 의지할 곳 없고 불구가 된 사람들도 모두 편안히 보호를 받게 된다고 주장했습니다.

도가사상에서는 인위적인 것을 거부하고 무위자연(無爲自然)의 삶을 추구하는 공동체를 가장 이상적인 사회로 보았습니다. 특히 노자는 소국과민(小國寡民)을 내세웠습니다. 즉 문명의 발달에 따라 사회 규모가 커질수록 이기심과 탐욕이 늘어나고 이에 따라 갈등과 분쟁이 잦아질 수밖에 없다 보니 큰 나라와 많은 백성보다는 작은 나라 적은 백성으로 이뤄진 소규모의 공동체가 이상적이라고 보았습니다.

예수의 핵심적 가르침은 "네 이웃을 네 몸과 같이 사랑하여라."(마태복음 19:19)라는 구절입니다. 그리고 예수는 "사람이 자기 친구를 위하여 자기 목숨을 내놓는 것보다 더 큰 사랑은 없다."(요한복음 15:13)라고 구체적으로 이타 정신을 강조했습니다. 그러면서 공생애 기간에 이를 행동으로 보여줌으로써 예수의 정신은 후일까지 온 인류를 감동으로 이끌었습니다.

붓다 역시 한평생 자비가 무엇인지 보여주었습니다. 붓다에게 자비는 중생의 괴로움을 자신의 괴로움으로 받아들이기 때문에 '동체대비(同體大悲)'라고 합니다. 그런 점에서 자비는 남의 일을 단지 남의 일로 받아들이지 않고 그대로 나의 일로 받아들이는 것입니다. 이는 곧 너와 나의 경계가 무너진 자타불이(自他不二)의 경지입니다. 그리고 초기의 대승불교는 '위로는 진리를 구하고 아래로는 중생을 교화(上求菩提 下化衆生)' 하는 삶을 이상으로 내세우면서 '자리이타(自利利他)'를 강조했습니다. 자리(自利)와 이타(利他)가 서로 모순 관계에 있는 것이 아니라 다른 사람을 이롭게 하면 언젠가는 자신이 이롭게 된다는 것입니다. 이는 누구나 행복하게 살아가는 세상을 실현하기 위해서는 반드시 필요한 가르침이 아닐 수 없습니다.

그런데 이상사회가 실현되기 위해서는 인간의 기본적 권리가 존중되고 자유와 평등의 가치가 실현되는 것은 물론 모든 사람이 행복하게 살아가는 사회가 돼야 합니다. 그러나 이것은 제도나 법만으로 이뤄질 수 없습니다. 여기에서 중요한 것이 성인들이 한결같이 내세운 이타주의(利他主義)입니다. 이처럼 자신보다 남을 먼저 생각하고, 다른 사람의 행복을 위해 자신부터 희생할 수 있는 이타주의를 바탕으로 세워진 윤리도덕을 모든 사람이 지키게 될 때 이상사회가 찾아오지 않을 수 없습니다.

'나'라는 것은 없다

현대사회는 자신의 이익을 위해서는 물불을 가리지 않는 무한경쟁이 이뤄지고 있습니다. 그리고 남보다 더 많은 권력과 명예를 누리는 데 혈안이 돼 있습니다. 그러다 보니 자본주의 사회는 빈부격차 문제가 최대 현안으로 떠오르고 있습니다. 대표적인 자본주의 국가인 미국은 상위 1%의 자산이 전체의 40%에 이르고, 영국은 20%, 일본은 11%를 넘어서고 있습니다. 이러한 양극화 현상이 결국 인간 사회의 갈등과 불안정을 유발하는 최대의 요인으로 작용하고 있습니다.

우리가 몸담고 있는 자본주의 사회는 이처럼 무한경쟁을 용인하다 보니 부의 불평등 현상은 심화할 수밖에 없는 구조입니다. 그래서 선진국은 대부분 복지사회 실현을 내걸고 빈부격차를 줄이려고 노력하고 있지만, 여전히 양극화 문제는 해결되지 않고 있습니다. 카를 마르크스가 일찍이 자본주의 사회의 이러한 모순을 극복하기 위해 사유재산제도 철폐를 내걸었지만, 실패하고 말았습니다. 인간은 누구나 남보다 더 많이 챙기고, 더 높은 자리에 오르고 싶은 욕망을 갖고 있다 보니 제도적으로 이를 해결할 길을 찾는 것은 어렵다는 것입니다. 그래서 성인들까지 나서서 이 문제를 풀고자 노력했으나 그들을 따르는 종교인들조차 욕망의 울타리에서 벗어나지 못하고 있습니다.

돌이켜보면, 인간은 누구나 자기를 기준으로 세상을 보고 판단을 해왔습니다. 인간은 그동안 누구나 자아에 대한 의식, 즉 자의식을 가지고 있다 보니 먼저 자신의 생명을 보호하고 자신의 이익을 추구하려고 하는 것입니다. 그러나 자기중심주의는 이기주의로 바뀌면서 종국에는 다른 사람 혹은 다른 집단과 갈등과 분쟁을 일으킬 수밖에 없습니다.

우리는 요즘 치열한 경쟁사회가 안고 있는 부작용이 얼마나 심각하다는 것을 목격하면서 살아가고 있습니다. 프랑스 문예 비평가인 생트뵈브가 "인간은 본원적으로 이기적일 수밖에 없다."라고 말했지만, 이제 우리는 개인의 이익을 앞세우기 전에 나와 똑같은 이웃이 있다는 것을 먼저 생각하면서 행동해야 합니다. 그렇지 않으면 우리 인간들이 겪고 있는 고통과 불행을 영원히 해결할 길이 없기 때문입니다.

인간은 누구나 자아(自我)와 타아(他我)라는 관념을 가지고 있습니다. 자아는 자기 자신에 대한 의식이나 관념이지만 타아는 다른 사람의 자아, 즉 자기가 아닌 다른 사람의 의식의 통일체를 말합니다. 그런데 인간 각자가 자기를 '자아'라고 생각할 때 타인은 '나'의 자아에 대한 다른 자아라고 볼 수 있으며, 타아는 외부에 객체화된 자아에 불과하다는 것입니다. 그래서 이제는 다른 사람 중심, 다시 말하면 개체가 아닌 전체를 생각하는 타아 중심주의, 타아주의(他我主義)로 가야 합니다.

이렇듯 우리가 인간관계를 서로 구분하는 것은 그 자체가 자아 중심적 발상에서 나왔기 때문에 이타주의에서 한발 더 나아간 타아주의를 통해 인간 본연의 모습을 그대로 보여줄 수 있어야 합니다. 그런 점에서 온 인류가 오순도순 행복하게 살아가는 세상을 만들기 위해서는 나보다 남을 우선하는 타아주의를 중심으로 우리의 삶을 전면적으로 바꿔나가야 합니다.

따지고 보면, 우리 인간은 전적으로 남의 도움으로 살아갑니다. 내가 태어나고 성장할 때까지 부모에게 의지합니다. 그리고 나를 세상에 드러내면서 능력을 발휘하는 것도 남들이 쌓아 올린 지식을 습득했기 때문입니다. 결국 내가 소유하고 현재의 모습으로 설 수 있었던 것은 나 자신 때문이 아니라 전적으로 타인의 수고 때문입니다. 이처럼 타인의 땀과 노력으로 나 자신이 이 자리까지 올 수 있었기 때문에 과연 나는 무엇으로 그것에 대해 보답하느냐 하는 것입니다. 우리 인간은 나 개인의 이익만을 챙길 것이 아니라 남을 먼저 배려해야 할 이유가 여기서도 드러나게 됩니다.

더구나 우리가 젊은 시절에는 더 많은 소유를 목표로 살게 되지만 나이가 들수록 소유 대신 나눔과 섬김, 베풂에 관심을 가져야 합니다. 우리는 나의 행복은 내가 만드는 것이 아니라 남이 만들어주게 된다는 것을 뒤늦게나마 깨닫게 되기 때문입니다. 특히 내가 나와 가정만을 위해 살게 될 때 가정의 범주에서 벗어날 수 없지만, 민족과 국가를 걱정하면 민족과 국가에 이바지하는 삶을 살아야 한다는 것을 터득하게 됩니다. 결국 내 인생은 나를 위해 존재하는 것이 아니라 자신이 평생 일군 것으로 남에게 보답하고 남을 위하게 될 때 진정한 행복이 찾아온다는 것을 알게 되기 때문입니다.

이제 우리가 누구나 행복하게 살아가는 세상을 실현하기 위해서는 더 많은 것을 얻고자 하는 욕망에서 벗어나 서로 돕고 나누면서 살아갈 수 있어야 합니다. 우리가 나이가 들어서도 소유에만 집착하게 되면 삶의 가치는 퇴색될 수밖에 없습니다. 우리 사회에서 존경받는 사람, 진짜 성공했다고 자부할 수 있는 사람은 민족과 국가를 위해 기꺼이 봉사하고 희생한 사람입니다. 그런 점에서 성공한 인생이란 더 많은 사람에게 행복을 나누는 것을 보람과 가치로 알고 살아가는 사람이라고 볼 수 있습니다.

| 제2부 |

인간과 자연의 아름다운 동행

| 제1장 |
인간의 꿈, 누구나 행복한 세상은 언제 찾아올까?

1. 인간의 꿈, 끝없는 이상사회 실험

인류는 언제나 행복한 사회를 꿈꿔왔지만, 지구상에는 유례없는 혼란기가 여러 차례 찾아왔습니다. 그럴 때마다 성현들이 등장하여 이를 수습하고 새로운 정신혁명을 이끌어왔습니다. 특히 공자는 모든 구성원이 자신의 역할을 수행하면서 하나로 어우러지는 대동사회(大同社會)를 꿈꿨고, 붓다는 극락정토(極樂淨土), 예수는 하늘나라(天國)라는 이상사회를 추구했습니다.

여기다가 철학자들도 각자 나름의 이상사회에 대한 구상을 밝혀왔습니다. 플라톤은 철인이 통치하는 이상국가론을 펼쳤고, 루소는 모든 국민이 자유와 평등을 누릴 수 있는 직접민주주의 사회가 바람직하다고 보았습니다. 이렇듯 인류는 끝없이 이상사회를 향한 실험을 해왔고, 이제 그 꿈이 실현될 가능성이 점점 커지고 있습니다.

이념보다 더 중요한 것

인류가 짧은 기간에 이상과 현실의 괴리를 크게 경험한 것이 카를 마르크스가 주창한 공산주의 실험입니다. 18세기 프랑스혁명과 영국의 산업혁명이 반(半)봉건적 전제 군주제를 전복하고 시민의 자유와 인권을 개선하는 데 크게 기여했지만 실질적인 평등사회를 실현하는 데는 한계를 보이게 되자, 개인의 능력에 따라 일하고 필요에 따라 분배를 받으면서 누구나 차별 없이 살아갈 수 있는 세상을 만들겠다는 마르크스의 주장에 많은 사람이 솔깃해졌습니다.

그러나 공산주의가 자본주의 사회의 모순과 병폐를 일소함으로써 인류의 숙원인 이상세계를 실현해줄 것으로 기대했지만, 이 역시 70여 년 만에 막을 내리게 됩니다. 이는 사유재산 제도의 철폐와 공유재산 제도의 도입을 통해 모두가 잘사는 세상을 만들려는 구상이나 '프롤레타리아 계급의 해방', '피억압 민족의 해방' 등의 구호가 현실과는 동떨어졌다는 것이 드러났기 때문입니다. 특히 마르크스주의자들은 공산주의 혁명을 통해 모든 인간의 자기소외 극복과 지배 계급으로부터의 해방을 천명하고 나섰지만, 일당 독재를 합리화하면서 인간 해방은 물거품이 되고 말았습니다.

그런데 자본주의도 공산주의 이후 세계를 이끌 수 있는 대안이 될 수 없다는 것이 드러나고 있습니다. 자본주의는 2008년의 세계 경제위기를 구제 금융이라는 시장 외부의 힘으로 간신히 넘겼지만, 빈부격차와 높은 실업률 등의 한계를 노출했습니다. 결국 미국의 젊은이들이 2011년 9월 자본주의 심장부인 뉴욕의 월스트리트에서 '월가를 점령하라.' 라는 구호 아래 시위를 벌였고, 이는 전 세계로 확산했습니다. 일각에서는 자본주의는 사망했다는 극언까지 나왔습니다.

오늘날 자본주의는 자유경쟁 원리로 인해 생산력의 증대를 가져오는 등 긍정적 측면이 없는 것이 아니지만, 소득의 불평등 때문에 사회적 갈등이 나날이 심화하고 있습니다. 특히 자본을 많이 가진 자는 투자를 통해 재산을 늘려 가지만, 못 가진 자는 가진 자에게 고용돼 뼈 빠지게 일을 할 수밖에 없는 구조이기 때문에 가난에서 벗어나기가 어려운 것입니다. 다시 말하면 자본주의 사회는 부를 쟁취하는 과정이 너무 관대하다 보니 돈이 있는 사람은 무한히 부를 축적할 수 있는 반면, 돈이 없는 사람은 가난의 굴레에서 벗어날 수 없는 것입니다. 그래서 그 한계를 극복하기 위한 방안이 제시되지 못한다면 자본주의도 언제나 돌이킬 수 없는 위기에 봉착할 수 있습니다.

그렇다면 누구나 차별 없이 진정한 자유와 행복을 누릴 수 있는 세상이 올 수 있을까요? 오늘날 자유민주주의 사회는 누구나 개인의 이익을 위해서라면 물불을 가리지 않고 치열한 경쟁을 벌이면서 양극화라는 새로운 괴물을 만들고 있지만, 그렇다고 해서 공산주의처럼 국가 권력이 국민 생활을 간섭·통제하는 전체주의가 대안이 될 수는 없습니다. 그래서 인류는 개인과 전체가 하나의 유기체처럼 움직이면서 모두가 차별 없이 행복하게 살아가는 공동체를 모색하지 않을 수 없게 된 것입니다.

그런데 모든 생물체가 형태나 기능적 측면에서 여러 부분으로 분화돼 있고, 각 부분의 상호 간에는 물론 부분과 전체 사이에 밀접한 관련성을 가지면서 하나의 통일체를 이루고 있듯이, 개인과 전체가 어떻게 조화를 이루면서 발전하느냐 하는 것이 이상공동체 실현의 최대 과제가 아닐 수 없습니다. 다시 말하면 모든 존재는 마치 한 사람의 몸과 같이 세포와 세포, 그리고 부분과 전체가 서로 유기적인 관계를 맺고 있기 때문에 부분을 배제한 전체는 있을 수 없고, 전체의 목적을 전제로 하지 않는 개체 또한 존립할 수 없다는 것입니다. 그래서 인간 사회도 서로 상생하는 이러한 우주질서에서 벗어날 수 없다는 점에서 이제 우리는 개인과 전체가 서로 조화를 이루는 가운데 누구나 행복을 누릴 수 있는 공동체 실현에 관심을 가져야 합니다.

인류를 가족처럼 사랑하는 공동체주의

공자는 2천500여 년 전 가정을 국가의 전제이자 기초로 보고 가정을 중심으로 인류가 꿈꿔왔던 이상국가 실현을 위해 노력했습니다. 즉 국가는 가정의 확대체이며, 따라서 국가의 원리는 가정의 원리 속에 포함돼 있다고 보면서 효(孝)가 근간이 된 덕치(德治)를 제창했습니다. 그래서 공자의 효 사상은 혈연을 기반으로 한 가정윤리에서 출발하여 통치체계를 유지하는 정치윤리로 확대됐습니다. 특히 공자는 요순(堯舜)의 도(道)를 효와 예(禮)로 이해하면서 그것을 봉건사회에 적용했으며, 백성에게 효와 예의 도리를 가르치는 것이야말로 정치사상의 근본원리라고 주장했습니다.

인간은 우주의 구성 요소를 총합한 실체상이요, 소우주라고 말합니다. 그리고 그러한 인간이 혈연적으로 엮어진 가정 역시 우주의 질서체계를 축소한 최소단위라고 볼 수 있습니다. 그러므로 가정의 규범이나 윤리는 자의적으로 세워진 것이 아니라 우주의 법칙에 따르는 필연적인 도리라고 볼 수 있습니다. 다시 말하면 우주에 종적 질서와 횡적 질서가 있듯이 가정에도 조부모,

부모, 자녀, 손자로 이어지는 종적 질서와 부부나 형제자매의 관계라는 횡적 질서가 있는 것입니다. 이처럼 가정윤리는 우주의 법칙이 축소돼 나타난 천도(天道)라고 말할 수 있습니다. 이러한 자동적인 질서와 가법(家法)을 터로 하고 참사랑이 넘치는 가정이 바로 이상가정이며, 이러한 가정이 확대될 때 비로소 이상사회가 실현될 수 있다는 것이 공자 사상의 핵심입니다.

특히 화목한 가정에서는 불평등이 존재하지 않습니다. 가정의 평등은 사랑의 평등이자 인격의 평등이기 때문입니다. 가정에서는 형제들끼리 재산을 더 많이 가지려고 다투는 것보다는 적정 소유와 그에 따른 심리적 만족량이라는 보편적인 원리가 작동하고 있습니다. 그래서 가정에서 가족끼리 서로 해치거나 빼앗는 일 없이 가정의 번영을 도모하듯이 자본가와 노동자가 가족적인 심정 관계를 맺어 직장이 한 가족처럼 운영된다면 생산성 증대는 물론 어떠한 난관도 극복할 수 있습니다.

그리고 우리 가정은 부모를 중심으로 형제들이 서로 사랑을 통해 부족한 것을 채워가면서 살아갑니다. 예를 들면, 다섯 손가락은 길고 짧은 것도 있지만 서로 불평하거나 차별하지 않는 것처럼 가정은 심정으로 얽혀진 공동체이기 때문에 형제들끼리 서로 도우면서 행복하게 살아가는 것입니다. 따라서 민주주의의 자유 개념과 사회주의의 평등 개념이 가지고 있는 한계를 극복하기 위해서는 이러한 가정의 문화가 사회·국가·세계로 확대되고, 모든 인류가 한 가족이라는 생각을 가질 수 있게 해야 합니다. 그런 점에서 이러한 가정공동체를 바탕으로 한 인류사회는 누구나 차별 없이 행복하게 살아갈 수 있는 세상을 실현하는 가장 근본적 대안이라고 볼 수 있습니다.

특히 카를 마르크스는 생산력과 생산 관계에서 오는 노동자의 소외현상에 주목하고, 누구나 자유롭게 살아갈 수 있는 인간의 해방을 주장했습니다. 즉 마르크스는 인간이 경제적 착취와 억압이라는 소외된 구조에서 해방될 때 진정한 자유를 쟁취할 수 있다고 본 것입니다. 그러나 마르크스의 이러한 주장은 프롤레타리아 해방론과 연계되면서 피의 혁명에 의한 숙청과 권력 투쟁을 낳았습니다. 역시 자유민주주의에서 내세우는 자유도 이기적 수단으로 남용되면서 결과적으로 극단적인 부의 편중화 현상을 불러왔습니다. 그런 점에서 진정한 자유 역시 부모와 자녀, 그리고 형제자매들이 오순도순 평화롭게 살아가는 가정에서 그 대안을 모색하지 않을 수 없습니다.

이렇듯 참사랑으로 하나가 된 가정이 사회, 국가, 세계로 확대될 때 모든 경제적 격차도 자연스럽게 해소될 수 있습니다. 빈곤은 조금이라도 더 가진 사람이 덜 가진 사람을 사랑으로 보살피게 될 때 곧 사라질 수 있기 때문입니다. 따라서 경제적 평준화를 이루면서 누구나 행복하게 살아갈 수 있는 세상을 실현하는 것은 참사랑을 중심한 가정공동체를 기반으로 할 때 가능하다는 점에서 자유민주주의와 사회주의의 평등 개념 역시 가정공동체에서 그 대안을 찾아야 한다는 것입니다.

이제 과학기술문명의 발전으로 인류의 꿈은 더욱 가깝게 다가오고 있습니다. 더구나 지금은 인공지능(AI) 등 과학기술이 이룩한 공장 자동화를 통해 대량생산이 가능해졌고, 최근 정보통신기술(ICT)을 접목한 스마트 농업과 양식 기술의 발전으로 먹고 살아가는 문제는 자연스럽게 해결이 가능해지고 있습니다. 그래서 인류에게는 그동안 수많은 실험을 거치면서 꿈꿔왔던 인류공동체를 어떻게 정착시키느냐 하는 과제가 남아 있습니다. 그것은 참사랑이 중심이 된 이상가정을 기반으로 시작하지 않을 수 없습니다. 다시 말하면 가정 중심의 가치관을 통해 인류 한 가족의 이상을 실현하게 될 때 누구나 차별 없이 행복을 누릴 수 있는 세상이 오지 않을 수 없다는 것입니다.

2. 이념 갈등에서 보는 인간의 모순과 한계

　인류역사를 돌아볼 때 정치이념이 국민을 옥죄었던 사례를 수없이 찾아볼 수 있습니다. 특히 공산주의 국가는 이념이 국민을 지배한 대표적 사례입니다. 그런데 요즘에도 중남미처럼 국가 지도자들의 편향된 이념이 국가를 나락으로 떨어뜨리는 사례를 목격하게 됩니다.

　우리나라도 좌우·보혁 갈등의 역사는 뿌리가 깊습니다. 일제 강점기에 독립운동에 매진하던 일부 인사가 1917년에 일어난 러시아 혁명에 눈길을 돌리게 됩니다. 전제군주제를 무너뜨리고 세계 최초의 공산주의 국가의 탄생을 이끈 러시아 혁명을 보면서 좌익세력들은 공산주의 이념을 추종했고, 그들은 독립운동 과정에서나 광복 이후까지도 우익세력들과 극렬하게 대립하게 됩니다. 지금도 한국 정치권은 이념 대결로 인해 두 동강이가 났고, 그 폐해가 국가의 운명을 좌우할 수 있는 상황이지만 우리 국민 상당수가 양쪽으로 갈라져 자기편에게만 박수를 보내고 있는 것이 현실입니다.

정치이념의 덫

광복 직후 한반도는 동서냉전의 축소판이었습니다. 특히 광복과 동시에 분단이라는 운명에 처한 우리나라는 1945년 12월 미국과 소련, 영국이 모스크바 삼상회의를 열고 미소 공동위원회를 구성해 임시정부를 세운 뒤 4년간의 신탁통치를 거쳐 완전독립을 허용한다는 내용의 모스크바 의정서를 맺게 되자 반탁운동이 격렬하게 일어나게 됩니다. 그러나 반탁운동이 확대될 무렵인 1946년 1월 3일 좌익세력은 소련 공산주의자들의 지시에 따라 민주주의 민족전선을 결성해 신탁통치를 찬성하는 쪽으로 돌아섰고, 이에 맞서 이승만과 김구가 이끄는 우익세력은 비상 국민회의를 조직해 신탁통치에 저항하면서 극심한 이념 갈등이 벌어졌습니다.

특히 남북의 대치 끝에 일어난 6·25전쟁은 국토 분단에 기인한 단순한 동족상쟁이라기보다는 민주와 공산, 두 진영 간의 대결장이었습니다. 그리고 38선은 지리적 38선만이 아니라 사상과 가치관의 대치선인 동시에 무신론과 유신론, 즉 종교와 반종교의 대치선이라고 할 수 있습니다. 그러다 보니 남북한 사이에는 끊임없이 군사적 충돌과 함께 이념 갈등이 일어났습니다.

그런데 남북 분단이 소련과 미국으로 대변되는 좌우 대립의 산물이었다면, 분단 이후는 이러한 이념을 앞세운 보수와 진보세력의 갈등으로 온 나라가 두 동강이 난 시기로 볼 수 있습니다. 보수와 진보 측은 상대방의 약점을 물고 늘어지면서 극한적인 이념 대결을 펼쳐왔습니다. 특히 양측은 '새는 좌우의 날개로 난다.'라는 기본 공식이 통용되지 않을 만큼 뿌리 깊은 불신과 불타협의 대립 양상을 보였습니다.

　2016년 10월 시작된 촛불집회로 정권을 쟁취한 진보세력들이 교육계까지 장악하면서 역사전쟁에 나서기도 했습니다. 일부 역사 교과서에는 북한이 김일성의 항일 활동으로 과대 포장한 보천보 전투를 비교적 자세하게 다룬 반면, 북한 정권이 저지른 아웅산 테러 사건 등은 소홀히 취급하는 등 역사 역시 이념의 눈으로 재단했습니다. 이와 함께 역사 교과서는 정치범 강제수용소나 기아에 허덕이는 북한 주민에 대해서는 언급조차 하지 않은 채 광주민주화운동 등 군사정권 시절의 암울한 역사는 크게 다뤘습니다. 이는 민중의 분노를 확대·재생산하려는 좌파 특유의 편 가르기 전술 가운데 하나입니다. 그러한 분노에 올라타서 자신들의 권력과 특권을 유지하고자 하는 것입니다. 균형 잡힌 역사를 미래 세대에게 가르치는 것은 기성세대의 책무이지만 한동안 진보세력들이 강단을 사실상 장악하면서 이념화 교육에 몰두한 것입니다.

　역대 보수우익정권이 이념을 정치적으로 이용했다는 점에서는 그들과 하나도 다를 게 없습니다. 남북 분단과 6·25전쟁을 거치면서 '반공'을 국시로 삼은 보수우익정권은 진보진영 인사들을 '빨갱이'로 내몰아 처단하는 등 이념을 정권 유지의 수단으로 삼기도 했습니다. 그러나 진보정권에 의해 두 명의 전직 대통령 등 수많은 고위공직자가 적폐 청산의 대상으로 일망타진되고, 이에 동조한 국민으로부터 시대착오적이고 반개혁적 세력으로 낙인찍히게 되면서 보수 정권은 최대 위기를 맞기도 했습니다.

　최근 일부 권력자들의 비리와 치부가 보여주듯이 이념을 앞세운 권력자들은 언젠가는 그 이중성이 드러나게 마련입니다. 그런 점에서 누구나 차별 없이 공평하게 살아가는 세상을 지향해온 공산주의 이념이 실패로 돌아간 것처럼 정치 지도자들의 편향된 정책은 결코 성공할 수 없습니다. 그것은 자기들의 이익 쟁취를 위해 줄을 세우고 세력을 확장하려는 의도가 깔려 있기 때문입니다. 따라서 정치 지도자나 사회 구성원들이 스스로 이기심을 통제하지 못하는 한 이념정치는 빛을 볼 수 없습니다.

그리고 아직도 일부 인사들이 이념정치가 세상을 바꿀 것처럼 국민을 현혹하고 있지만, 공산주의자들이 수많은 사람을 처형하고 빈곤으로 이끌었던 사실을 반면교사로 삼아 그러한 유혹에서 벗어나야 합니다. 더구나 우리 국민 가운데 일부도 너덜너덜해진 좌편의 포퓰리즘 열차에 동승해 벼랑 끝을 향해 함께 질주하고 있지만, 시대 흐름이 크게 달라지면서 한시라도 시급히 손절매해야 할 때가 째깍째깍 다가오고 있다는 것을 눈치채야 할 것입니다. 여기서도 인간의 한계가 여실히 드러나고 있습니다.

이념 갈등 극복과 상생의 길

우리나라는 광복 이후 정치, 경제, 문화, 사회 등 각 분야에서 진보와 보수의 갈등이 존재하지 않았던 때가 없었습니다. 특히 정치 지도자들은 국민 간의 갈등을 조정해야 하지만, 한국의 정치 상황을 보면 정치권이 오히려 지역 간의 갈등, 노사 간의 갈등, 세대 간의 갈등 등 수많은 갈등을 부추겼습니다. 이러한 갈등을 오히려 자신들이 속해 있는 정당의 입지를 세우고 세력을 키우기 위한 발판으로 삼고 있는 것입니다.

그리고 한국 사회에서의 보수와 진보의 갈등은 진정한 보수의 가치, 진정한 진보의 가치에 대한 왜곡과 상실에서 온다고 볼 수 있습니다. 보수와 진보의 공통 가치는 헌법에 명시된 것처럼 '자유민주주의적 기본질서'를 수호하는 데 맞춰져야 하지만, 양측은 상대방의 제압을 통해 정권을 잡기 위해 혈안이 됐습니다. 더구나 보수와 진보세력은 각각의 이해관계에 따라 이합집산하다 보니 자기 정체성이 흔들리고 있습니다. 그래서 보수는 개혁적 보수, 수구적 보수, 신보수 등으로 갈라졌고, 진보 또한 급진적 진보, 온건적 진보 등의 여러 형태가 나타났습니다. 결국 집단이기주의가 문제입니다.

이제 보수와 진보 측은 진정 국민을 위한다면 '아생필살(我生必殺)', 즉 "내가 살려면 네가 죽어야 한다."라는 극단 의식을 지양해야 합니다. 그리고 진보와 보수가 소통과 통합의 길로 가기 위해서는 서로를 인정하고 상호 발전을 위한 선의의 경쟁자로 받아들이면서 지금까지 악순환의 고리였던 권력의 승자독식에서 벗어나야 합니다. 특히 보수와 진보 측은 서로 간의 이념의 간극을 좁히고 국가 발전을 위한 적절한 상호견제와 정책적 공조 등이 이루어져야 합니다.

현대 서구사회는 마르크스의 변증법적 유물론과 다윈의 진화론, 그리고 콩트의 실증주의의 영향을 많이 받았습니다. 이러한 사상들은 하나같이 정신적 가치보다 물질적 가치를 우위에 두는 유물론이 그 배경이 돼 왔습니다. 더구나 서구 문명의 근간은 기독교였지만 기독교가 무신론적 시대사조와 맞물리면서 급기야 그 한계가 드러나기 시작했습니다. 이처럼 기독교가 떠받쳐온 서구 문명은 인간의 이성을 지나치게 강조한 나머지 신을 퇴위시키고 그 자리를 인본주의 철학으로 대치했습니다.

그러다 보니 현대사회는 사람을 중심에 세웠습니다. 북한이 주체사상에서 '사람 중심론'을 내세우고 있는 것이 대표적 사례입니다. 즉 '사람이 모든 것의 주인'이고, '사람의 속성이 자주성·창조성·의식성'을 가지고 있다는 것입니다. 이는 한국의 좌파 정치인들이 내세우는 논리이기도 합니다. 마찬가지로 자본주의 사회의 모순과 병폐를 근절하고 누구나 차별 없이 살아가는 세상을 세우고자 한 카를 마르크스의 구상이 실패로 결론이 난 것은 사람 중심론의 한계 때문입니다.

오늘날 우리가 목격하고 있는 보수·진보 측의 갈등도 우리 인간이 가지고 있는 한계를 극복하지 못하고 있음을 보여주고 있습니다. 그래서 지금은 이러한 인간의 한계를 극복할 수 있는 새로운 가치관의 정립이 시급한 과제입니다. 그것은 인간의 한계를 극복할 수 있는 신 중심의 절대 가치관을 받아들이는 것입니다. 여기서 비로소 나보다 이웃을 먼저 생각하는 참사랑의 정신이 나올 수 있고, 보수·진보 측의 갈등을 극복할 수 있는 참된 방안이 도출될 수 있기 때문입니다.

그리고 성경에는 예수가 십자가에서 처형될 당시 왼편 강도가 "너는 그리스도가 아니냐? 너와 우리를 구원하여라."라면서 예수를 조롱했지만, 오른편 강도는 "하나님이 두렵지도 않으냐?"면서 예수의 편에 선 장면이 소개되고 있습니다. 이들의 운명은 한 지점에서 양쪽으로 갈라집니다. 이처럼 좌익과 우익의 갈등을 극복하기 위해서는 본질, 즉 오른쪽 날개나 왼쪽 날개가 아닌 머리와 같은 중심사상, 신 중심의 절대 가치관이 필요합니다. 그래서 국가의 발전과 국민통합을 위해서는 갈등 구조를 긍정적이고 생산적으로 관리하는 것은 물론, 양측의 차이를 이해하고 극복해나갈 수 있어야 합니다. 다시 말하면 보수와 진보는 상극의 관계가 아니라 상생의 관계라는 것을 인정하게 될 때 상호 발전과 공존이 가능하기 때문입니다. 그것이 온 국민이 잘살 수 있고, 누구나 행복하게 살아갈 수 있는 지름길입니다.

3. 인간은 고유한 개성체, 누구나 행복할 권리

인류는 지금까지 누구나 오순도순 행복하게 살아가는 세상을 꿈꿔왔습니다. 특히 성인들은 이러한 세상을 실현하기 위해 수많은 방안을 제시했습니다. 그러나 아직 그 꿈은 이뤄지지 않았지만, 요즘 일부 선진국들은 모든 국민이 최소한의 안락한 삶을 누릴 수 있는 복지국가를 지향하는 등 더 나은 세상을 위해 노력하고 있습니다.

그런데 오늘날 인류에게 시급한 과제는, 온 인류가 하나의 이념 아래 재산의 공유화를 실현함으로써 계급 없는 평등사회를 이룩하려 했던 공산주의 실험을 반면교사로 삼아 누구나 행복하게 살아가는 세상을 실현하는 데 어떤 것이 걸림돌인지 찾아내는 것입니다. 그러면서 지금은 시행착오를 끝내고 인류의 꿈을 이루기 위한 공동체 이념과 모델을 적극적으로 개발할 때입니다.

공산주의의 실패에서 얻는 교훈

카를 마르크스는 2005년 영국의 BBC 방송사가 시행한 설문 조사에서 아리스토텔레스나 소크라테스 등 유명한 사상가들을 제치고 세계에서 가장 영향력 있는 인물로 꼽힐 정도로 인류역사에 큰 파장을 몰고 왔습니다. 마르크스주의를 기반으로 하는 공산주의 국가들이 한때 지구의 절반에 이르렀다는 사실이 그의 영향력을 뒷받침해주고 있습니다. 특히 마르크스는 유럽의 자본주의가 안고 있는 현안에 대해 냉철하고 객관적으로 분석하면서 나름의 대안을 제시했다는 점에서 당시 지식인들로부터 많은 공감을 불러일으켰습니다.

그런데 자본주의는 16세기 봉건사회 속에서 싹트기 시작하여 18세기 중엽 이후에는 영국과 프랑스 등을 중심으로 점차 발달하게 됩니다. 그리고 자본주의는 산업혁명에 의해 확립됐지만, 점차 독점자본의 횡포와 부의 집중, 노사 간의 갈등 등 그 폐해가 드러나기 시작합니다. 마르크스는 이러한 상황에서 독일을 떠나 오랫동안 망명 생활을 하다 보니 언제나 가난에 찌들 수밖에 없었고, 비범한 재능과 탁월한 지적 성취에도 누구의 관심도 끌지 못한 채 주변부 지식인에 머물렀으나 힘겹게 살아온 자신의 경험을 토대로 만들어진 마르크스 경제학은 모순과 질곡으로 가득 찬 자본주의 체제에 염증을 느껴 새로운 대안을 찾는 사람들에게는 복음이나 다름없었습니다.

더구나 비주류 이론에 불과했던 마르크스주의가 러시아에 이어 여러 나라에서 국가 이데올로기로 자리잡으면서 서구 자본주의 진영에서는 큰 위협과 공포의 대상으로 바뀌게 됐습니다. 그런데 마르크스주의가 원형대로 접목된 것이 아니라 최초로 사회주의 혁명을 성공시킨 러시아에서는 레닌주의와 결합했고, 중국에서는 마오이즘(毛澤東主義)으로 변질하는 등 각 나라에서 다양하게 재해석되는 과정을 거치게 됩니다. 특히 북한의 주체사상은 마르크스주의의 극단적인 변종으로 볼 수 있습니다.

물론 인간이 그동안 만들어낸 사상은 어느 하나 완벽할 수는 없었습니다. 그래서 현실에 적용하는 과정에서 추상적인 부분은 구체화하고, 서로 모순되는 부분은 보완하면서 완전성을 갖춰나가지 않으면 안 되는 것입니다. 마르크스주의도 현실에 적용하는 과정에서 시대 흐름에 맞춰 많은 보완을 해야 했지만, 정치 지도자들이 자신들의 권력 유지를 위한 수단으로 이용하면서 애초의 구상과는 달리 많은 변질의 과정을 거치게 됐습니다. 특히 마르크스가 프랑스혁명과 산업혁명 등 격동기를 거치면서 분출된 자유와 평등의 열망 속에서 누구나 차별 없이 잘 살아갈 수 있는 세상을 만들겠다는 비전을 제시했다는 점에서는 높은 평가를 받았지만, 그의 구상을 현실에 적용하는 데는 실패하고 말았습니다. 즉 공산주의는 그 자체의 모순이나 한계가 없는 것은 아니지만 마르크스의 처음 의도와는 달리 인류에게 오히려 가난과 소외, 차별, 불평등, 억압 등 수많은 폐해를 남긴 채 70여 년 만에 막을 내린 것입니다.

마르크스주의 실험은 이처럼 실패로 끝났지만, 한때 자본주의 체제를 전복시킬 이론적 무기이자 인류의 꿈을 실현하는 데 있어서 이보다 과학적이면서도 깊이 있고 체계적으로 분석한 이론은 없는 것으로 평가받기도 하다 보니, 아직도 일부 지식인들은 자본주의의 구조적 모순을 교정할 대안을 여기서 찾고 있습니다. 이는 오늘날 자본주의의 폐해가 마르크스가 살았던 시절보다 더 깊고 더 넓게 확산하면서 사회적 약자인 노동자의 처지를 보며 가슴 아파했던 마르크스의 정신만은 계승돼야 한다고 보기 때문입니다. 더구나 1960

년대 들어와 미국의 경제가 주춤거리기 시작하자 신자유주의를 채택하는 과정에서 복지보다는 성장을 우선하는 가운데 양극화가 극심해지면서 마르크스 경제학은 다시 주목받게 되지만, 그 한계는 역시 넘어서지 못한 것입니다.

공생 · 공영을 핵심으로 한 성인들의 가치관

성인들은 누구나 차별 없이 행복하게 살아가는 세상을 꿈꿨습니다. 그리고 그들의 가르침은 종교라는 이름으로 구체화하는 과정을 거쳤습니다. 그런데 지금도 이러한 성인들의 가르침은 공산주의나 자본주의 이념이 가지고 있는 한계를 극복할 수 있는 유일한 대안이라는 점에서 관심을 끌고 있습니다.

붓다는 영원한 것은 존재하지 않는다고 보고 기존 논리와 질서에 대해 새로운 방향을 제시면서 각자의 이기심과 탐욕을 버리고 자비 정신을 실천할 것을 강조했습니다. 그리고 인간과 자연을 연기 관계로 설명하면서 이상사회 실현을 위해서는 탐욕을 내려놓고, 이웃을 위해 자비를 베풀어야 한다고 갈파했습니다.

공자가 살았던 춘추전국 시대에도 약육강식의 힘의 논리가 횡행하면서 전쟁이 끊이질 않는 탓에 민중의 삶은 피폐할 대로 피폐했습니다. 심지어 자신이 섬기던 주군을 시해하고 스스로 제후의 지위에 오르기도 했습니다. 그래서 공자는 《논어》에서 "임금은 임금다워야 하고, 신하는 신하다워야 하며, 어버이는 어버이다워야 하며, 자식은 자식다워야 한다(君君臣臣父父子子)."라고 역설했습니다. 특히 공자는 덕치(德治)를 통해 이상국가를 세우고자 노력했습니다.

그러나 인(仁)의 실천을 자신의 임무로 생각했던 공자로서는 혼란에 빠진 정치 현실을 목격하고 책이나 읽고 학생들을 가르치는 일에만 매달려 있을 수는 없었습니다. 그래서 직접 벼슬을 맡아 자기의 이상을 실현하려고 노력했고, 정치가들에게 덕치주의를 설파하기 위해 제자들과 14년 동안 주유 열국하며 유세했지만, 어느 나라 임금이든 이를 백안시했습니다. 공자에게는 이상국가의 꿈을 실현하기엔 현실정치의 벽은 너무나 강고했습니다. 결국 말년에는 《시경》《서경》《춘추》 등 경서를 엮고 후학들을 가르치는 일에 전념하다가 73세를 일기로 세상을 떠나게 됩니다.

예수는 공생애 노정을 시작하면서 가장 먼저 "하늘나라가 가까이 왔다."(마태복음 4:17)라고 선포했습니다. 그러면서 하늘나라 백성이 될 수 있는 길을 제시했습니다. 그리고 예수는 대제사장 등 유대교 지도자들에게 "세리와 창녀들이 오히려 너희보다 먼저 하나님의 나라에 들어간다."(21:31)라고 그들의 이중성을 비판하면서 어린이와 같은 사람이 하늘나라에 들어갈 수 있고, 어린이와 같이 자기를 낮추는 사람이 하늘나라에서 가장 큰 사람이라고 했습니다(18:1~4). 이는 하늘나라 공동체는 지위에 상관없이 하나님이 함께할 수 있는 조건을 갖춘 사람이 들어가게 된다고 밝힌 것입니다. 예수가 꿈꾼 하늘나라 공동체는 부자보다는 가난한 사람들과 지위가 높은 사람보다는 어렵게 살아가는 하위 계층 사람이 먼저 들어간다고 강조한 것처럼 빈부격차나 지위 고하를 막론하고 모든 사람이 차별 없이 오순도순 행복하게 살아가는 세상이라고 볼 수 있습니다.

그러나 오늘날 성인들이 그토록 꿈꿨던 이상공동체는 실현되지 않고 있습니다. 오히려 지금은 종교가 세속인들로부터 외면당하면서 신도들의 이탈로 몸살을 앓고 있습니다. 이는 종교인들이 오히려 집단이기주의에 빠지면서 성인들의 가르침과 멀어졌기 때문입니다. 마르크스주의가 제대로 정착하지 못한 것이 지도자들의 탐욕과 아집 때문이었듯이 종교 지도자들 역시 집단 이기주의에서 벗어나지 못한 채 권위주의화하고 권력화하면서 종교 본연의 모습에서 이탈한 것이 그러한 공동체를 실현하지 못한 가장 큰 원인입니다.

따라서 지금은 우리 모두가 성인들이 꿈꾼 세상을 어떻게 실현할 것인가를 놓고 더 많은 고민을 해야 할 때입니다. 기독교의 하늘나라나 불교의 극락정토, 유교의 이상국가 등 각 종교에서 말하는 이상공동체를 실현하기 위해서는 성인들의 가르침을 토대로 오늘날 시대 흐름에 맞춰 이를 구체화해야 할 과제가 남아 있습니다. 그래서 각 종교에서 강조한 것처럼 우리는 인간의 한계를 극복하기 위해 참된 인간으로 거듭 태어나면서 공생·공영의 가치관 아래 서로 손을 잡고 참된 가정과 참된 종족·사회·국가·세계로 이상공동체를 확대해 나가야 합니다.

인간은 누구나 차별 없이 행복하게 살아가는 이상세계를 꿈꿔왔습니다. 그것은 인류가 어느 한순간도 행복보다는 억압과 불평등을 겪어왔음을 방증하는 것이기도 합니다. 인류는 18세기 유럽 전역을 휩쓴 계몽사상이 중세사회를 지배한 종교적 편견과 억압에서 벗어나 인간의 존엄성과 자유, 평등을 되찾게 해준 것처럼 인간의 한계를 극복하고 영원한 평화와 행복을 누릴 수 있는 세상을 추구하고 있습니다. 인류는 나보는 남을 우선하는 참사랑의 소중한 가치관에 대한 공감대가 형성되고, 과학기술의 눈부신 발전에 따라 빈부격차를 극복, 경제적 평준화를 실현하게 될 때 갈등과 분쟁은 눈 녹듯이 사라지면서 머지않아 그 꿈이 눈앞에 다가오는 것을 보게 될 것입니다.

4. 열린 마음으로 세상을 바라볼 때 찾아오는 행복

이오시프 스탈린 소련 공산당 서기장이 집권한 기간(1922~1953년)에 2천만여 명이 숙청과 처형, 기아 등으로 희생됐습니다. 스탈린이 소련 사회주의 체제를 정착시키는 과정에서 누구나 자신의 정적이 될 수 있다는 피해망상에 사로잡히면서 잔인하고 보복적인 통치가 이러한 결과를 불러오게 된 것입니다.

인간은 누구나 새로운 것이 자신의 시선에 들어올 때는 일단 의심을 하거나 배척을 하게 됩니다. 특히 기득권층일수록 남에 대한 경계심을 높이고, 어떤 결정을 내릴 때도 자기에게 유불리를 먼저 따지게 됩니다. 우리는 독재자 스탈린에게서 보듯이 권력자가 특정 이념에 사로잡히거나 흑백논리에 빠져 남에게 해악을 끼치게 되는 것은 인간이 안고 있는 모순을 그대로 보여주는 것입니다. 이렇듯 인간의 판단과 결정은 자기 인식 내에서 이뤄질 수밖에 없다 보니 한계를 지니게 마련입니다.

고발할 구실을 찾는 예수 당시 기득권층

예수는 2천 년 전 유대교 지도자를 비롯한 기득권층에 의해 반체제 인사로 몰려 희생을 당하게 됩니다. 특히 대제사장들과 율법학자, 장로 등 유대교 지도자들은 자신들의 신앙 전통이 최고라는 아집에 사로잡혀 있다 보니 예수가 하늘나라 도래를 선포한 것을 두고 심각한 도전으로 보았던 것입니다. 당시 그들은 종교의 본질보다는 형식주의에 매몰된 채 예수에게 올가미를 씌워 처단하기 위해 여러 가지 질문을 던집니다.

그 첫째가 세금 문제입니다. 바리새파 사람들과 헤롯 당원들이 예수에게 "황제에게 세금을 바치는 것이 옳습니까, 옳지 않습니까? 바쳐야 합니까, 바치지 말아야 합니까?"(마가복음 12:14)라고 묻습니다. 예수는 자신을 시험하기 위해 이러한 질문을 한다는 것을 알고 "황제의 것은 황제에게 돌려주고, 하나님의 것은 하나님께 돌려드려라."(17절)라고 대답합니다. 당시 이스라엘은 로마제국의 식민지였기 때문에 아주 민감한 질문이었습니다. 즉 예수가 어느 쪽을 선택하는가에 따라 제국주의의 앞잡이가 되느냐, 반체제 인사가 되느냐 하는 갈림길에 서 있었습니다. 예수는 로마 화폐에 황제의 초상이 그려져 있는 것을 비유로 들면서 그들이 파놓은 흑백논리의 올가미에서 벗어났습니다. 물론 예수는 황제에게 은혜를 입은 사람은 그 은혜를 입은 것을 황제에게 바치라는 말로서 사실상 황제에게 세금을 내는 것을 반대했습니다.

그리고 유대교 지도자들은 안식일을 지키는 문제를 놓고 시비를 걸어옵니다. 즉 안식일에 사람들의 병을 고쳐주는 것(마가복음 3:1~6)과 제자들이 배가 고파서 밀 이삭을 잘라 먹는 것(마태복음 12:3~8)에 대해서도 문제 삼았습니다. 그러나 예수는 그들에게 "안식일에 선한 일을 하는 것이 옳으냐, 악한 일을 하는 것이 옳으냐, 목숨을 구하는 것이 옳으냐? 죽이는 것이 옳으냐?"(마가복음 3:4)라고 반박합니다. 그러면서 "안식일이 사람을 위하여 생긴 것이지, 사람이 안식일을 위하여 생긴 것이 아니다."(마가복음 2:27)라고 강조하면서 안식일의 본질을 외면한 채 형식에 치우친 유대교 지도자들의 허위의식을 고발합니다.

그다음에는 간음한 여자를 끌고 와서 "모세는 율법에, 이런 여자들을 돌로 쳐 죽이라고 우리에게 명령하였습니다. 그런데 선생님은 뭐라고 하시겠습니까?"(요한복음 8:5)라고 예수를 시험하면서 예수를 고발할 구실을 찾았습니다. 그러자 예수는 "너희 가운데서 죄가 없는 사람이 먼저 이 여자에게 돌을 던져라."(7절)라고 말하면서 몸을 굽혀 손가락으로 땅에 무엇인가 쓰는 사이에 모두가 떠나고 여자 혼자만 남게 됐습니다. 그들의 양심은 자신들이 무엇을 잘못하고 있는가를 알았던 것입니다.

이렇듯 유대교 지도자들은 자기들의 신앙을 잣대로 삼으면서 예수를 처단할 구실을 찾았습니다. 그러나 예수는 "내가 율법이나 예언자들의 말을 폐하러 온 줄로 생각하지 말아라. 폐하러 온 것이 아니라, 완성하러 왔다."(마태복음서 5:17)라고 말하면서 신앙의 본질을 떠난 그들의 이중성을 질타합니다. 결국 그들은 하늘의 새로운 섭리가 진행되고 있음을 눈치채지 못한 채 특정 교리와 종교적 아집에 사로잡혀 예수를 처단할 구실을 찾아 십자가에 처형하는 큰 실수를 저지르고 말았습니다.

흑백논리로 보는 인간의 한계와 공생·공영의 가치관

기득권자들이 가장 위험에 빠질 수 있는 것은 유대교 지도자들에게서 보듯이 똑같은 일을 두고서도 자기들이 하면 선(善)이고, 남들이 하면 악(惡)이라고 보는 흑백논리입니다. 흑백논리는 모든 문제를 이분법적으로 구분하고 해결하려는 편중된 사고방식을 말합니다. 모든 것을 흑과 백, 선과 악, 아군과 적군, 옳고 그름 등의 양극단으로 나누어 놓고 하나를 선택하라는 식입니다. 특히 흑백논리는 양극단 이외의 중간 지점을 허용하지 않고, 자신의 견해에 동조하지 않는 사람이나 집단을 적으로 간주하기 때문에 대화와 타협은 일체 생각하지도 못하는 것입니다.

그동안 우리 사회는 흑백논리에 사로잡혀서 좌(左) 아니면 우(右)를 선택해야 했습니다. 이러한 사고 행태를 교묘하게 이용해왔던 것이 정치권입니다. 정치인들은 지연, 학연, 혈연 등을 내세워 편 가르기를 일삼았으며, 자기편이 아닐 경우 배척하거나 적대시했습니다. 여기서 진영논리가 잉태합니다. 같은 진영에 속해 있느냐, 그렇지 않느냐에 따라 편을 가르는 것입니다. 이러한 진영논리에 빠질 경우 다른 진영과는 타협하거나 이해를 하지 않으려고 합니다. 그러다 보니 상대방에 대해 배려보다는 배타적인 행동을 하는 것입니다.

여기다가 특정 정치인을 우상화하는 팬덤 정치 때문에 현실을 직시하고 성찰해야 할 지성과 합리주의가 설 자리를 잃게 됐습니다. 정치 지도자들이 '노사모' '박사모' '문빠' '개딸' 등으로 대표되는 열광적 지지자들에 둘러싸여 우리 사회는 두 동강으로 갈라졌습니다. 정치인들이 자기편만 챙기다 보니 정치는 선과 악, 정의와 불의의 대결장이 되고 말았습니다. 중세 암흑기처럼 극단으로 치닫는 팬덤의 맹신 앞에 사실이나 진실은 무의미하게 된 것입니다.

그리고 오늘날 어느 나라이든 정치적·지역적 편 가르기로 인한 국론 분열도 심각한 수준에 이르고 있습니다. 그런데 이러한 현상은 우리 인간이 개인의 이익을 추구하는 존재가 아니라 서로 연결돼 공통의 이익을 우선해야 하는 존재라는 것을 간과하고 있기 때문입니다. 그래서 이제 근본 처방을 통해 누구나 행복하게 살아갈 수 있는 나라를 만들어야 합니다.

불교가 핵심적 진리로 내세우는 연기법(緣起法)에 따르면 모든 현상은 독립·자존적인 것은 하나도 없고, 원인이 없으면 결과도 없습니다. 그리고 인간이 겪는 괴로움은 운명적이거나 절대적인 것이 아니라 반드시 어떤 원인으로 인해 발생한다고 보는 것입니다. 그리고 삼라만상 일체 만유는 독자적으로 존재하는 것이 아니라 중중무진(重重無盡)한 인과관계, 다시 말해 상호의존성과 상의·상관성(相依相關性)에 의해 존재하기 때문에 분열과 갈등이 일어나서는 안 된다고 보고 있습니다.

오늘날 대부분 '나는 나, 너는 너일 뿐'이라고 생각하고 각자 자신에게 한없이 집착하지만, 연기법에서는 '너' 속에 바로 '나'가 있고, '나' 속에 '너'가 있다고 보는 것입니다. 그뿐만 아니라 '나' 속에는 이웃은 물론 모든 세상 사람이 연결돼 있습니다. 그래서 이러한 깨달음을 통해 비로소 너와 나의 경계는 해체되고 너와 나는 하나라는 것이 드러나게 됩니다. 실제로 나 자신이 존재하고 살아갈 수 있는 것은 전적으로 이웃들 때문입니다. 그런 점에서 '닫힌 나'가 아니라 '열린 나'가 돼야 합니다.

그리고 '열린 나'의 실천은 무아행(無我行)이라고 말할 수 있습니다. '무아'는 고정적·불변적인 실체로서의 '나'가 없다는 의미이지만, 이를 자각함으로써 모든 사람과 생명에 대한 끝없는 사랑과 자비로 귀결될 수 있습니다. 다시 말하면 자기를 버리면 욕심도 사라지고, 욕심이 사라지면 고통도 자연히 사라진다는 붓다의 가르침에 따라 무아행은 생명의 존중과 나눔의 의미를 더 깊이 깨닫게 하는 것입니다. 그래서 우리는 진영논리에 휩싸이거나 개인의 이익을 앞세우기보다는 공존의 철학을 마음에 새기면서 다 함께 행복을 누릴 수 있는 길을 찾아야 합니다.

이렇듯 우리 사회에 만연한 흑백논리나 이분법적 사고는 탐욕에서 벗어나지 못하는 인간의 한계를 고스란히 보여주고 있습니다. 더구나 이념 갈등은 어느 특정 개인이나 집단의 이익을 우선하기 때문에 나타나는 현상입니다. 그런데 우리가 자기만의 동굴에 갇혀 세상을 올바로 바라보지 못할 때 그 대가는 모두 자기에게 돌아오게 된다는 것입니다. 특히 우리는 인류역사에서 권력자들이 특정 종교나 이념의 노예가 됨으로써 국민에게 많은 피해를 준 사례를 수없이 목격했습니다. 유대교 지도자들이 자신들의 고정관념과 전통에 사로잡혀 예수를 처단한 것이나 공산주의자들이 이념을 앞세워 국민을 억압하고 빈곤에 빠뜨린 것이 대표적 사례입니다.

그런 점에서 우리가 어떻게 하면 특정 이념이나 편견에 사로잡히지 않고 열린 마음으로 세상을 볼 수 있을까 하는 것을 고민해야 합니다. 이제 우리에게 필요한 것은 편향된 이념이 아니라 모두가 행복하게 오순도순 살아갈 수 있는 공생·공영의 가치관입니다. 여기에는 나눔과 섬김, 베풂의 정신이 살아 있기 때문에 누구나 나보다 이웃을 먼저 생각하게 됩니다. 우리가 그러한 가치관으로 무장할 때 인간의 한계나 모순을 극복하고 누구나 행복하게 살아가는 세상이 오지 않을 수 없을 것입니다.

| 제2장 |

손에 잡히는 행복,
영원한 행복의 길

1. 트랜스 휴먼 시대의 생명윤리

첨단과학기술의 눈부신 발전은 우리 인간의 삶을 전면적으로 바꿔놓고 있습니다. 특히 제4차 산업혁명 시대에 들어서면서 생명공학과 나노기술, 인공지능(AI) 기술의 개발로 인간의 생명 연장과 함께 새로운 유형의 인간 탄생까지 점쳐지고 있습니다. 그러다 보니 기존의 생로병사(生老病死)에 대한 실존적 이해의 체계까지 흔들리고 있습니다.

그리고 지금 우리는 인간의 능력을 무한대로 확장하는 '트랜스 휴머니즘' 시대의 도래를 목격하고 있습니다. 이제 우리는 각종 AI 로봇, 더 나아가 '포스트 휴먼'과 공존할 수 있는 생명윤리를 어떻게 개발하느냐 하는 과제를 떠안게 됐습니다.

인간의 한계를 뛰어넘는 트랜스 휴먼 시대

제4차 산업혁명은 AI와 빅 데이터, 그리고 블록체인, 생명공학 기술 등이 이끌어가고 있습니다. 특히 AI 기술은 우리 인간에게 가장 중요한 일과 놀이, 육아, 그리고 의료 등 생활 전반을 바꾸면서 궁극적으로 우리 인간의 존재 의미까지 다시금 생각하게 하고 있습니다. 더구나 AI 로봇이 인간보다 더 정밀하고 정확한 지능과 논리적 추론 능력을 갖출 날이 올 수 있기 때문입니다. 여기서 우리가 주목할 것은 신체와 장기를 AI나 기계로 대체해 각종 질병의 치료가 가능해지는 것은 물론 영생까지 누릴 수 있는 트랜스 휴먼(trans-human)의 등장입니다.

이미 인공지능 휴먼(AI Human)이 웹과 앱, TV, 키오스크 등에 탑재돼 'AI 아나운서' 'AI 쇼호스트' 'AI 선생님' 'AI 변호사' 'AI 은행원' 등 다양한 모습으로 우리 곁에 찾아오고 있습니다. 특히 우리 인간과 하나도 다를 바가 없는 AI 휴먼이 고객과 대화하고 응대하는 등 산업 곳곳에서 활약하고 있습니다.

AI 휴먼은 딥러닝 기술을 바탕으로 음성 합성과 인식, 영상, 자연어 처리 등을 융합한 실시간 대화형 AI 기술로 만든 인공인간으로서 자연스러운 립싱크와 움직임, 표정 등 비언어적인 부분에서도 실제 인간 모델에 못지않습니다. 그래서 AI 휴먼이 실존하는 인물의 얼굴과 목소리를 그대로 재현하고 학습하여 모든 분야에서 인간 이상으로 완벽하게 일 처리를 하고 있습니다. 더구나 AI 휴먼은 사람처럼 친숙한 외형을 가지고 있고, 고객과 거부감 없이 대화할 수 있기 때문에 우리는 이웃처럼 자주 만나게 될 것입니다.

그리고 '왓슨'을 비롯한 의료 인공지능 기술은 단순히 질병 치료 방법을 개선하는 것에 그치지 않고 의술의 패러다임을 바꿔놓고 있습니다. 지금까지는 명의를 찾아 나섰지만, 이제는 집적된 빅 데이터를 통해 치료의 열쇠를 찾는 시대로 접어들었습니다. 만일 인공지능이 빅 데이터를 활용해 환자의 발병에서부터 완치까지 일일이 관장하게 된다면 의료기술은 상상외로 진전되리라고 봅니다.

이와 함께 첨단과학기술은 인간의 한계를 극복함으로써 육체적 고통을 해소하고 생명 연장의 꿈을 현실화하는 등 놀라운 발전을 이룩하고 있습니다. 특히 몸 안에 전자칩과 같은 기계장치를 삽입해 신체 기능을 강화하거나 장애와 고통, 질병, 노화, 죽음과 같은 인간의 생물학적 한계를 넘어서고 있습니다. 결국 자연적 인간은 슈퍼맨과 같은 능력과 초월적 지능을 갖춘 트랜스휴먼에 의해 대체되리라는 전망까지 나오고 있습니다. 여기다가 뇌의 인지 기능과 기억 등을 데이터화하는 기술이 개발되고, 뇌에 저장된 정보를 컴퓨터에 업로드할 수 있게 된다면 정신작용이라고 믿어왔던 뇌의 기능을 신체에서 분리하는 것도 가능하게 된다는 것입니다.

이미 미국을 비롯한 선진국에서는 뇌의 신경망을 분석해 데이터화하는 프로젝트를 진행하고 있습니다. 이는 인간의 뇌와 AI를 결합하겠다는 시도입니다. 미국의 미래학자 레이 커즈와일은 《특이점이 온다》라는 저서에서 "2030년 이후엔 인간과 AI가 결합한 '하이브리드 두뇌'가 실현될 것"이라고 전망하기도 했습니다.

테슬라 최고경영자(CEO) 일론 머스크도 뇌신경과학 스타트업 뉴럴링크를 통해 인간의 뇌와 AI를 결합하는 기술을 연구하고 있습니다. 머스크는 2021년 뉴럴링크가 원숭이 뇌에 컴퓨터 칩을 이식하는 데 성공했다고 밝히고, "원숭이가 (뇌에 심은 칩을 통해) 생각만으로 비디오 게임을 할 수 있게 했다."

라고 주장했습니다. 그리고 뉴럴링크는 2023년 5월 트위터를 통해 "최초의 인간 대상 임상시험에 대해 미 식품의약국(FDA) 승인을 받았다."라고 밝혔고, FDA도 "환자의 뇌 이식 임상시험을 위해 수술 로봇을 사용하도록 승인했다."라고 발표했습니다.

뉴럴링크가 사람의 뇌와 컴퓨터를 연결하려는 것은 뇌와 척추, 안구 등의 각종 질환·질병을 쉽고 빠르게 치료할 수 있는 길을 열겠다는 것입니다. 머스크는 "컴퓨터 칩을 인체에 삽입하면 척수가 손상된 사람의 전신 운동 기능 회복이 가능하고, 선천적인 시각 장애를 갖고 태어난 사람도 정상 시력을 얻을 수 있다."라고 강조한 바 있습니다. 이렇듯 사람이 뇌와 결합한 컴퓨터를 통해 생각만으로 인체 곳곳을 제어하는 게 가능해져 각종 불치병이나 난치성 질환·질병을 극복하는 것은 물론, 인류의 수명을 획기적으로 늘릴 수 있는 길이 열릴 날도 멀지 않았습니다.

나보다 남을 우선하는 세상

인류는 그동안 과학기술을 통해 인간의 한계를 극복하고 편리한 생활을 추구하기 위해 무한 질주를 해왔습니다. 레이 커즈와일이 "융합기술의 발전이 어떤 한계점을 넘으면 기하급수적인 변화가 수반된다."라고 지적했듯이 급격한 변화가 눈앞에 펼쳐질 때 우리는 당황하지 않을 수 없을 것입니다. 그래서 과학기술이 만들어낸 변화 앞에서 다시금 인간의 본질이라는 궁극의 주제를 놓고 고민하는 상황이 벌어질 수밖에 없습니다. 이는 인간에 대한 새로운 성찰을 통해 제4차 산업혁명 시대를 이끌 수 있는 새로운 생명윤리를 정립하지 않으면 안 된다는 것을 시사하고 있습니다.

더구나 인간수명이 늘어나고 트랜스 휴먼이 등장할 때가 된다면 현재 가족 구조가 가장 위협을 받을 수밖에 없습니다. 특히 지금처럼 여성의 출산이 사라지고 인공 자궁을 통한 생식이 상용화하거나 유전자를 편집한 맞춤형 아기가 태어나게 된다면 부모와 자식이라는 개념도 바뀔 수밖에 없다는 것입니다. 그런 점에서 우리 인간이 이러한 변화를 어떻게 주도하고 적응해나가느냐 하는 것이 중요한 과제로 떠오르고 있습니다. 이처럼 우리 앞에 놓인 미래가 유토피아가 될지 디스토피아가 될지는 아직 예측하기는 어렵지만, 모든 사람이 행복하게 살아갈 수 있도록 외적 환경 개선에 과학기술이 기여하지 않으면 안 된다는 것은 두말할 나위가 없습니다.

이제 우리는 죽음이 없는 유토피아를 말하는 트랜스 휴머니즘과는 달리 인간의 유한성에서 위대성을 발견하고자 하는 네오휴머니즘에 관해 관심을 가질 때가 됐습니다. 18세기 후반에 계몽주의에 반대하여 독일에서 나타난 네오휴머니즘은 고대 그리스의 이상을 부흥시켜 인성의 자연스러운 발전과 완성을 꾀했습니다. 다시 말하면 확장된 휴머니즘인 네오휴머니즘의 핵심은 결국 인간은 죽을 수밖에 없다는 사실을 인정하고, 인간의 실존적이고 존재론적 허무화를 극복하면서 인간 존재의 의미를 다시 확보하려는 데 목표를 둔 것입니다. 따라서 네오휴머니즘은 오늘날처럼 아무리 과학기술이 발전하더라도 그것은 인간과 친밀성을 강조한 휴먼테크(Human Tech)여야 한다고 주장하고 있습니다.

돌이켜보면, 서양의 문예부흥기에 널리 확산한 인본주의는 신(神) 중심의 세계관에서 인간 중심 세계관으로 이동하면서 우리 곁에서 신을 밀어냈습니다. 오늘날 세계적으로 일어나고 있는 탈종교화 현상 역시 더 이상 신에게 의지하지 않고 인간 스스로 어떤 난관도 헤쳐나갈 수 있다고 보는 인간 중심주의가 확산되고 있기 때문입니다. 이는 달라지는 시대 흐름에 맞춰 신관도 변화하지 않으면 안 될 때가 됐다는 것을 보여주고 있습니다. 그동안 기독교인들이 믿는 것처럼 초월적 신관이 아니라 늘 우리와 함께하는 신, 창조주로서 만유의 근원이 될 뿐만 아니라 우리 인간의 부모가 되는 신으로 받아들일 수 있어야 합니다.

그리고 우리는 첨단 문명 시대에 일어날 수 있는 갖가지 불평등 문제를 해결하는 데 관심을 가져야 합니다. 특히 앞으로 자동화에 따라 AI 로봇이 인간이 필요로 하는 물품 생산을 떠맡게 될 경우 일자리는 더 축소될 수밖에 없기 때문에 부의 불평등 문제는 더욱 심화할 수밖에 없습니다. 그러다 보면 부자는 인지능력을 가진 AI 로봇을 확보해 첨단 문명의 혜택을 톡톡히 누리거나 생명공학 기술을 통해 생명을 연장하면서 살아가게 되지만, 가난한 이들은 그러한 꿈을 꿀 수 없다는 것입니다.

그런 점에서 우리는 제4차 산업혁명 시대를 맞아 인간과 자연, 더 나아가 신에 이르기까지 모든 존재에 대한 전면적인 성찰과 함께 새로운 가치관으로 무장해야 합니다. 특히 우리는 나만을 우선 생각하는 이기적 본능을 적절히 억제하면서 이웃이 '나와 다른 사람'이 아니라 '또 다른 나'라는 생각을 가지는 것은 물론, 인간과 우주 만상이 서로 떼려야 뗄 수 없는 공생·공영의 존재임을 깨달아야 합니다. 그렇게 될 때 신과 인간, 그리고 자연이 본연의 관계를 회복하고, 인간 사회의 잘못된 관행이 근본적으로 해결되면서 우리가 꿈꿨던 세상, 누구나 평화롭고 행복하게 살아가는 이상적 생명공동체가 머지 않아 실현되지 않을 수 없다는 것입니다.

2. 무한경쟁과 차별 현상, 그리고 질서 너머로

　인류는 오랜 기간 서로를 지배하고 차별하고 억압해온 아픈 역사를 가지고 있습니다. 특히 중세 1천 년간은 영주와 농노를 기본 계급으로 하는 봉건사회였습니다. 그러나 유럽 중세사회는 흑사병의 유행(1347~1351)과 백년 전쟁(1337~1453), 농민 반란(1388) 등 대형사건을 거치면서 큰 위기에 내몰리게 되고, 르네상스 운동에 이어 자본주의가 14~16세기에 태동하면서 신분사회도 무너지기 시작합니다.

　물론 그 후에도 인간 사회는 주종(主從)관계나 상하 관계 등 불평등과 차별 현상이 사라진 것은 아닙니다. 특히 우리 사회만 보더라도 아직도 과도한 승자독식 문화가 지배하고, 빈부격차에 따른 보이지 않는 구조적 갈등이 남아 있습니다. 그러나 요즘은 시대 흐름에 따라 각 분야에서 이러한 일그러진 문화가 서서히 사라지고 있다는 것은 여간 다행스러운 일이 아닐 수 없습니다.

여전히 불식되지 않고 있는 차별 현상

　인간은 누구나 그 나름의 고유한 특성을 지니고 태어납니다. 18세기 말 서구사회가 절대왕정과 봉건적 국가체제가 붕괴하고 교회의 지배로부터 점차 벗어나게 된 것은 각자의 자율성이 근간이 된 계몽 의식이 싹텄기 때문입니다. 특히 계몽주의는 이성을 진리 판단의 기준으로 삼았고, 인간의 존엄과 평등, 자유권을 강조함으로써 전제군주와 로마 가톨릭교회의 족쇄에서 벗어나는 계기를 마련했습니다.

　인간은 남에게 침해받지 않을 기본적 권리를 가지고 태어난다는 천부인권 사상 가운데 가장 기본이 되는 이념이 자유와 평등문화입니다. 특히 계몽주의자들은 인간은 누구나 태어나면서부터 자유롭고 평등한 인격과 행복을 추구할 권리를 가지고 있다고 보고, 자연권론, 곧 천부인권설을 주장했습니다. 그러다 보니 오랫동안 인간이 인간을 지배하거나 구속해온 제도와 관행은 계몽주의의 태동과 함께 무너지기 시작했습니다.

　그런데 아직도 인간 사이에는 차별 현상이 온전히 사라지지 않고 있습니다. 차별이란 합당한 이유 없이 서로의 갖가지 차이를 내세워 불이익을 주는 것을 말합니다. 남녀차별과 인종 차별, 장애인 차별, 학력 차별 등 다양한 차별이 존재합니다. 특히 일 처리 능력과 상관없이 여성은 남성보다 고용이나 승진 등에서 불리한 대우를 받습니다. 장애인도 고용이나 임금에서 차별을 당하고 있는 것이 우리 현실입니다.

　그런데 차별은 주로 기득권자들이 자신이 가진 것을 그대로 유지하겠다고 생각할 때 일어나게 됩니다. 예를 들면, 남성은 자신이 가진 권력을 여성과 나누기 싫어하기 때문에 차별의 논리를 만들게 되고, 건강한 사람 중심으로 이뤄진 사회에서는 장애인에게 동등한 권리를 주지 않으려는 생각 때문에 갖가지 차별 구조를 만들어가는 것입니다. 미국에서 한동안 흑인에게는 선거권을 주지 않았던 것도 백인이 자신이 누리는 권력을 계속 유지하고자 하는 의도 때문이었습니다.

우리는 나와 생각이 다른 사람을 경계합니다. '우리'와 '우리와 다른 사람'으로 구분하는 것이 차별의 시작입니다. 그리고 다른 진영의 사람들에 대해서는 적대적 감정까지 갖게 됩니다. 그런데 생각이 다르고, 살아가는 방식이 다르다 보니 사람마다 차이가 생기는 것은 당연합니다. 그러나 서로의 개성을 드러내고 다양함이 존재하는 사회는 건강한 사회임은 물론입니다.

현대사회는 모든 것을 능력이라는 무기를 내세워 인간을 서로 차별하는 구조입니다. 이른바 능력주의는 직원을 뽑거나 승진과 보수를 결정하는 잣대가 됩니다. 그래서 상대적으로 능력이 부족하다고 평가되는 사람은 직장을 구하는 기회조차 사라지고 있습니다. 그러다 보니 요즘에는 능력을 평가하는 기준도 도마 위에 오르고 있습니다. 이처럼 능력주의는 공정을 앞세우고 있지만, 차별을 강화하고 사회를 통제하는 논리로 작용하고 있습니다. 특히 시험이나 평가 제도가 인간을 등급화 · 서열화하고 있는 것입니다.

협력과 배려, 질서 너머로

뉴미디어 시대를 이끌고 있는 구글과 트위터, 페이스북(메타) 등 세계 일류 기업에서 보듯이 협력과 배려의 정신이 새로운 경쟁력의 핵심으로 부상하고 있습니다. 이들 기업은 인재를 선발할 때도 시험 성적보다는 서로 도와가면서 회사를 이끌어갈 수 있는 인성에 초점을 맞추고 있습니다. 특히 이들 기업은 이러한 정신을 기반으로 새로운 경제 모델을 만들어내면서 주목받고 있는 것입니다. 미래형 인재는 서로 돕고 나누며 함께 성장하는 공동체형 인간이기 때문입니다. 이처럼 지금은 협력과 배려가 개인과 기업의 새로운 생존 조건의 하나로 떠오르고 있습니다.

이미 유럽도 이러한 시대 흐름에 맞춰 교육 개편에 나섰습니다. 특히 북유럽은 자녀들에게 엄격한 자녀 훈육법을 써왔지만, 이제는 자녀와 많은 시간을 함께 보내면서 정서적인 교감을 나누는 것에 초점을 맞추고 있습니다. 노르웨이 교육시스템은 6세에 초등학교가 시작돼 중학교까지 10년간 의무교육입니다. 이후 일반고등학교 3년, 전문고등학교 4년 과정을 거칩니다. 사교육은 음악이나 미술에 한정돼 있고, 입시학원은 찾아볼 수 없습니다. 그러다 보니 중학교의 경우 한국의 주당 수업 시간이 36시간인 것에 비해 13시간이 적은 23시간의 수업이 이뤄지고 있습니다. 그리고 성적에 매여 있는 한국 학생들과는 달리 청소년 클럽이 활성화돼 있다 보니 운동이나 밴드 활동을 하는 등 비교적 학교생활이 자유롭다는 것입니다.

스웨덴은 인성교육에 가장 역점을 두고 있습니다. 이는 남에 대한 존중과 배려, 책임 등 인성 함양을 중요하게 보기 때문입니다. 특히 가정환경이나 경제적 배경, 젠더 등과 관계없이 공평한 교육기회를 주자는 것을 목표로 교육정책을 펴고 있습니다. 그리고 학생에게 세금으로 마련한 '학교 바우처'가 부여되면서 대학원까지 무상교육이 이뤄지고 있습니다. 스웨덴은 국정 교과서가 없습니다. 국가에서는 어느 정도 진도만 정해 놓고, 교재는 전적으로 교사 재량에 맡기는 것입니다. 모든 과목의 시험은 본인의 생각을 기술하는 주관식이며, 수학 시험 또한 풀이 과정을 반드시 적어야 합니다. 여기다가 공부를 잘하는 학생들에게 시상하면서 경쟁을 부추기는 한국과는 달리 상장을 수여하거나 공개적으로 칭찬하는 것을 금지하고 있습니다.

그리고 우리는 세계적인 혁신대학 미네르바스쿨에 주목해야 합니다. 이 대학은 캠퍼스가 없고, 오로지 온라인으로만 수업이 이뤄집니다. 수업은 교수의 강의를 듣는 것이 아니라 학생들의 발표와 토론이 중심입니다. 그래서 학생들은 끊임없이 자신의 의견을 말해야 하다 보니 예습이 꼭 필요합니다. 이 대학은 1학년 때 학제 간 융합 교육을 시행합니다. 철학을 배우며 얻은 지식을 인공지능 문제에 적용하는 법을 가르치는 식입니다. 학제 간 문제 해결 습관을 기르는 것입니다. 현재 사회과학과, 계산과학과, 자연과학과, 예술인문학과, 비즈니스과가 있지만, 이처럼 융합된 전공을 가르치고 있습니다. 자기주도 학습이 미네르바의 핵심 교육방법입니다.

여기서 수업은 지식을 축적하기보다는 지식을 끌어내어 활용, 응용, 통합하도록 촉진하는 데 목표가 있습니다. 결국 미네르바에서 수업은 지식 전달이 아닌 학생이 지식을 생산하는 시간으로 볼 수 있습니다. 다시 말하면 대학은 단순한 지식 전달이 아니라 창의력을 키우고 스스로 문제를 해결하는 방법을 가르치는 것입니다. 이처럼 지금은 모든 게 빠르게 변화하는 상황에서 학습자의 목적에 맞게 지식을 끌어다 쓸 수 있어야 하므로 교재가 사라지고, 혁신적인 교수법을 채택하고 있습니다.

　미네르바스쿨은 매년 2만여 명이 응시하지만, 200명을 선발하고 있습니다. 이 대학은 복잡한 입시 절차 없이 30분 정도 자신이 과거에 무엇을 했는지 에세이를 쓰게 합니다. 그리고 별도의 심사를 거쳐 원하는 인재만 뽑게 됩니다. 입학 후에는 샌프란시스코에서 1년을 보낸 뒤 서울, 베를린, 런던, 타이베이 등지에서 1년씩 기숙사 생활을 하면서 글로벌 경험을 쌓게 됩니다. 그리고 학생들은 각국 기업이나 비영리 단체들과 협업해 현실 문제를 해결하는 프로젝트에 참여하며 역량을 키우게 됩니다.

　이러한 미네르바스쿨의 혁신적 교육방법은 교육 혁명을 예고하고 있습니다. 온라인을 통해 누구에게나 교육의 문이 활짝 열릴 수 있음을 보여주는 것입니다. 그러나 우리 사회에서는 경쟁 위주의 교육이 이뤄지다 보니 협력과 배려는 찾아보기가 어렵습니다. 학교에서는 좋은 대학에 진학해야 한다고 압박하고 있고, 가정에서는 아이에게 기를 죽이지 않게 하려고 온갖 수단을 동원해 이를 주입하고 있습니다. 이러한 일등주의의 경쟁 구도가 기득권을 정당화하고 약자에게는 잔혹한 상처로 남게 됩니다.

　그러나 우리 인간은 급변하는 시대 흐름에 맞춰 새로운 질서를 만들어왔습니다. 이제 우리는 한 발을 질서의 영역에 두고, 다른 한 발로는 미지의 세계를 향해야 합니다. 질서 너머에는 혼돈과 위험이 도사리고 있지만, 더 나은 기회와 가능성이 열려 있기 때문입니다. 그리고 경직된 질서와 통제의 위험을 넘어설 때 우리 안에 잠재된 창조적 힘을 통해 놀라운 새 지평이 펼쳐질 수 있습니다.

여기서 중요한 것은 누구나 차별 없이 행복을 누릴 수 있는 세상을 실현하겠다는 생각을 공유하는 것입니다. 그래서 이러한 생각의 전환을 통해 우리의 삶을 바꾸게 될 때 세상을 보는 눈이 달라지고 자연스럽게 새로운 질서도 자리잡을 수밖에 없습니다. 이제 우리가 달라지는 시대 흐름에 탄력적으로 대응하면서 담대한 전환을 한다면 인류의 오랜 꿈인 자유와 평등, 평화, 행복의 세계가 오지 않을 수 없을 것입니다.

3. 누구나 챙겨야 할 행복한 인간백서

인간은 누구인가 하는 것은 종교와 철학의 중요한 관심사였습니다. 우리가 인간의 정체성을 올바로 알 때만이 참된 행복을 누릴 수 있기 때문입니다. 그러나 각 종교와 철학이 내세우는 인간관이 서로 다른 데다 아직도 인간의 생로병사(生老病死)에 대해 뚜렷한 공감대가 형성되지 못하고 있다 보니 혼란이 가중되고 있습니다.

여기다가 첨단의학기술의 발달로 질병 퇴치와 생명 연장까지 가능해지면서 인간의 정체성을 올바로 파악하는 문제는 더욱 절실한 과제로 떠오르고 있습니다. 특히 우리 인간이 어디에서 와서 어디로 가는가 하는 것이 분명히 밝혀지고, 각자 삶의 목표가 뚜렷해질 때만이 행복한 삶을 누릴 수 있기 때문입니다. 그런 점에서 행복한 삶을 영위하기 위해서는 생애주기에 맞춘 행복한 인간 백서(白書)도 챙겨봐야 할 것입니다.

인간 이성을 일깨우다

인간은 누구일까요? 플라톤은 보이는 세계의 모든 것은 변화하며 아무것도 영원히 존재하지 않는다고 주장하면서 이상적 세계와 현상적 세계로 이원화했습니다. 다시 말하면 시공을 초월하고 영원불변한 존재인 '이데아(idea)'를 모방한 이 세상의 모든 것은 순간적이고 덧없이 변화하는 존재일 뿐이라고 본 것입니다. 그리고 우리 인간을 몸과 본질적인 형상인 영혼으로 분리하면서 몸은 영혼을 붙잡는 감옥이기 때문에 사후에 영혼은 다른 사람이나 동물에 들어가서 정화되고 이데아로 자리잡게 된다고 강조했습니다. 그래서 플라톤은 우리 인간이 겉모습에 끌리지 않고 내면의 깊은 곳에 자리한 실재를 이성으로 올바로 깨우치는 것을 일생일대의 최대 과제로 삼아야 한다고 주장했습니다.

플라톤이 이처럼 이상적 세계와 현상계를 이원화한 것과는 달리 아리스토텔레스는 형상과 사물이 하나로 결합해 있다고 보았습니다. 즉 아리스토텔레스는 모든 사물은 형상과 질료로 구성돼 있으며, 형상과 질료는 생각만으로 구별할 수 있을 뿐 실제로는 구분될 수 없다고 주장했습니다. 그는 형상과 질료의 관계는 항상 붙어 있으면서 끝없이 궁극의 형상을 추구한다고 밝히고, 긴 사다리의 맨 아래가 순수 질료라면 맨 위에 있는 순수형상을 신(神)이라고 보았습니다.

아우구스티누스는 플라톤을 다른 모든 철학자의 위에 올려놓으면서 플라톤주의와 기독교의 융합을 시도합니다. 그는 《신국론》에서 "타락 이후 세계는 두 나라로 분할됐다. 하나는 신이 영원히 다스릴 나라이며, 또 다른 하나는 사탄과 더불어 영원한 형벌 속에 있게 될 것이다. 가인은 악마의 나라에 속하며, 아벨은 신의 나라에 속한다."라면서 "마지막에는 예정한 자와 버림을 받은 자로 구별될 것이다."라고 밝힙니다.

토마스 아퀴나스는 이와는 달리 아리스토텔레스주의와 기독교의 융합에 나섭니다. 그는 인간의 자율성을 높이 평가하면서 우주의 질서가 신의 뜻에 맞게 움직이려면 신이라는 제1 원인과 피조물이라는 제2 원인도 필요하다고 주장했습니다. 만약 한쪽이 무능력하고 수동적이라면 전체의 작용에 결핍이 나타나기 때문입니다. 그래서 신학은 이 양쪽의 능력을 충분히 인정하고 시작해야 하며, 진리를 스스로 깨달을 수 있는 '이성의 자율'도 수용해야 한다고 주장했습니다. 그리고 신학은 신앙의 억압에서 벗어나 이성을 밑바탕으로 참된 신앙의 길을 제시해야 한다고 강조했습니다. 이처럼 플라톤과 아우구스티누스는 정신과 물질이 이원화돼 있다고 생각했고, 아리스토텔레스와 아퀴나스는 정신과 물질이 일원화돼 있다고 보았습니다.

특히 기독교는 신학적 차원에서 접근하면서 인간 본연의 모습을 해명하는 데 한계를 보였습니다. 다시 말하면 14세기 후반부터 이탈리아에서 시작된 르네상스 운동은 고대를 문화의 절정기로 본 것과는 달리 로마 가톨릭이 지배한 중세사회에 대해서는 인간의 창조성이 철저히 무시된 시대로서 인간의 정체성을 객관적으로 파악한다는 것은 불가능한 것으로 보았습니다. 그러다 보니 교회의 권위에 억눌렸던 인간을 해방하고자 하는 계몽주의 운동이 발아하기 시작했고, 다른 한편에서는 종교개혁이 일어나면서 종교인들은 인간을 구속해온 신학에서 벗어나 "나는 누구인가? 나는 어디서부터 와서 어디를 향해 가는가?"라고 하는 근본문제부터 성찰하기 시작했습니다.

이렇듯 인간이 누구인가 하는 문제는 오랫동안 탐구의 대상이 됐지만 어느 누구도 명쾌한 해답을 내리지 못했습니다. 다시 말하면 인간은 누구나 생로병사라는 긴 터널을 거치면서 수많은 고통을 겪게 되지만 어느 철학자나 종교 지도자들도 이러한 고통에서 벗어날 수 있는 길을 명쾌히 제시하지 못했다는 것입니다. 그러다 보니 인간은 누구나 불행을 물리치고 행복을 찾아 몸부림쳤지만, 여전히 뚜렷한 해결책을 찾지 못하고 있습니다.

행복의 결산서를 쥐게 되는 인생의 말년

인간은 누구나 죽음에 직면할 때 슬픔과 두려움, 공포를 느끼게 됩니다. 그러나 붓다는 완전한 깨달음을 통해 윤회를 완전히 끊게 될 때 죽음을 자연스러운 현상으로 받아들일 수 있다고 가르쳤습니다. 즉 삶과 죽음은 윤회라는 동일한 과정에서 나타나고 반복되는 서로 다른 양상일 따름이기 때문에 죽음을 인생 문제 해결의 출발점이자 종착지로 보면서 적극적으로 대처해왔습니다. 그리고 깨달음을 통해 번뇌의 얽매임에서 벗어나게 되는 해탈은 단지 죽음의 극복만을 의미하는 것이 아니라, 삶도 동일한 극복의 대상으로 보기 때문에 수행을 통해 이에 도달해야 한다고 가르쳤습니다.

특히 붓다는 입멸 과정에서 죽음의 일상성과 초탈함을 보여주었습니다. 붓다는 80세에 이르면서 3개월 뒤 자신이 입멸에 들 것을 예고합니다. 붓다는 대장장이 춘다의 공양을 받은 뒤 회복하기 어려운 중병을 얻은 이후 쿠시나가라를 지날 때 근심이 깊어진 제자 아난에게 "나의 입멸을 한탄하거나 슬퍼해서는 안 된다."라면서 "그대에게 늘 말하지 않았던가. 아무리 사랑하고 마음에 맞는 사람이라도 마침내 헤어짐이 찾아오는 것이라고. 그것을 어찌 피할 수 있겠는가."라고 말합니다. 그러면서 제자들에게 자신이 오늘 밤 열반한다는 사실을 쿠시나가라 사람들에게 전하라고 일렀습니다. 그 지역 사람들이 마지막으로 붓다를 친견할 수 있도록 배려한 것입니다.

그리고 붓다는 얼굴을 서쪽으로, 머리를 북쪽으로 향하도록 한 뒤 가사를 네 단으로 접어 오른쪽 옆구리에 고이면서 다리를 포개고 누워 지극히 편안한 모습으로 열반에 들었습니다. 이처럼 죽음은 우리의 삶과 결코 분리될 수 없습니다. 그것은 우리가 죽음이 무엇인가를 알게 될 때 자유로운 삶을 살 수 있기 때문입니다. 붓다의 위대함은 죽음을 통해 참된 삶이 무엇인가를 보여 준 것입니다.

그래서 고승들은 마치 잠자리에 들듯이 죽음을 맞이했습니다. 중국 선종의 제6조 혜능 대사는 입적을 앞두고 제자들에게 "이제 내가 너희와 작별하리라. 내가 떠난 후에 세상의 인정으로 슬피 울지 말라. 내가 살아 있던 날과 마찬가지로 단정히 앉아 움직임이 없고 고요함도 없으며, 태어남도 없고 사라짐도 없으며, 감도 없고 옴도 없으며, 옳음도 없고 그름도 없으며, 머무르거나 떠나감도 없어져 탄연히 적정하면 이것이 바로 큰 도이니라."(돈황본 육조단경)라고 말하면서 열반에 들었습니다.

예수는 십자가의 수난을 당하기 전날 밤에 12명의 제자와 함께 최후의 만찬을 갖게 됩니다(마가복음 14:17). 이 자리에서 예수는 자신을 당국에 넘겨 줄 자가 있다는 것을 말한 뒤 빵은 자신의 몸이며, 잔은 언약의 피라고 밝힙 니다. 예수는 자신이 처형되리라는 것을 알고 있었던 것입니다. 그리고 예수 는 만찬을 마치고 세 명의 제자와 함께 겟세마네 동산으로 올라가서 하나님 에게 될 수만 있으면 이 시간이 자기에게서 비켜가게 해 달라고 담판 기도를 합니다. 즉 "아버지께서는 모든 일을 하실 수 있으시니, 내게서 이 잔을 거두 어 주십시오. 그러나 내 뜻대로 하지 마시고, 아버지의 뜻대로 하여 주십시 오."(36절)라고 간청을 합니다. 그러면서 예수는 자신의 생명을 전적으로 하 나님에게 맡기고 모든 것을 내려놓습니다. 하나님도 유대교와 이스라엘 민족 의 불신으로 인해 더 이상 예수를 지상에 붙들어 놓지 않고 다음을 약속하게 됩니다.

우리는 붓다와 예수의 죽음에서 보듯이 참된 삶은 의미 있는 죽음으로 연 결된다는 점에서 인간이 누구인가를 올바로 깨닫고 참되게 살아가는 것만큼 중요한 것이 없다는 것을 확인하게 됩니다. 그래서 나 자신을 어떻게 참된 모 습으로 가꿀 것인가에 뚜렷한 목표를 두고 살아가야 합니다. 그것이 우리가 이 땅에서 살아가는 동안 가치가 있고 행복한 삶을 영위할 수 있는 유일한 길 입니다. 인간은 결코 아무런 의미도 없이 왔다가 신체가 쇠약해지면 사라지 게 되는 존재가 아니기 때문입니다.

우리는 나이가 들면 들수록 인격이 성숙돼야 합니다. 즉 한평생 일에만 매 달리다가 은퇴 이후에는 삶이 열매를 맺어가는 시기로 보고, 행복의 결산서 를 쥐게 되는 말년이 인생의 가장 빛나는 시기가 될 수 있도록 만들어가야 한다는 것입니다. 그러기 위해서는 각 생애의 주기마다 후회 없이 살아갈 수 있도록 인간백서를 만들고, 생의 마지막에는 돈보다 내적 가치를 추구하는 삶으로 바꿔나가야 합니다. 특히 노년기에 접어들면 자신의 모든 것을 내려놓은 뒤 이웃을 위해 베풀고 감사하면서 살아가는 길밖에 없습니다. 결국 노년기에는 나의 행복은 내가 스스로 만드는 것이 아니라 다 함께 만들어간다는 점에서 남을 위하는 것이 온전한 나의 모습을 회복하고, 나의 인생을 완성하는 길이라는 것을 다시 한번 되새겨야 합니다.

4. 생각의 대전환, 손에 잡히는 행복

우리는 늘 바쁘게 살아가다 보니 놓치는 것이 의외로 많습니다. 자신의 시야에 들어오거나 직접 접촉할 수 있는 것 외에는 생각의 범주에 두지 않기 때문입니다. 그러나 과학기술문명의 발달로 인해 인간의 인식 범위가 크게 확장됐습니다. 지구촌 반대편에서 일어나는 일들을 영상으로 실시간에 생생하게 볼 수 있고, 지구 이외의 우주 공간에 대한 개척도 상당히 진척되고 있습니다.

신(神)의 문제도 마찬가지입니다. 아직도 '만들어진 신'을 주장하는 등 논란이 끊이질 않고 있지만, 세계 인구의 절반 이상이 무형의 신의 존재를 믿고 있는 유일신교 신자일 정도로 신은 우리 인간의 삶에서 절대적 위상을 가지고 있습니다. 여기다가 코로나19 팬데믹을 겪으면서 자연생태계 파괴와 무분별한 개발에 따른 대가가 우리 삶을 송두리째 앗아갈 수 있음을 목격했습니다. 이제 우리가 가치관과 삶의 방식이 급격히 달라지는 뉴노멀(New Normal) 시대를 살아가면서 내가 누구인가를 올바로 깨닫고, 인류가 직면한 현안들을 근원적으로 풀어나가기 위해서는 신·인간·자연의 관계를 올바로 정립하는 것만큼 중요한 과제가 없다는 것이 다시금 드러나고 있습니다.

신과 인간의 관계에 대한 새로운 접근

그동안 신과 인간, 자연의 정체성을 올바로 알리기 위해 성현들이 발 벗고 나섰고, 종교와 철학이 많은 노력을 기울였습니다. 특히 우리가 신을 알아야 하는 이유는 신이 인간과 떼려야 뗄 수 없는 관계를 가지고 있다고 보고 있기 때문입니다. 그런데 각 종교가 신에 대해 이기적으로 접근하면서 인류역사는 혼란이 거듭됐습니다. 요즘 기독교인들은 신이 초월적인 존재라거나 신을 열심히 믿는 사람에게 복을 내린다고 주장하고 있지만, 과연 그것이 신의 본래 모습일까 하는 것입니다.

서양사상을 형성해온 중요한 사조(思潮)는 헤브라이즘과 헬레니즘으로 크게 나눌 수 있습니다. 고대 이스라엘 민족의 구약성경에 근원을 둔 헤브라이즘은 기독교 탄생의 배경이 됩니다. 물론 기독교가 형성될 당시 헬레니즘의 영향을 받아 이론적이고 철학적 기반을 마련하면서 신학의 기초를 다질 수 있었습니다. 헬레니즘이 인간의 가치를 주된 관심사로 삼는 인본주의(人本主義)를 근간으로 했다면, 헤브라이즘은 신이 중심인 세계관, 신본주의(神本主義)를 특징으로 하고 있습니다.

그런데 신본주의가 도전을 받게 된 것은 1천여 년의 중세사회가 오히려 신 중심이 아니라 인간 중심으로 움직여왔기 때문입니다. 특히 교황이 '예수 그리스도의 대리자', '사도 베드로의 후계자' 라는 이름 아래 절대권력을 갖고 인간 위에 군림하면서 종교개혁을 불러왔습니다. 이는 기독교가 신을 제대로 이해하지 못한 채 신과 인간의 관계를 왜곡하고 인간의 한계까지 고스란히 노출한 대표적 사례라고 볼 수 있습니다.

그런데 지금은 물질을 구성하는 원자(原子)의 미시세계를 설명하는 양자역학이 본질 세계의 질서를 새롭게 밝혀내고, 신의 존재를 증명하게 될 것으로 보는 이들이 많습니다. 그런 점에서 이제 우리는 신이 누구인가를 올바로 이해하고, 인간과 자연의 관계를 어떻게 본연의 모습으로 회복할 것인가 하는 근본문제에 천착하지 않을 수 없게 됐습니다. 특히 요즘 늘어나는 기후 이상 현상은 인간이 자연생태계를 무분별하게 파괴하면서 일어났다는 점에서 신은 물론 지구에 존재하는 모든 생명체가 서로 조화를 이루며 공존·공생할 수 있어야 한다는 것을 보여주고 있습니다.

그런 점에서 우리는 인류가 당면한 위기를 극복하기 위해 우선 신과 인간, 자연의 관계를 새롭게 정립하는 것이 시급합니다. 이제 우리는 진리가 둘이 아니라는 진리의 보편성과 서로 간의 합일·조화를 강조해온 동양의 전통적 사상에 관심을 가질 필요가 있습니다. 특히 불교의 연기설과 인도 브라만교의 범아일여(梵我一如) 등 동양적 자연관은 인간의 이익을 위해서는 자연도 정복할 수 있다고 보는 서구의 이분법적 사상과는 달리 인간과 만물의 관계를 상호 의존적인 것으로 파악하고 있습니다. 그래서 이러한 지혜를 바탕으로 신·인간·자연의 관계를 올바로 정립하자는 것입니다.

누구나 행복한 세상을 위한 담대한 전환

　우리 인류는 짧은 기간에 전 세계를 뒤덮은 코로나19 팬데믹을 겪으면서 크나큰 고통과 함께 많은 것을 경험했습니다. 작금의 이러한 사태는 이미 오래전에 예견된 우리의 미래였습니다. 그러면서 우리는 인류를 멸절시킬 수 있는 역병도 올 수 있다는 것을 다시금 깨닫게 됐습니다.

　더구나 과학적 기술이 집약된 인공지능(AI)의 발전이 가속화할수록 인류의 삶은 더욱 편리해질 수 있겠지만, 그것이 가져올 우리 인간 삶의 변화에 대해서도 미리 준비하고 대처해야 합니다. 가까운 미래에 우리의 삶을 가장 크게 변화시킬 것은 이 AI입니다. AI는 전기 발명이나 인터넷 탄생처럼 인류에게 새로운 발전의 기회를 제공할 것입니다. 특히 인류가 해결하지 못했던 지구촌의 기아 문제 해결 방안도 제시할 뿐만 아니라 기후문제에 대한 해법도 제시하리라고 봅니다. 건강과 의학 분야에도 획기적 발전을 가져오리라는 것은 두말할 나위가 없습니다. 그래서 AI가 펼쳐가는 미래는 온 인류의 꿈, 즉 누구나 건강하고 행복한 삶으로 이끌게 될 것입니다.

　물론 AI가 범죄자나 테러리스트 집단에 의해 악용되거나 허위 정보를 퍼뜨려 인류에게 위험을 준다거나 AI에 대한 통제력을 완전히 상실할 가능성도 점쳐지고 있습니다. 그래서 최근에는 영국 주도로 '글로벌 AI 안전 정상회담'이 열리는 등 AI를 안전하게 이용하는 방안이 국제적으로 논의되고 있습니다. 이렇듯 AI를 올바른 방향으로 이끌 수 있다면 인류에게 새로운 기회를 제공할 수 있다는 점에서 우리 인간이 과학기술문명 시대를 주도적으로 이끌어나갈 수 있는 새로운 가치관으로 무장하지 않으면 안 된다는 것을 보여주고 있습니다.

그래서 우리는 가까이 다가온 대전환, 즉 개벽의 징후를 읽어야 합니다. 그런데 지금 인류는 제4차 산업혁명 시대를 맞아 인간의 상상력을 훨씬 뛰어넘는 발전을 거듭하고 있지만, 더욱 복잡하고 불확실성의 시대를 살아가고 있습니다. 이는 외적 환경이 급격히 달라지고 있지만, 거기에 따른 내적 변화는 수반되지 않고 있기 때문입니다. 이제 14세기 페스트가 지나간 자리에서 르네상스가 태동했던 것처럼 인류는 전대미문의 전환기를 맞아 생각과 삶에 대한 가치관도 크게 달라질 수밖에 없다는 점에서 머지않아 새로운 정신혁명의 햇불이 높이 치솟는 것을 보게 될 것입니다.

특히 다섯 차례의 대멸종 사태를 거치면서 지구 안에서 절대적으로 군림해온 우리 인간이 다가올 여섯 번째 대멸종을 막아내기 위해서는 무엇보다 자연과는 물론 인간 상호 간의 관계를 재정립해나가는 것이 시급합니다. 그래서 인류는 우선 자연을 정복하고 자연자원을 남용하며 눈앞의 성공과 이익만을 추구하는 생산 방식에서 벗어나 자원을 순환 사용하며 자연과 조화를 이루는 친환경 생산 방식으로 전환해야 합니다. 특히 우리 인간이 자연과는 주객의 관계가 아니라 서로 도움을 주고받는 관계라는 것을 인식하고 자연생태계의 붕괴를 막아내야 합니다.

그런 점에서 누구나 차별 없이 행복한 세상을 만들기 위해서는 인간관계도 이전과는 달라져야 합니다. 특히 우리는 가정이라는 울타리를 넘어 누구나 가족처럼 생각할 수 있는 인류 대가족주의를 지향하면서 이웃과 상생의 관계를 유지할 수 있어야 합니다. 더구나 이 땅에서 종교나 인종, 나라가 다르다고 해서 서로 갈등과 분쟁을 일삼아온 지금까지의 관행은 사라져야 합니다.

우리는 나와 남을 구별하는 관습에 젖어 있었지만, 인간의 삶이란 나를 버리고 이웃에 사랑을 베풀게 될 때 진정한 자아(自我), 즉 더 큰 자아를 구현할 수 있기 때문입니다. 다시 말하면 '나'의 자아실현은 '너'라는 타인의 삶 속에서 가능해지며, 너와 나의 통일을 실현하는 것이 행복과 기쁨으로 충만한 삶을 실현하는 길이 될 수 있다는 것입니다. 그래서 더 이상 이웃을 경쟁상대로 볼 것이 아니라 '또 다른 나', '제2의 나'로 받아들일 수 있어야 합니다.

그리고 인류는 그동안 누구나 잘살 수 있는 이상세계를 추구해왔지만, 오늘날 자본주의 사회는 무한 이윤의 원리를 앞세우면서 생존게임에서 성공한 소수만이 살아남을 수밖에 없는 구조라는 불편한 진실을 알아야 합니다. 여기에서 이러한 사회의 구조적 모순을 외면하게 된다면 정의나 공정은 위선에 불과합니다. 그래서 이러한 사회구조를 근본적으로 개혁하기 위해서는 서로가 마음의 문을 열고 소통하고 배려하고 연대하면서 새로운 공동체 실험을 본격적으로 해나가지 않으면 안 된다는 것입니다.

이제 우리는 무엇보다도 치열한 경쟁보다는 서로 이익이 되는 방향으로 나아가야 합니다. 그리고 능력주의나 성과주의를 앞세워 승자가 이익을 독점하는 세상이 아니라 서로 나누고 공유하면서 살아가는 세상을 만들어가야 합니다. 그런 점에서 개인 중심주의를 떨쳐버리고 공동체 정신을 회복하면서 모두가 행복하게 살아갈 수 있는 세상을 만들어야 합니다. 특히 우리는 지구환경을 개선하기 위해 1시간만이라도 먹고 마시는 것을 멈추고 탄소를 줄이겠다는 생각을 가져야 합니다. 더구나 지금은 오늘날 시대 흐름이 자연과 인간의 공존·공생·공영을 지향하고 있다는 점에서 우리의 생각과 삶의 형식을 전면적으로 바꾸는 담대한 전환을 해야 할 때입니다. 그렇게 될 때 우리가 추구해왔던 행복이 비로소 손에 잡힐 것입니다.

| 제3장 |

성큼 다가온 생명공동체의 꿈, 모두가 행복한 세상

1. 인간 중심주의를 넘어 생명공동체의 세계로

　우리 인간은 우주의 주인일까요, 아니면 자연의 일부에 불과할까요? 요즘 인류가 유례없는 자연재해를 경험하면서 우리 사회 일각에서는 모든 존재가 서로 연결된 생명공동체라는 인식이 자리잡지 않으면 안 된다는 목소리가 높아가고 있습니다. 특히 산업화 과정에서 무분별한 개발과 자연 파괴가 이뤄지면서 기후 변화와 감염병 기승 등 그 부작용이 빈발하자 뒤늦게 인간 중심주의에 대한 반성이 나타나고 있는 것입니다.

　우리는 무심코 던진 조약돌 하나가 연못에 큰 파문을 일으키듯이 아무리 작은 행동이라도 이웃은 물론 모든 생명체에 영향을 끼치는 것을 보면서 우리 인간을 포함한 삼라만상이 서로 의존하는 관계임을 다시금 확인하게 됩니다. 그래서 우리 인간이 기후 재앙과 감염병 공포에서 벗어나기 위해서는 인간 중심주의를 넘어 온 우주가 서로 연결돼 있다는 생명공동체주의를 지향하지 않으면 안 된다는 것입니다. 그것이 바로 우주의 생명 질서를 바로 세우고, 인간 본연의 모습을 회복하는 길이기 때문입니다.

인간 중심주의에 대한 반성

요즘처럼 아마존의 열대우림이 잇따라 불타게 될 때 지구에는 어떤 일이 벌어질까요? 원시림이 그대로 보존되고 있는 아마존 열대우림 지역에는 4만 종의 식물과 3천 종의 민물고기, 370종의 파충류 등 세계 생물 종의 10%가 서식하고 있습니다. 그리고 세계 열대우림지의 절반 이상을 차지하는 아마존 지역은 지구 전체의 산소 10%를 생성하고 이산화탄소 5%를 흡수하다 보니 지구의 허파라고 부르고 있습니다.

그런데 2020년에만 아마존강 유역에서 7만4천 건의 화재가 발생한 이후 해마다 화재 건수가 급증하고 있습니다. 여기다가 브라질 · 페루 · 콜롬비아 · 베네수엘라 · 에콰도르 · 볼리비아 · 가이아나 · 수리남과 프랑스령 가이아나 등 남미 9개국에 걸쳐 있다 보니 불법적 벌목과 난개발로 인한 열대우림의 파괴가 심각한 수준에 이르렀습니다. 결국 숲이 사라지면서 이산화탄소를 다량 배출하게 되고, 이로 인한 지구 온난화는 인간의 생명을 옥죄고 있습니다. 여기다가 계속되는 가뭄으로 아마존강의 수위가 121년 만에 가장 낮은 수준으로 내려가면서 수온 상승으로 물고기가 떼죽음을 당하고 있습니다.

미국 메릴랜드와 세계 숲 현황 조사기관인 '글로벌 포레스트 워치'에 따르면 2020년 남한 면적의 절반에 육박하는 열대우림이 사라지면서 세계는 연간 자동차 5억7천만 대가 내뿜는 양과 맞먹을 정도의 이산화탄소를 배출했습니다. 이에 따라 유럽연합(EU)이 열대우림의 환경문제를 남미공동시장(메르코수르)과 자유무역협정(FTA) 체결의 전제조건으로 삼는 등 국제사회도 이에 대해 큰 관심을 보이고 있습니다. 이는 아마존 열대우림이 대규모로 파괴될 경우 이산화탄소의 배출 외에도 숲에서 살아가는 수많은 바이러스가 코로나19와 같은 감염병을 일으킬 수 있기 때문입니다.

인류역사는 감염병과 투쟁해온 과정이라고 볼 수 있습니다. 바이러스나 세균, 기생충과 같은 병원체가 침투할 경우 신체의 면역체계가 작동하면서 대부분 발병 이전에 퇴치되지만, 독성이 강한 병원체는 인체의 면역체계에 영향을 주면서 치명적인 감염병을 일으키게 됩니다. 그리고 감염병은 공기는 물론 각종 생명체를 통해 침투하는 등 다양한 경로로 전파되고 있습니다. 그런데 대부분 감염병은 백신으로 예방했지만, 코로나19와 같이 전파력이 강한 새로운 감염병이 발생할 가능성이 크다는 것입니다.

돌이켜보면, 인류가 정착 생활을 시작한 이후부터 주기적으로 바이러스의 도전을 받았습니다. 특히 기원전 431년 아테네에서 창궐했던 이른바 '아테네 역병'과 541년 동로마제국에 치명타를 준 '유스티니아누스 역병' 외에도 14세기 유라시아 대륙을 덮친 페스트(흑사병)로 인해 유럽 인구 3분의 1이 목숨을 잃었습니다. 19세기에는 콜레라 팬데믹으로 전 세계가 공포에 떨어야 했습니다. 당시 조선의 수도 한양에서만 13만 명의 희생자를 낳았습니다. 그리고 1900년대 초반 스페인 독감이 최대 2억 명의 목숨을 앗아갔고, 1968년 홍콩 독감, 2009년 신종 플루도 기승을 부렸습니다. 이처럼 감염병은 인류에게 무서운 재앙을 가져왔습니다.

특히 지구는 도시화·산업화·세계화로 인한 대규모 인구 이동과 자연생태계 파괴로 인해 전례없는 감염병의 온상이 되고 있습니다. 그래서 언제 어디서 인류를 괴롭힐 바이러스가 생겨날지 모르는 상황입니다. 더구나 현재 인류는 대규모 자연 파괴로 인한 기후 재앙에 따라 전대미문의 위기상황을 맞이하고 있습니다. 그동안 과학자들이 기후 변화가 가져올 위기에 대해 수없이 경고했음에도 우리 인간이 그것을 무시하고 지금과 같은 경제체제와 생활방식을 그대로 유지하게 된다면 그 대가는 우리 자신은 물론 다음 세대가 고스란히 짊어질 수밖에 없습니다. 그리고 우리가 이러한 인간 중심주의에 대한 전면적인 반성이 이뤄지지 않는다면 지구는 더 이상 인류에게 생존의 공간을 제공하지 않을 것이란 점을 알아야 할 때입니다.

생명공동체 정신의 회복을 위한 과제

우리 인간은 이 땅에서 생존하는 수많은 생명체 가운데 하나일 뿐입니다. 자연계 역시 살아 있는 생명체이고, 우리는 그 일원이라는 것입니다. 그리고 살아 있는 것은 자발적인 운동의 원리와 우주의 질서에 따라 스스로 움직이게 됩니다. 다시 말하면 살아 있다는 것은 자기 안에 내재한 작동원리에 따라 생활하고, 더 나아가 다른 것들과는 상호 호혜적으로 연결돼 있다는 것입니다.

특히 인류는 그동안 내가 어떻게 살아야 하고 무엇을 해야 하는지 그 해답을 자연에서 구했습니다. 그래서 자연은 인간에게 끊임없는 모방과 경탄의 대상이었습니다. 그러나 17세기 과학기술 혁명의 영향으로 이러한 유기체적 자연관은 사라지고 자연을 생명이 없는 물질적 재료로만 보는 기계론적 자연관이 등장하게 됩니다. 더구나 근대과학은 자연의 고귀한 가치를 외면하고 모든 것을 인간 중심주의로 파악한 것입니다. 그러다 보니 인간이 이성을 앞세워 자연을 정복하고 이용하는 일을 정당화하면서 산업화 과정에서 자연 파괴와 무분별한 개발이 일어났습니다.

인류의 최대 현안인 기후 위기는 인간이 살아온 방식에 대한 근본적 성찰을 할 수 있는 계기를 만들고 있습니다. 인류가 지금까지 내달려왔던 방식, 이를테면 대량생산과 소비는 결국 지구를 파국으로 몰아갈 수밖에 없다는 것이 드러났기 때문입니다. 다시 말하면 인간의 무한 욕망으로 인해 에너지를 비롯한 자원이 고갈되고, 온난화로 재앙이 몰아칠 때 지구는 더 이상 지탱할 수 없는 상황에 이르게 된다는 것입니다.

인간이 살아가는 데 가장 중요한 것이 의식주 문제를 해결하는 것이었습니다. 특히 아프리카 내륙에서 출현한 인류의 조상이 전 세계로 퍼져나간 이유도 먹을 것을 찾아서 이동했기 때문입니다. 그런데 요즘은 인간이 화학비료와 살충제까지 개발하면서 식량의 대량생산이 가능해졌고, 공장식 축산업과 양식, 패스트푸드 산업의 발달로 식량문제는 거의 해결 단계에 접어들고 있습니다. 그렇지만 화학비료와 살충제에 의존하면서 비옥했던 토양은 고갈됐고, 더구나 풀이 아닌 곡식을 먹고 자라는 육우의 경우 소화불량에 시달리고 혈류로 독소를 내보내게 되자 이를 방지하기 위해 다량의 항생제를 사용하면서 그 부작용이 인간에게 그대로 나타나고 있습니다.

여기다가 산업혁명 후 정크푸드가 등장하면서 음식값은 저렴해졌지만, 음식 질이 저하되고 청소년 비만도도 상승했습니다. 이는 산업화된 식품, 기업의 초가공식품이 사람들의 미각을 흐려놓으면서 그런 음식들만 찾게 된 결과입니다. 그러다 보니 요즘 음식의 가치를 새롭게 조명하면서 자연과 조화로운 식생활을 찾으려는 사람들이 크게 늘어나고 있습니다.

이렇듯 인류에게는 자연생태계 훼손에 따른 피해가 현실화하면서 자연과 공존·공생의 길을 찾는 등 새로운 인식의 전환이 불가피한 상황에 이르렀습니다. 이는 현대인들의 생각과 삶의 모습을 어떻게 전면적으로 바꿔나가느냐 하는 것입니다. 결국 인간과 자연의 관계를 본연의 모습으로 회복하기 위해서는 인간 중심주의에서 생명공동체주의로 패러다임을 전환하는 길밖에 없습니다. 특히 이산화탄소를 가장 많이 배출해온 선진국이나 대기업, 그리고 기득권층이 앞장서서 나와 내 이웃을 넘어 온 인류와 미래세대, 더 나아가 자연 만물까지 연대하는 담대한 전환을 해나가야 합니다.

이제 우리는 정보통신기술과 교통수단의 발달에 따라 시공간을 초월하여 지구촌의 오색인종이 한 가족처럼 살아갈 수 있는 날이 목전에 다가오고 있음을 보게 될 것입니다. 오늘날 우리가 목격하고 있는 시대 흐름은 '나'를 넘어 수많은 '또 다른 나'와 어떻게 공존할 것인가에 모아지고 있습니다. 그래서 지금은 우리 인간이 모든 우주 생명공동체와 어떻게 조화롭게 살아가느냐 하는 것에 관심을 가질 때입니다.

그동안 자본주의는 치열한 경쟁주의로 인해 개인주의 확대와 빈부격차에 의한 갈등을 증폭시켜왔습니다. 특히 우리도 모르는 사이에 깊숙이 확산한 물질 숭배주의는 불안과 절망으로 바뀌고 있습니다. 이제 우리는 인간과 자연 만물이 떼려야 뗄 수 없는 생명공동체라는 점을 인식할 때만이 그러한 고통으로부터 해방될 수 있습니다.

  그런 점에서 우리는 자연과 어울려 살아가는 방법을 터득해야 합니다. 그리고 우리가 자연과 함께 아름다운 생명공동체를 실현하기 위해서는 우리의 생각과 생활방식을 전면적으로 바꾸면서 자연과 함께 행복을 누릴 수 있는 길을 찾아야 합니다. 그것이 우리 인류가 당면한 위기를 극복할 수 있는 유일한 길이기 때문입니다.

2. 인간과 자연, 공존·공생의 길

오늘날 인류가 위기에 처한 것은 무한경쟁의 논리에 함몰된 채 자연 만물과 더불어 살아가야 한다는 고귀한 가치를 망각한 결과입니다. 특히 전대미문의 코로나19 팬데믹이 평온했던 우리의 일상을 송두리째 집어삼킨 것도 이러한 이유 때문입니다. 다시 말하면 인류가 효율성과 성장 중심의 경제 논리만을 앞세워 생태계를 무분별하게 파괴하면서 새로운 바이러스가 생겨나 광범위하고 빠르게 확산한 것입니다.

특히 코로나19의 확산을 막기 위한 거리 두기로 모든 관계가 일시 단절되면서 사회·경제적 혼란을 몰고 왔고, 취약계층을 비롯해 많은 사람이 고통을 겪게 됐습니다. 이번 코로나19 팬데믹은 우리 인간이 더 이상 탐욕을 내려놓고 자연생태계를 보살피고 배려하는 공존·공생의 가치관이 얼마나 중요한가를 확인하는 계기가 됐습니다.

자연 파괴가 몰고 온 재앙

인류가 자연생태계를 심각하게 훼손하기 시작한 것은 제2차 세계대전 이후 인구가 크게 늘어나고, 각국이 경제개발에 집중하면서부터입니다. 1950~2010년 기간에 인구는 거의 3배가 늘어났고, 세계의 실질 GDP는 7배나 증가하게 됩니다. 이러한 과정에서 담수 사용량 3배, 에너지 사용량 4배, 비료 사용량은 10배 이상 불어났습니다.

여기다가 18세기 후반부터 시작된 산업혁명 이후 화석연료를 태워 에너지를 이용하다 보니 대기 중 이산화탄소 농도가 45%가량 증가하면서 지구 온난화가 가장 큰 현안으로 떠오르게 된 것입니다. 이와 함께 지난 100년 동안 지구 평균기온이 1도 가까이 올랐고, 그 상승 속도 역시 크게 빨라지면서 2015년 프랑스 파리에서 열린 제21차 유엔기후변화협약 당사국총회에서 195개국이 채택한 '파리협정'에 따른 각국의 온실가스 저감 계획이 제대로 실행된다고 해도 이번 세기말에는 평균기온이 3도 이상 상승해 지구환경은 회복할 수 없는 상황에 이를 것이라는 비관적 전망이 나오고 있습니다.

그리고 유엔개발계획(UNDP)이 발표한 인간개발보고서(HDR)에 따르면 앞으로 지구 평균기온이 3~4도만 상승해도 2080년까지 18억 명이 물 부족으로 고통을 당하고, 해수면 상승 등으로 3억3천만 명이 홍수를 피해 이주해야 하며, 2억2천만 명에서 4억 명까지 말라리아에 걸리게 됩니다. 특히 빙하가 사라지고 수분 증발이 빨라지면서 물 부족 사태로 인해 농사가 어려워지면서 식량문제가 심각한 상황으로 치닫게 된다는 것입니다. 이는 기후 재앙으로 인간이 더 이상 살 수 없는 지구로 바뀌게 된다는 경고입니다. 그래서 유엔의 전문기관인 세계기상기구(WMO)와 유엔환경계획기구(UNEP)에 의해 1988년 설립된 '기후 변화에 관한 정부 간 협의체(IPCC)'는 우리가 돌이킬 수 없는 파국을 맞지 않으려면 2030년까지 이산화탄소 배출량 가운데 45%를 감축하면서 금세기 안에 지구 온도 상승을 1.5도로 제한해야 한다고 밝혔습니다.

이처럼 인간의 무분별한 개발로 인해 지구의 위기가 현실화하고 있습니다. 우리 인간이 1900년대에는 지구의 14%만 점유해왔지만, 지금은 77%가 넘는 지역을 관할하면서 지구 오염은 가속화하고 있습니다. 그러다 보니 지구는 집중호우와 가뭄, 폭염, 거대한 산불 등 기상이변으로 몸살을 앓고 있습니다.

특히 인간과 자연의 불협화음은 감염병으로 나타났습니다. 감염병은 병원체가 인간이나 동물에 침입하여 증식함으로써 여러 사람에게 쉽게 옮아가는 질병입니다. 최근 세계를 공포로 몰아넣었던 조류 인플루엔자나 사스, 에볼라, 에이즈, 메르스 등도 동물의 병원체가 인간에게 옮김으로써 발생한 것들입니다. 이번에 전 세계를 공포 속으로 몰고 간 코로나19 팬데믹은 박쥐에서 야생 상태의 중간숙주 동물인 족제비, 오소리 등을 거쳐 인간으로 넘어왔고, 2009년 신종 플루는 돼지에서 발원한 것으로 알려졌습니다.

이제 인류는 돌이킬 수 없는 종말을 목전에 두고 있습니다. IPCC 등이 경고한 것처럼 온실가스를 감축하지 않으면 머지않아 그 종말은 현실화할 수 있습니다. 그런 점에서 우리는 생존이냐 멸망이냐 하는 마지막 선택의 순간에서 각자 무엇을 해야 할 것인가 겸허히 생각해야 합니다. 그것은 결국 우리가 더 많은 것을 챙기려는 탐욕에서 벗어나는 것입니다. 이 순간에도 감염병으로 많은 이웃이 고통당하고 죽어가고 있다는 것을 생각해야 합니다. 그래서 감염병의 공포에서 벗어나기 위해서는 자연생태계를 제자리로 돌려놓으면서 인간과 자연의 관계를 새롭게 설정하는 길밖에 없습니다.

자연과 인간의 공존·공생의 길

인간은 동식물의 멸종에 결정적 역할을 했습니다. 132개국이 참여하는 생물 다양성과학기구(IPBES)는 2019년 5월 인구 증가와 경제개발로 자연환경이 크게 변하면서 동식물 100만 종이 멸종 위기에 빠졌다는 조사보고서를 발표했습니다. 이 기구는 프랑스 파리에서 제7차 총회를 열어 이러한 내용의 보고서를 채택한 뒤 "자연의 보전, 재생, 지속 가능한 이용을 위해 경제·사회·정치·기술 등 각 분야에서 근본적 변화가 필요하다."라고 호소했습니다.

특히 이 보고서는 "현재 지구에는 800만 종의 생물이 사는 것으로 추정되지만 멸종 속도가 과거 1천만 년의 평균보다 수십 배나 빠르게 가속화하고 있다."라고 밝혔습니다. 그러면서 육지에 사는 생물 다양성은 1990년 이후 최고 20%가 줄었고, 양서류의 40%, 산호의 33%, 바다 포유류의 33%가 멸종 위기에 놓여 있다고 주장했습니다. 여기다가 1970년 이후 세계 인구는 37억 명에서 76억 명으로 2배 넘게 늘어나고 농작물 생산액이 3배 정도 증가하는 과정에서 자연 훼손이 심화한 것으로 보고 있습니다. 이 보고서는 3년에 걸쳐

51개국 전문가 145명이 연구에 참여해 지난 50년간 진행된 경제성장이 자연생태계에 끼쳐온 변화를 평가한 것입니다.

이렇게 물과 공기 등 자연이 오염되면서 동식물을 죽음으로 내몰았습니다. 게다가 사람들은 동물의 뼈나 고기, 가죽 등을 얻으려고 동물들을 마구 잡아들였습니다. 특히 2019~2020년에 일어난 호주의 산불로 서울시 면적의 307배나 되는 지역이 불타면서 10억 마리의 동물이 죽었습니다. 그리고 세계는 매년 온난화의 주범인 이산화탄소 360억 톤을 배출하면서 1만 년 동안 4도가량 상승한 지구의 평균기온이 최근 100년 만에 1도가 올랐습니다. 그 결과 남극과 북극의 빙하가 빠른 속도로 붕괴하고 있으며, 북극권의 영구동토층 또한 급속한 속도로 녹아내리고 있습니다.

인류는 매일 이상기온을 겪으며 4~5년의 주기로 팬데믹을 맞이할 수밖에 없는 상황에 놓였습니다. 특히 미국 존스홉킨스대학 보건연구팀에 의하면 신종 바이러스는 연간 200종이 넘게 출현하고, 그 대부분은 잠재적으로 팬데믹을 유발할 수 있는 바이러스라고 밝혔습니다. 이는 생태계 파괴로 인해 나타나는 것이기 때문에 환경을 제자리로 돌려놓는 것밖에 해결 방법이 없습니다. 다시 말하면 인간이 자연을 파괴하는 것이 아니라 더불어 살아가면서 오염되지 않은 맑은 대기와 물, 건강한 먹거리를 확보할 수 있어야 한다는 것입니다.

우리 인간은 그동안 효율성만을 추구하던 진보의 시대에서 벗어나 이제 자연과의 새로운 관계 설정을 통해 파괴된 지구를 회복하는 데 총력을 기울여야 할 때입니다. 특히 인류는 산업혁명을 거치면서 천연자원의 수탈과 상품화, 소비를 최적화하기 위해 끊임없는 탐구에 몰두했습니다. 그러다 보니 기후 변화로 인해 홍수와 가뭄 등 자연재해가 지구의 멸망을 재촉하고 있는 것은 물론 세계 500개 기업이 글로벌 GDP(국내총생산)의 30% 이상을 차지하고 있고 최상위 부자 8명의 재산은 전 세계 인구의 50%의 재산과 맞먹는 등 경제적으로는 심한 양극화가 세계적 문제로 대두되고 있습니다.

최근 《회복력 시대》라는 저서를 펴낸 세계적인 미래학자인 제러미 리프킨은 "인류는 효율성에만 매몰돼 각종 부작용에 시달렸고, 천연자원을 무분별하게 사용하며 기후 변화와 자연재해도 심각해졌다."라면서 "이제 다시 인류가 자연에 적응할 차례"라고 강조했습니다. 그러면서 그는 "효율성만 추구하던 진보의 시대에서 벗어나 회복력의 시대로 나아가자."라고 제안했습니다. 특히 그는 서구사회가 7천500만 명에서 최대 2억 명 이상이 숨졌을 것으로 추정되는 14, 15세기 흑사병을 거친 뒤 효율성과 함께 질보다는 양을 중시하는 세계관을 추종하면서 화석연료를 이용해 400여 년간 경제발전을 향해 폭주 기관차처럼 질주해왔지만, 이제 초국가적 협력을 통해 자연생태계를 복원하는 '회복력 시대'를 이끌어가야 한다고 역설했습니다.

그런데 자연생태계는 공생의 관계로 존재합니다. 생물 사이에는 기생을 통해 상대방에게 손해를 끼치는 사례가 없지는 않지만, 서로 이익을 나누는 공생 관계입니다. 인간 역시 자연과 공생 관계로 얽혀 있지만, 자연을 통해 더 많은 것을 누리면서 살아왔습니다. 이제 우리는 자연을 더 이상 이용의 대상이 아니라 더불어 살아가는 관계라고 보고 따뜻한 가슴으로 품을 수 있어야 합니다.

그리고 우리는 자연의 고통이 우리 자신의 아픔으로 돌아오게 된다는 것을 생각하면서 삶의 방식을 전면적으로 바꿔나가야 합니다. 특히 우리가 자연에 연대의 손길을 내밀면서 그들이 겪고 있는 아픔을 내 아픔으로 느낄 수 있어야 합니다. 더구나 우리는 과거의 성공 방식에서 과감하게 벗어나 달라지는 시대 흐름에 맞춰 누구나 차별 없이 행복한 세상을 실현하는 데 힘을 모아야 합니다. 다시 말하면 남보다 더 많은 것을 챙기겠다는 생각을 떨쳐버리고 서로 돕고 나누면서 공유할 수 있는 방향으로 담대한 전환을 해야 한다는 것입니다.

3. 생명 연장시대, 행복한 인생 설계

2019년 12월 중국 후베이(湖北)성 우한(武漢)시에서 집단 발병하면서 시작된 신종 코로나바이러스 감염증(코로나19)은 지구촌을 일시에 공포 분위기로 몰아갔습니다. 우리의 일상을 멈추게 하고, 국가 사이를 오가는 교통이나 무역 등도 상당 부분 중단됐습니다. 그러나 백신 접종과 '위드 코로나(with Corona)'로 인해 2년여에 걸쳐 시행돼온 사회적 거리 두기가 철폐되고, 세계여행도 활기를 되찾았습니다.

인류는 그동안 갖가지 질병에 시달려왔지만, 의학기술의 발달로 무병장수 시대가 눈앞에 다가오고 있습니다. 더구나 노화를 '자연현상'이 아닌 치료가 필요한 '질병'으로 볼 정도로 생명 연장의 꿈은 현실화하고 있습니다. 그리고 장기뿐 아니라 뇌까지도 '사이보그(Cyborg)' 연구 대상이 되면서 인간이 육체적 한계를 뛰어넘을 수 있게 됐습니다. 이제 우리는 노화 극복과 수명 연장이 인류가 꿈꿔온 행복한 세상으로 온전히 연결될 수 있도록 새로운 가치관 정립에 나서야 할 때입니다.

생명 연장의 꿈을 현실화한 의학기술

세균이나 바이러스 등 병원체가 다른 생물체에 옮아 집단적으로 유행하는 감염병 중에서 가장 많은 사람의 목숨을 앗아간 것은 바로 천연두입니다. 천연두로 인해 지금까지 10억 명 이상의 인류가 희생당했습니다. 이처럼 치사율이 40%에 달하던 천연두가 종식된 것은 1796년 영국의 에드워드 제너가 백신을 개발했기 때문입니다. 당시 소의 급성 전염성 질병인 우두(牛痘)를 앓은 적이 있는 사람은 천연두에 걸리지 않는다는 이야기를 들은 제너는 소젖을 짜는 여성의 손바닥에 생긴 종기로부터 고름을 채취해 8세 소년의 팔에 넣게 되자 곧 회복된 것을 발견했습니다. 세계보건기구(WHO)는 1980년 이 백신으로 인해 천연두의 완전 퇴치를 선언할 수 있었습니다.

그리고 프랑스의 미생물학자 루이 파스퇴르가 1881년 탄저병 백신에 이어 1885년 광견병 백신을 개발했고, 점차 장티푸스, 콜레라, 페스트, 결핵, 소아마비, 홍역, 간염 등을 막아내는 수많은 백신이 등장했습니다. 이처럼 의학기술은 감염성 질환의 원인과 경로를 밝히면서 대처방법을 찾아냈고, 인공적으로 면역성의 활성화를 위해 생체에 투여하는 백신의 개발은 감염병 퇴출에 획기적인 기여를 하고 있습니다.

이번 코로나19 사태도 백신 개발로 인해 예방은 물론 사망자를 줄일 수 있었습니다. 특히 RNA 백신의 등장은 의학기술 역사의 한 획을 긋는 사건으로 평가받았습니다. 'mRNA'는 '메신저 리보핵산(messenger RNA)'의 준말로서 수백~수천 개의 단위체가 구슬처럼 연결된 긴 사슬 구조로 돼 있으며, 단백질을 합성할 수 있는 유전정보를 담아 이를 전달하는 전령 역할을 하게 됩니다. 즉 이 mRNA가 사람의 세포로 들어가면 스파이크 단백질이 생성되고, 스파이크 단백질은 항체 형성을 유도하는 항원으로 기능하는 것입니다. 그래서 바이러스가 몸에 들어온다고 해도 항체가 바이러스를 감싸서 감염을 막을 수 있게 되는 것이 이 mRNA 백신의 특징입니다.

그리고 유전자 정보를 이용한 mRNA 백신이 감염병 예방은 물론 암 백신으로 주목받고 있습니다. mRNA를 기반으로 한 암 백신은 암 단백질을 인지해 암세포만 선택적으로 파괴하면서 치료가 가능하기 때문입니다. 이제 mRNA는 유전자 전달체로서 유전자 치료에 활용될 수 있다는 점에서 의학기술 발전에 광범위하게 영향을 끼칠 수 있습니다. 그래서 앞으로 유전정보를 치료제로 곧바로 이어주는 RNA 기술이 인간의 생명 연장을 현실화하는 데도 크게 이바지하게 될 것으로 보고 있습니다.

여기다가 최근에는 유전자 정보를 활용해 맞춤형 치료를 시도하는 연구가 활발해지고 있습니다. 특히 암은 타고난 특정 유전자 변이 때문에 발생하는 사례가 많은 것으로 보고되고 있습니다. 그래서 유방암, 난소암, 대장암 등은 해당 유전자를 갖고 있으면 암 발생률이 급증한다는 점에서 치료 전에 어떤 약물을 사용하면 좋을지 유전자를 기반으로 선별하는 검사를 선행하는 등 표적 치료에 나서게 됩니다. 다시 말하면 암 환자의 종양 표본에서 추출한 DNA로 암 발생 원인이 된 유전자 변이를 분석함으로써 맞춤 치료가 가능하다는 것입니다. 이렇듯 유전자 의학은 의학기술의 전면적인 변화를 가져올 메가트렌드입니다.

생명 연장시대, 참된 행복의 길

메타 창업자 마크 저커버그와 구글 공동창업자 세르게이 브린, 전자결제 업체 페이팔 공동창업자인 피터 틸 등 미국 실리콘밸리의 거부들이 바이오 기업을 직접 세우거나 의학연구재단에 거금을 지원하면서 불로장생의 방법을 찾아내고 있습니다. 그리고 이제는 컴퓨터로 조작되는 로봇 팔이 인체의 영상을 보면서 수술을 대신하고, 환자의 유전자 분석을 통해 개인에게 맞는 약물을 골라줄 정도로 의학기술은 크게 발전했습니다. 여기다가 지금까지는 환자가 이상 증상이 생기면 직접 병·의원을 찾아갔지만, 앞으로는 첨단 정보통신기술로 의료 기록과 개인의 고유 생활습관, 유전적 특성, 건강정보 등을 통합·관리하면서 맞춤형 예방의학 체계로 패러다임이 달라지고 있습니다.

그리고 현재 바이오 생명공학 기업과 연구소들은 노화 치료제 개발에 열을 올리고 있습니다. 가장 주목받는 것은 나이가 들어가면서 우리 몸에 축적되는 노화 세포를 제거하는 것입니다. 특히 요즘은 노화를 늦추는 데 그치지 않고 다시 젊어지게 하는 역노화 원천 기술이 국내 연구진에 의해서도 개발됐습니다. 이 기술은 노화 현상을 막을 뿐만 아니라 노인성 질환을 사전에 억제할 수 있는 치료제 개발에도 이바지하리라는 것입니다. 최근 미국과 영국의 공동 연구팀이 쥐의 노화 세포를 제거해 수명을 최대 35%까지 늘리는 데 성공했다는 이야기도 전해지고 있습니다.

데이비드 싱클레어 하버드 의대 교수는 《노화의 종말》이란 저서에서 "노화는 정상적인 과정이 아니라 질병이며, 이 병은 치료가 가능하다."면서 "노화만 해결하면 모든 장애와 질병에서 벗어나 누구나 건강한 장수를 누릴 수 있다."라고 말합니다. 그는 장수 유전자와 장수 물질, 장수 기술을 고려해 보수적으로 계산해도 인간은 113년을 살 수 있다고 주장했습니다.

특히 최첨단 기술을 이용해 신체의 특정 부위에 질환이 오게 될 경우 인공 신장과 인공 심장, 인공 팔 등으로 교체하는 인간 사이보그 프로젝트도 불치병의 퇴치와 생명 연장의 수단으로 자리잡아가고 있습니다. 최근 인간 두뇌와 인공지능(AI)을 부작용없이 연결할 수 있는 물질까지 개발되는 등 사이보그 영역은 놀라운 발전을 이루고 있습니다. 이에 대한 연구는 인간의 생각을 읽고 뇌파로 소통할 수 있는 수준에 이르는 것을 목표로 삼고 있습니다.

미국의 과학저술가인 이브 헤롤드는 《아무도 죽지 않는 세상》이라는 저서에서 줄기세포와 유전자 조작, 나노기술, 황노화제 등을 기반으로 한 첨단의학기술을 소개하고 있습니다. 특히 '트랜스 휴머니즘의 현재와 미래'라는 부제가 붙은 이 책은 인간 빅터의 이야기로부터 시작합니다. 30대로 보이지만 사실 250살인 빅터는 50, 60대에 심장병을 앓았으나 인공 심장 덕분에 힘과 활기가 넘칩니다. 빅터는 당뇨병에도 걸렸지만 인공췌장을 이식받아 완치했고, 사고로 한쪽 팔을 잃기도 했으나 인공물로 바꾼 탓에 팔의 힘이 훨씬 더 세졌습니다. 그리고 빅터는 뇌 속에 신경을 이식받아 뇌 기능을 강화했기 때문에 젊을 때보다 더 건강하고 몸매도 좋을 뿐만 아니라 선대의 누구보다도 영리합니다. 그래서 빅터는 죽음을 거의 걱정하지 않습니다. 수십억 개의 나노로봇이 몸속 구석구석을 돌아다니며 질병이나 노화로 손상된 세포를 수리하고, DNA 복제 오류를 복구하며, 암세포는 눈에 띄는 즉시 없애버리기 때문입니다.

그런데 노화 극복과 수명 연장이 우리의 삶에 어떤 영향을 끼치게 될까요? 물론 의학기술의 혜택이 일부 계층에게만 돌아갈 것이라는 우려와 함께 노화 극복이 더 나은 삶을 보장할 것이냐 하는 의문을 제기하는 사람이 많습니다. 여기다가 더욱 근본적인 것은 우리 인간이 노화를 정복하고 죽음 없는 시대를 맞이한다면 과연 행복하게 살아갈 수 있을까 하는 것입니다. 아직 준비되지 않은 장수가 축복만이 아니라 새로운 문제들을 가져올 수 있기 때문입니다. 그런 점에서 우리는 생명 연장시대에 걸맞은 새로운 인간관을 정립하는 것은 물론 누구나 의학기술의 혜택을 누리면서 행복하게 살아갈 수 있는 길을 찾아야 할 과제를 안고 있습니다.

우리 인간은 대부분 말년에 죽음에 직면하게 되면 인생이 허무하다고 말합니다. 그것은 인간이 살아가는 목적을 제대로 깨닫지 못하고 의미있는 삶을 살지 못했기 때문입니다. 그래서 우리는 인생의 황금기는 젊은 시절이 아니라 나이가 들수록 인격이 더욱 성숙해 가는 노년 시절이라고 생각하면서 인생 설계를 해야 합니다. 마치 벼가 추수기를 앞두고 고개를 숙이고 황금색의 열매를 맺는 것과 마찬가지입니다. 이처럼 누구나 마지막 순간까지 멋지게 살아갈 수 있다면 행복한 삶이 되지 않을 수 없습니다.

그런데 그러한 행복은 나 자신을 통해 오는 것이 아니라 남과 더불어 살아갈 때 온다는 사실입니다. 다시 말하면 남을 위해 먼저 배려하고, 다른 사람을 위해 자신을 희생할 때 행복이 찾아오게 된다는 것입니다. 그래서 돈이나 명예보다는 보람과 가치를 추구하고, 자신의 모든 것을 내려놓을 수 있는 말년이 우리 인생에서 가장 중요한 시기가 아닐 수 없습니다.

4. 우주질서대로 살아갈 때 만나는 행복

인간은 태어나면서부터 가족과 어울려 살아가지만 성장하면서 사회와 국가, 세계 등 더 넓은 공동체를 향해 진출하게 됩니다. 그래서 인간에게는 자신의 생존과 발전을 위한 목적이 있는가 하면 타자 또는 전체가 함께 지향하는 목적이 있습니다. 인류는 이러한 이중목적의 실현을 위해 윤리 도덕과 법, 제도 등을 꾸준히 개발해왔고, 성인들은 개인들이 서로 사랑하고 남을 위해 자신을 희생하게 될 때 누구나 행복하게 살아갈 수 있는 세상이 오게 된다고 주장했습니다.

그리고 우주 만상은 상호 작용하는 하나의 거대한 유기체를 형성하고 있습니다. 그래서 코로나19 사태에서 보았듯이 그동안 조화와 균형을 유지해온 우주질서를 깨뜨리게 되면 반드시 인간이 그 대가를 톡톡히 치르게 됩니다. 반면에 우리 인간이 우주질서에 맞춰 살아갈 때 비로소 이 땅에는 영원한 자유 · 평등 · 평화 · 행복의 공동체가 실현되지 않을 수 없다는 것을 확인하게 됩니다.

다 함께 살아가는 행복한 세상

성인들은 누구보다도 먼저 우리의 삶이 우주질서와 연결돼 있음을 깨달은 분들입니다. 그래서 우주와 인간을 움직이는 근원적 힘이 무엇인가를 알아내고, 우리 인간이 가야 할 길을 제시했습니다. 다시 말하면 성인들은 이 우주의 모든 생물체는 어느 하나도 고립된 것은 없고, 일정한 목적 아래 움직이는 유기체라고 파악하면서 우리 인간도 자연과 더불어 살아가야 한다고 보았습니다.

예를 들면, 동물과 식물은 산소와 이산화탄소를 교환하면서 더불어 살아가게 됩니다. 식물은 광합성 반응을 하면서 산소를 방출하고 공기 중에서 이산화탄소를 받아들여서 당을 만들고 있습니다. 동물은 호흡작용을 통해 공기로부터 산소를 흡수하고 이산화탄소를 배출합니다. 이는 인간 사회에도 그대로 적용된다고 보고 성인들은 공존·공생·공영의 길을 제시한 것입니다.

특히 붓다는 실재하는 모든 존재의 연결고리를 연기법으로 접근했습니다. 모든 존재는 인과관계 속에서 얽히고설켜 상호 의존하고 있으므로 서로 위하면서 살아야 한다고 본 것입니다. 붓다는 이러한 깨달음을 통해 태어남과 죽음, 그리고 고통의 문제를 근본적으로 해결하고자 했습니다. 이는 사변(思辨)으로 얻은 게 아니라 철저한 수행을 통해 얻은 결론입니다.

그러면서 붓다는 모든 인간이 직면하게 되는 괴로움과 고통은 자기만을 앞세우는 욕망과 집착에서 생기게 되는 것이며, 이 욕망과 집착은 무지에서 비롯된 것으로 보았습니다. 즉 이 무지로 인해 야기되는 인간의 욕망은 진실이 아닌 것을 진실인 양, 허망한 것을 참인 양 잘못 집착하여 고통과 괴로움으로 연결된다는 것입니다. 그래서 탐욕과 성냄, 어리석음의 탐진치(貪瞋癡), 즉 삼독(三毒)을 멀리함으로써 무명(無明)과 애욕의 속박에서 벗어날 수 있으며, 모든 집착에서 벗어나게 될 경우 열반에 이를 수 있다고 강조했습니다. 이렇듯 붓다는 모든 것을 내려놓고 자연 순리대로 살아갈 때 모든 고통과 번뇌에서 해방되고 참된 본성을 회복할 수 있다고 본 것입니다.

예수의 공적인 활동은 대부분 갈릴리호숫가 일대에서 이뤄졌습니다. 그리고 예수의 주된 관심은 그 당시의 변두리 인생들, 즉 가난하고 고통당하는 사람과 기득권층으로부터 박해받는 사람, 사회적으로 회피 대상이 되는 사람들이었습니다. 예수는 이처럼 그 사회의 소외층에게 하나님의 사랑을 전하면서 우리 한 사람 한 사람이 바뀌게 되면 세상을 변화시킬 수 있다고 역설했습니다.

특히 예수는 자연과 어울려 지내면서 인간의 참된 본성을 회복하고 하나님에게 이르는 길을 보여주었습니다. 예수는 이와 함께 "땅이 저절로 열매를 맺게 하는데, 처음에는 싹을 내고, 그다음에는 이삭을 내고, 또 그다음에는 이삭에 알찬 낟알을 낸다."(마가복음 4:28)라고 자연 순환 법칙을 설명한 뒤 하늘나라를 겨자씨에 비유하면서 그것은 심을 때는 어떤 씨보다 작지만 심어져 자란 뒤에는 어떤 풀보다 큰 가지를 뻗어 새들이 깃들게 된다고 설명했습니다. 그리고 자신을 믿는 사람은 "그의 배에서 생수가 강물처럼 흘러나올 것이다."(요한복음 7:38)라고 밝히는 등 예수는 자주 자연생태계를 비유로 들면서 인간이 가야 할 길을 제시했습니다. 이는 예수가 하나님의 창조 섭리와 우주질서를 꿰뚫고 있었기 때문입니다.

성인들은 이처럼 인간을 자연과 동떨어진 존재가 아니라 우주의 일원으로서 파악했습니다. 그래서 인간 상호 간은 물론 자연과도 어울려 살면서 인간 본연의 모습을 회복하고 우주질서에도 순응할 수 있는 길을 제시했습니다. 다시 말하면 성인들은 우리 인간이 서로 사랑하고 자연과도 조화를 이룰 때 인간의 참된 행복이 찾아오게 된다고 보고, 이를 실천한 것입니다.

우주질서는 남을 위해 살아가는 것

인간은 누구나 행복을 추구하고 있습니다. 그러나 자신이 행복하다고 말할 수 있는 사람을 찾기 어렵습니다. 성인들은 모든 사람이 이처럼 불행에서 헤어 나오지 못하는 것은 인간 본연의 모습대로 살아가지 못하고 있기 때문으로 진단했습니다. 그래서 인간과 인간, 인간과 자연 만물이 우주질서대로 서로 조화롭게 살아가지 않으면 안 된다고 보고 근본 처방을 내린 것입니다.

특히 붓다는 《숫타니파타경》에서 행복에 대해 구체적으로 설명합니다. 즉 제자가 '많은 신과 사람들은 행복을 바라고 있습니다. 으뜸가는 행복을 말씀해 주십시오.' 라고 묻자 붓다는 "어리석은 사람들을 가까이하지 않고 어진 이와 가깝게 지내며 존경할 만한 사람을 존경하는 것, 이것이 더없는 행복이다."라고 말하면서 여러 가지 행복의 조건에 대해 말합니다. 즉 분수에 맞게 살고 일찍이 공덕을 쌓고 스스로 바른 서원을 하는 것, 남에게 베풀고 이치에 맞게 행동하며 적을 사랑하고 보호하면서 비난을 받지 않게 처신하는 것, 세상일에 부딪혀도 마음이 흔들리지 않고 걱정과 티가 없이 편안한 것이 더없는 행복이라고 강조했습니다.

붓다는 궁극적으로 모든 탐욕을 내려놓고 구도(求道)를 통해 열반에 이르게 될 때 모든 번뇌가 사라지고 참된 행복이 찾아온다고 보았습니다. 즉 열반이 '완전한 행복', '영원한 행복'에 이르는 길이라는 것입니다. 붓다는 이처럼 모두가 깨달음을 통해 열반에 이르고 누구나 행복하게 살아갈 수 있는 길을 제시했습니다.

공자는 남을 사랑하고 어질게 행동하는 인(仁)을 통해 행복한 삶을 추구했습니다. 그러면서 학습을 통한 내면적 기쁨과 사회와의 공유를 통한 외연적 즐거움을 얻고자 했습니다. 《논어(論語)》의 첫머리 '학이(學而) 편'에는 "배우고 그것을 때때로 익히면 기쁘지 않겠는가(學而時習之 不亦說乎). 벗이 있어 멀리서 찾아오니 이 또한 즐겁지 않겠는가(有朋 自遠方來 不亦樂乎). 남들이 알아주지 않더라도 서운해하지 않는다면 군자가 아니겠는가(人不知而不慍 不亦君子乎)."라고 밝히고 있습니다. 이는 끝없는 학습과 지식인과의 교류를 통해 인격을 갈고닦음으로써 덕(德)의 경지에 이르게 될 때 바로 '남이 알아주지 않아도 서운하지 않은 경지'에 이르게 되리라는 것입니다.

그러면서 공자는 《논어》 '옹야(雍也) 편'에서 "아는 것은 좋아하는 것만 못하고, 좋아하는 것은 즐기는 것만 못하다(知之者 不如好之者 好之者 不如樂之者)."라고 주장했습니다. 이 역시 진리를 완전히 터득하고 자기 것으로 삼아 생활화할 때 참된 행복의 경지에 이를 수 있다는 것을 가르치고 있습니다.

또한 예수는 온 인류가 행복하게 살아가는 하늘나라 공동체를 제시하고, 그곳에 들어갈 수 있는 사람으로 마음이 가난한 사람과 온유한 사람, 의에 주리고 목마른 사람, 자비한 사람, 마음이 깨끗한 사람, 평화를 이루는 사람 등 내적인 조건을 들었습니다(마태복음 5:3~10). 예수는 이와 함께 "네 이웃을 네 몸같이 사랑하여라."(마가복음 12:31)라면서 이보다 큰 계명은 없다고 가르쳤습니다. 예수는 이 세상은 누구나 평화와 행복을 누리면서 살아가는 거대한 공동체이기 때문에 남을 배려하고 서로 사랑하지 않으면 안 된다고 역설한 것입니다.

우리 인간은 본래 자기 혼자서는 살아갈 수 없게 돼 있습니다. 내가 태어나고 성장하는 것은 부모에게 전적으로 의존하게 됩니다. 그리고 내가 하루하루를 살아갈 수 있는 환경, 특히 의식주도 남들이 만들어놓은 것을 이용하고 있습니다. 이는 곧 우리 인간이 자기 것만을 챙기지 말고, 부모·형제와 이웃을 위해 봉사하면서 자연 순리대로 살아가야 한다는 것을 말하는 것입니다. 성인들이 이웃을 사랑하고 자비를 베풀면서 살아가라고 하는 이유도 여기에 있습니다.

지금은 첨단기술의 발달로 편리한 세상이 되었지만, 자연생태계 파괴로 인해 지구촌이 몸살을 앓고 있습니다. 여기다가 인류는 가치관의 붕괴로 전대미문의 혼란을 겪고 있습니다. 그래서 우리가 이러한 난제를 극복하고 누구나 행복하게 살아갈 수 있는 세상을 이루기 위해서는 인간과 인간, 인간과 우주의 질서를 올바로 회복하는 길밖에 없다는 것이 성인들의 한결같은 주장입니다. 이제 우리는 자신의 이익만을 추구하기보다는 이웃을 먼저 생각하면서 모두가 행복하게 살아갈 수 길을 찾아야 합니다. 그것이 인류가 직면한 갈등과 분쟁을 근원적으로 해결하고 평화로운 세상을 실현할 수 있는 유일한 길이기 때문입니다.

| 제3부 |

행복, 잠시 멈춰 서서 돌아보다

| 제1장 |

인간은 왜 신에게서 행복을 찾았을까?

1. 첨단과학 시대에도 신을 찾는 까닭은?

신(神)은 누구일까요? 신은 왜 인간에게 자신의 모습을 드러내지 않을까요? 신은 초자연적인 능력을 갖추고 인간의 길흉화복에 영향을 끼치는 것으로 생각하면서 여러 종교에서 숭배해왔습니다. 물론 종교마다 믿고 있는 신의 모습에는 차이가 있지만, 신을 행복의 근원으로 본다는 점에서 신에 대한 염원은 크게 다르지 않습니다.

우리는 첨단과학 시대를 살아가고 있습니다. 이제 과학기술이 신의 영역에까지 접근할 정도로 눈부신 발전을 이룩하고 있습니다. 그러나 요즘 젊은이들 사이에 탈종교 현상이 심화하는 것은 종교가 신의 정체성을 제대로 알려주고 있지 못하고 있기 때문입니다. 그런 점에서 지금은 그동안 기독교에서 강조해온 것처럼 무조건 신을 믿는 것이 아니라 제대로 신에게 접근하는 것이 필요한 때입니다.

신을 향한 끝없는 질문

종교인들은 처음에는 자신의 직접적인 체험보다는 남의 이야기를 들으면서 신의 존재를 알아가게 됩니다. 특히 기독교인들은 성직자들로부터 신이 존재할 수밖에 없는 이유를 듣거나 경전을 읽으면서 신에 대한 믿음을 키워갑니다. 종교에 처음 발을 들여놓으면서 신의 존재를 확인한다는 것은 쉽지 않기 때문입니다.

그렇다면 신은 과연 존재할까요? 이는 인류역사상 가장 오래되고 누구나 관심을 갖는 질문이다 보니 수많은 신학자나 철학자가 신의 존재를 증명하기 위해 노력했습니다. 우선 우리 인간은 완전한 존재를 추구해왔습니다. 그 '완전하다'라는 말 속에는 '존재하다'라는 의미가 포함돼 있다 보니 그러한 '완전한 존재로서의 신'을 부인할 수 없다는 것이 이들이 제시한 '존재론적 논증'입니다. 그리고 이렇게 정교한 인간과 우주를 신이 아니라면 누가 창조했겠느냐 하는 의문을 가지다 보면 신의 존재를 부인할 수 없다는 것이 '목적론적 논증'입니다. 이와 함께 우리가 생각의 꼬리를 물다 보면 최초의 원인과 신을 연결할 수밖에 없다는 점에서 '우주론적 논증'을 내세웠습니다.

물론 이러한 생각은 시대에 따라 변화합니다. 중세 철학자이자 신학자인 토마스 아퀴나스는 최초의 원동자(原動者), 제1의 원인을 신이라고 보는 '우주론적 논증'을 제시했지만, 영국의 철학자인 버트런드 러셀은 이와는 달리 "제1의 원인이 나타날 필요가 있느냐?"라고 반문했습니다. 열린 가슴과 열린 정신으로 세상을 바라보라고 강조한 러셀은 원인의 원인이 무한하게 계속된다고 하는 것이 왜 불가능한 것인지 모르겠다는 것입니다. 그리고 독일의 철학자 이마누엘 칸트는 아퀴나스의 "제1 원인이 존재한다."라는 것과 러셀의 "원인의 원인은 무한하다."라는 것은 인간 이성으로써는 입증할 수도, 부정할 수도 없는 명제라고 보았습니다. 즉 "제1 원인은 존재한다."라는 결론을 이끌어가고자 하는 제1 원인론이나 "원인의 원인은 원래 무한하다."라는 명제는 인간 이성에 한계가 있기 때문에 성립될 수 없다고 보았습니다. 이성으로 이러한 문제를 판단하려 할 때 오류에 빠지게 된다는 것이 그의 주장입니다.

그런데 미시세계에서 일어나는 현상과 질서를 다루는 양자역학(量子力學)은 신의 초월성과 관계성, 인격성을 과학으로 증명하는 단계에 이르고 있다는 점에서 눈길을 끌고 있습니다. 모든 물질의 기초를 이루는 입자는 원자(原子)이고 원자는 원자핵과 전자로 이루어졌으며, 원자핵과 전자 사이에는 물질의 기본 형태를 유지하도록 하는 전기적 힘, 즉 이 근원적인 에너지를 '빛'이라는 것입니다. 그래서 빛은 모든 물질이 존재케 되는 원인이며 본질이라고 말할 수 있습니다. 그런 점에서 2천 년 전에 사도 요한이 태초에 하나님과 함께 계신 '말씀'이 곧 '빛'이라고 선언한 것도 눈여겨볼 필요가 있습니다 (요한복음 1:3).

그리고 양자역학을 이용한 양자컴퓨터는 1만 년 걸릴 난수 문제를 200초 만에 해결할 수 있을 정도로 그 성능이 뛰어나다 보니 각국이 앞다퉈 개발에 뛰어들고 있습니다. 특히 전문가들은 양자컴퓨터가 인공지능(AI)과 결합할 경우 초지능 시대를 열게 될 것으로 내다보고 있습니다. 그래서 머지않아 양자컴퓨터에 의해 물질과 우주를 움직이는 법칙과 원리가 구체적으로 밝혀진다면 신의 존재 여부도 자연스럽게 드러날 수밖에 없다는 것입니다. 이제 종교와 과학은 그동안 기독교인들이 생각해온 것처럼 양자택일의 대상이 아니라 접점을 찾아가고 있습니다. 그래서 기독교에서 말하는 창조론과 과학에서 주장하는 진화론은 서로 충돌하지 않고 각자의 위치에서 진리를 찾고 본질에 다가서고 있다고 볼 수 있습니다. 이렇듯 종교와 과학은 한 점에서 만날 수밖에 없다는 것을 양자역학이 보여주고 있는 것입니다.

과학자의 눈에 비친 신

신은 과연 존재하는가 하는 문제를 넘어서서 신은 누구인가 하는 것을 생각하다 보면 신에게 더욱 가까이 접근할 수 있습니다. 그래서 우선 우리는 인간과 우주가 어떻게 존재하게 된 것일까 하는 문제에 관심을 가져야 합니다. 인간과 우주가 생명력을 갖고 한 치의 빈틈도 없이 치밀하게 움직이고 있고, 그것의 원인이 되는 분이 존재한다면 그 역시 원리원칙에 따라 인간과 우주를 설계한 분이라는 것을 알게 될 것이기 때문입니다.

특히 양전기(+)와 음전기(-)로 구성된 전기가 같은 종류는 밀어내고 다른 종류는 끌어당기듯이 모든 존재의 배후에는 힘의 원리가 존재합니다. 인간과 우주가 존재하는 배경에도 이처럼 절대적인 법칙과 질서가 존재한다고 볼 수 있습니다. 이러한 힘의 원리는 지금도 존재하고, 앞으로도 작동할 것이기 때문에 인간과 우주가 여기에서 이탈하지 않는다면 항상 존재하리라고 보는 것입니다.

그런 점에서 우리는 이 우주를 질서정연하게 움직이게 하는 힘, 즉 우주 에너지, 우주력에 관심을 두지 않을 수 없습니다. 앞으로 과학도 이 원리를 찾아내는 데 집중할 수밖에 없습니다. 이러한 우주원리나 에너지가 과연 어떻게 생겨났느냐 하는 것을 찾게 된다는 것입니다. 더구나 우리는 보이지 않지만 늘 우리 밖에서나 안에서 파동치고 맥박을 치는 생명력을 느끼면서 살아갑니다. 그렇다면 과연 그것은 무엇일까요?

우리 인간은 이 절대적 에너지를 신(神)이라고 불렀습니다. 그리고 가장 강한 파동력을 지니고 가장 완전한 존재로서 일체의 법칙과 질서를 주관하는 존재가 신이고, 그러한 속성을 가지고 있는 것이 인간이기 때문에 신인합일이나 신인일체라는 말이 나오게 됩니다. 신의 완전성과 법칙, 질서가 인간을 통해 구체적으로 드러났다는 것입니다. 그것을 가장 먼저 선언하고 나온 분이 예수입니다. 성경에서 예수에 대해 "지극히 높으신 이의 아들"(누가복음 1:32)이라고 밝혔듯이 인간은 신과는 부자의 관계이자 "하나님의 형상"(창세기 9:6)대로 지음받은 제2의 신이라고 볼 수 있습니다.

현대물리학의 아버지라고 일컫는 알베르트 아인슈타인은 신에 대해 어떤 생각을 했을까요? 1929년 미국 뉴욕의 유대교 랍비인 골드슈타인은 아인슈타인에게 "당신은 신을 믿습니까? 50단어로 답해 주십시오. 회신료는 선지급 됐습니다."라는 전보문을 보냅니다. 그러자 아인슈타인은 "나는 존재하는 모든 것의 법칙적 조화로 스스로를 드러내는 스피노자의 신은 믿지만, 인류의 운명과 행동에 관여하는 신은 믿지 않습니다."라는 내용의 답신을 하게 됩니다. 독일어 27단어입니다. 그는 후일 어느 편지에서 이에 대해 보다 자세하게 부연 설명을 합니다.

즉 그는 "두 종류의 신이 있다. 우리는 굉장히 과학적이어야 하고, 정확한 정의를 내려야 한다. 만약 신이 우리와 함께하는 인격적 신이라면, 그리고 바닷물을 가르고 기적을 보이는 신이라면, 나는 그러한 신은 믿지 않는다. 크리스마스에 자전거를 사 달라는 기도를 들어주시는 신, 이런저런 소원을 들어주시는 신이라면 나는 믿지 않는다. 그러나 나는 질서와 조화, 아름다움과 단순함, 그리고 고상함의 신을 믿는다. 나는 스피노자의 신을 믿는다. 왜냐하면 이 우주는 너무나 아름답기 때문이다. 굳이 그럴 이유가 없는데도 말이다. 스피노자는 우주는 신이라고 말했다."라고 밝힙니다.

네덜란드 철학자인 바뤼흐 스피노자는 자연 밖에 존재하는 인격적인 초월자를 인정하지 않고, 우주에 존재하는 모든 것이 신이라고 본 범신론자입니다. 특히 그는 "우주는 신이다."라고 말합니다. 그러다 보니 스피노자는 유대교에서 이단으로 몰려 추방됐고, 기독교로부터 일종의 무신론자라고 비난받았습니다. 마찬가지로 스피노자의 신을 믿는다는 아인슈타인도 무신론자라는 딱지가 붙었지만, 신에 대한 그의 관점은 기독교에서 내세우는 초월적 신관에 대한 비판임과 동시에 오늘날 우리가 신의 정체성을 이해하는 데에 많은 시사점을 제공해주고 있습니다.

아인슈타인은 "나는 신의 생각을 알고 싶다. 나머지는 세부적인 것에 불과하다."라고 말할 만큼 우주의 본질을 밝히고, 신을 알기 위해 자신의 평생을 오롯이 바쳤습니다. 그리고 "우주가 이해 가능하고 법칙을 따른다는 사실은 경탄할 만한 가치가 있는 것이다. 그것은 존재하는 모든 것의 조화를 통해 스스로를 드러내는 신의 본질적인 특성이다."라고 밝힐 정도로 신에 대한 경외감을 잃지 않았습니다.

우리 인간은 신이 누구인가 하는 질문을 끊임없이 해왔습니다. 이는 신의 본질은 물론 인간과의 관계를 바로 알고, 이를 통해 누구나 행복하게 살아가는 세상을 만드는 데에 가장 중요한 과제이기 때문입니다. 그리고 신을 올바로 이해한다면 인간이 누구인가를 알고, 인류에게 당면한 어떠한 현안도 돌파할 수 있을 것입니다. 그런 점에서 우리는 모든 존재의 원인인 신이 누구인가를 시급히 해명해야 합니다.

2. 탈종교시대, 달라지는 행복의 의미

　성경 창세기는 하나님의 꿈이 잘 그려져 있습니다. 하나님은 인간 조상을 창조한 뒤 에덴동산에서 행복하게 살아갈 수 있도록 구상했습니다. 그러나 탐욕에 눈이 어두웠던 인간은 하나님의 당부를 거역한 뒤 갈등과 분쟁이 일상화한 지옥 밑창으로 떨어지고 말았습니다. 그러다 보니 신(神)과 인간의 관계가 끊어지면서 신이 누구인지도 모르게 됐고, 각 종교는 자기들의 입맛대로 신을 규정하면서 논쟁을 벌여왔습니다. 그런데 신이 엄연히 존재하는데도 그것을 부인하는 것은 그보다도 무모한 것이 없을 것입니다. 마치 부모가 있는데도 없다고 말하는 것과 다름없습니다.

　그렇다면 기독교에서 내세우는 것처럼 신이 무소부재하고 전지전능한데도 이러한 논란에 직접 개입하지 않는 까닭은 무엇 때문일까요? 우선 신이 우리 인간이 실감할 수 있게 자신을 드러내지 않는 이유를 알아야 합니다. 물론 성경을 보면 신은 이스라엘 민족에게 4천 년에 걸쳐 근엄한 심판 주로 나타나기도 했고, 2천 년 전 예수를 통해 자신의 모습을 드러낸 것으로 기록돼 있습니다. 어쩌면 신이 선택적으로 자신의 모습을 보여주다 보니 논란이 끊이질 않은 것으로 볼 수도 있습니다.

신에 대한 끊임없는 논란

신이 전지전능하고 무소부재한 분이기 때문에 자신의 모습을 보여주는 것은 어렵지 않을 것입니다. 특히 예수에게 나타난 것처럼 자신을 열렬히 추종하는 사람에게 직접 계시하거나 역사할 수도 있습니다. 그러나 신은 언제나 인간에게 자신을 드러내는 것에 인색한 것처럼 보입니다. 그러다 보니 신에 관한 생각이 사람마다 달랐고, 각 종교의 편의에 따라 신을 규정하면서 수많은 갈등과 분열이 일어났습니다.

더구나 과학기술이 발달한 요즘에는 신에 대한 논란이 더욱 가중되고 있습니다. 신의 부재를 말하는 것을 넘어서서 신을 인위적으로 만들었다는 주장까지 제기되고 있습니다. 케냐 출신 영국의 진화생물학자인 리처드 도킨스 옥스퍼드대 교수는 《만들어진 신》이라는 저서에서 수많은 과학적 논증을 통해 신이 존재하지 않는다는 것이 드러났다고 주장하면서 오히려 신을 믿음으로써 인간 사회에 많은 문제가 일어났다고 지적했습니다. 그는 심지어 "신에 대한 부정은 도덕적 타락이 아니라 인간 본연의 가치인 진정한 사랑을 찾는 일이다. 신이 없어도 인간은 행복하고 도덕적일 수 있다."라고 설명합니다. 그가 이처럼 신의 존재에 대해 정면 반박하고 그동안 누구도 문제 삼지 못했던 종교계 현안을 공개적으로 직격하다 보니 크게 화제가 됐습니다.

기독교가 위기에 몰린 것은 이기적 신관에 매몰됐기 때문입니다. 자기 교단에만 신이 함께한다는 아집에 빠지면서 교파 분열과 종교 간의 갈등과 분쟁이 치열해진 것입니다. 그러다 보니 독일의 철학자 프리드리히 빌헬름 니체는 기독교에서 내세우는 신이나 천국과 같은 초월적인 세계는 우리의 삶에서 아무런 의미를 지니지 않는다고 주장했습니다. 특히 니체는 현상과 본질, 육체와 영혼, 감각과 이성, 현세와 내세를 구분하는 서양의 이원론적 형이상학을 비판하면서 '참된' 세계와 '가상'의 세계로 나누는 것은 단지 자신의 퇴폐를 암시하는 것이라고 강조했습니다. 즉 현세의 삶을 비방하고 왜소화하면서 다른 세계의 이야기를 꾸며내는 것은 환각에 불과하다는 것입니다. 그래서 니체는 기독교의 신은 정신으로의 신을 의미할 뿐이며, 가장 부패한 신 개념의 표본이라고 비판했습니다. 결국 그는 "신은 죽었다(Gott ist todt). 우리는 그를 죽였다(Wir haben ihn getodtet)."라면서 '신의 죽음'을 선포하게 됩니다.

현대인들은 알베르트 아인슈타인처럼 신비롭고 광활한 우주에서 깊은 영감을 찾으면서 생각의 여유를 누리기보다는 매일 치열한 경쟁과 마주해야 하다 보니 이기적 신관에 빠져들게 됩니다. 아인슈타인은 1954년 1월 독일의 철학자 에릭 구트킨드에게 보낸 편지글에서 "나에게 '하나님'이라는 단어는 인간의 나약함을 나타내는 표현이자 그 산물이다. 성경은 신성하지만, 원시적인 전설을 모아놓은 것에 불과하다. 아무리 정교한 해석도 내 생각을 바꿔놓을 수는 없을 것이다."라고 밝힌 적이 있습니다. 이는 종교가 본연의 모습을 추구하기보다는 특정 종교의 관점에 따라 신을 규정하거나 교리를 만들고, 신앙생활을 하는 것에 대한 비판일 수 있습니다.

그렇지만 붓다에 대해서는 "나를 현대과학의 아버지라 하지만, 과학의 진짜 아버지는 석가모니 부처님이다."라고 말했습니다. 그리고 "미래의 종교는 우주적인 종교가 돼야 한다. 그동안 종교는 자연계를 부정해왔다. 모두 절대자가 만든 것이라고만 해왔다. 그러나 미래의 종교는 자연세계와 영적인 세계를 똑같이 존중해야 한다. 그것이 진정한 통합이기 때문이다."라고 주장했습니다. 그는 불교야말로 과학적 요구에 부응하는 종교라고 밝혔습니다. 이는 종교인들이 종교 본연의 모습을 깨닫고 누구나 받아들일 수 있는 보편적 신관을 갖는 것이 중요함을 말하는 것입니다. 이는 르네상스 이후 인본주의와 과학적 세계관의 등장으로 신의 은총보다는 인간의 이성을 중시하면서 달라진 신관을 반영하는 것으로 볼 수 있습니다.

탈종교시대 행복 찾기

오늘날 종교가 첨단과학기술이 만들어내는 급격한 전환기를 맞아 현대인들을 설득하는 데 실패하면서 탈종교 현상이 가속화하고 있습니다. 특히 유신론(有神論)적 종교의 한계를 보여주는 이러한 현상은 1990년대에 접어들면서 기독교의 발상지인 유럽에서 불붙기 시작했고, 이제는 미국으로 상륙한 뒤 전 세계로 번져나가고 있습니다.

현직 목회자 짐 데이비스와 기독교 매체 프로듀서 마이클 그레이엄, 정치학 교수인 라이언 버지가 최근 펴낸 《탈기독교시대 교회 (The Great De-churching)》는 이를 잘 지적하고 있습니다. 이 책은 3단계에 걸친 대규모 설

문조사를 통해 지난 25년간 미국교회의 신자 동향을 파악했는데, 약 4천만 명이 교회를 떠났다고 밝히고 있습니다. 미국 인구가 3억 4천만 명이라고 하면 교회를 떠난 이들은 15%에 이른다는 것입니다.

저자들은 "우리는 미국 역사상 가장 크고 빠른 종교적 변화의 한복판에 있다."라면서 기독교 신자들이 교회를 떠난 요인으로 코로나19로 인한 사회의 급속한 변화와 공동예배에 참여하는 부모세대와의 소통 방식의 부재, 믿음과 행위의 불일치, 즉 진리대로 살아내지 못하는 교회 공동체 등을 꼽고 있습니다. 특히 라이언 버지 교수는 1990년대 이후로 이탈 교인이 급속히 늘어난 것은 인터넷 확산으로 누구의 방해 없이 기독교 이외의 세계관을 접하게 됐기 때문으로 분석했습니다. 이는 결국 '믿으면 구원을 받고 복을 받게 된다.'라는 현재의 기독교 신관이 젊은이들에게 먹혀들지 않고 있다는 것을 방증하는 것이기도 합니다. 다시 말하면 기독교에서 내세우는 형이상학적이고 초월적인 신관이 현대인들의 요구를 더 이상 충족할 수 없다는 것을 보여주고 있습니다.

인간이 신을 찾은 것은 고통에서 벗어나 행복을 추구하고자 하는 본심의 발로 때문이었습니다. 그러나 종교가 신의 본래 모습을 외면하고 자기들만의 이익을 위해 신을 이용하다 보니 갈등과 분쟁이 난무했을 뿐 신이 꿈꿨던 세상, 즉 누구나 행복한 세상은 이뤄지지 못했습니다. 따라서 우리는 잘못된 신관을 바로잡으면서 누구나 행복한 세상을 실현하는 데 힘을 모아야 합니다. 그것만이 종교가 본연의 모습을 회복할 수 있는 가장 유일한 처방이기 때문입니다.

그런데 다행스러운 것은 누구나 인정할 수 있는 보편적 신관이 현대과학을 통해 도출되고 있다는 점입니다. 아이작 뉴턴은 질량을 가지고 있는 모든 물체는 서로 잡아당기는 힘을 가지고 있다는 만유인력의 법칙을 세웠습니다. 그는 1687년에 출간된 《프린키피아》(《자연철학의 수학적 원리》의 새 번역판)에서 "태양계처럼 우아한 체계가 만들어지려면 '현명하고 강력한 존재'의 손길이 반드시 필요하다. 그 전능한 존재는 만물의 주인으로서 모든 것을 다 스린다."라고 강조했습니다. 그리고 "자연현상에서 신의 존재를 유추하는 것도 분명히 자연철학의 일부다."라고 주장한 것을 보면 중력의 배후에 신이 있다고 믿었음을 보여주고 있습니다.

그리고 현대과학, 특히 양자역학은 신의 존재에 대한 인간의 인식체계에 큰 변화를 가져오고 있습니다. 우주가 질서정연하게 움직이는 배경에는 신이 존재하고 있기 때문이라는 것을 증명하는 단계에 이르렀습니다. 즉 우주의 기원이 되는 에너지이자 우주를 움직이는 근원적 원리가 신이라는 주장이 입증되고 있는 것입니다.

그런데 인공지능(AI) 시대에는 과학적으로 '나'에 대한 본질에 접근하다 보니 종교의 역할이 줄어들고 그 의미도 크게 퇴색하고 있습니다. 더구나 어떤 특정 개인이나 교단이 자기들이 아니면 구원이 어렵다고 주장한다면 가장 먼저 퇴출당하는 상황을 맞이할 수밖에 없다는 점입니다. 누구나 받아들일 수 있는 객관적이고 보편화한 가치관 아래서는 그러한 주장은 설득력이 없기 때문입니다.

인간은 누구나 행복을 추구하기 위해 몸부림쳐 왔습니다. 그리고 성인들은 그러한 인간의 요청에 대해 분명한 해답을 제시했습니다. 그런데 종교가 이기적 집단으로 변질되면서 종교인들 가운데 행복하다고 말하는 사람을 찾아보기 어렵습니다. 이제 종교는 성인들이 보여준 것처럼 자신보다 이웃을 사랑하고 누구나 차별없이 행복을 누릴 수 있는 세상을 실현하는 데 힘을 모아야 할 것입니다. 그것이 행복을 찾아 몸부림쳐온 인류에게 희망을 줄 뿐만 아니라 종교 본연의 모습을 회복할 수 있는 유일한 길이기 때문입니다.

3. 누구나 행복한 세상, 왜 그 꿈이 빗나갔나?

우리 인간의 가장 큰 관심사 가운데 하나가 신과 인간은 어떤 관계인가 하는 것입니다. 그래서 각 종교는 신과 인간의 관계를 해명하기 위해 많은 노력을 기울여왔습니다. 그러나 기독교가 하늘 보좌에 앉아 우리의 일거수일투족을 감시하고 심판하는 신으로 보고 있는 등 지금까지 어느 종교도 신과 인간의 관계를 명쾌하게 해명하지 못했습니다.

우리가 신과 인간의 관계를 제대로 파악해야 하는 것은 인간의 정체성을 확실하게 정립할 뿐만 아니라 누구나 행복하게 살아가는 세상을 실현하는 데 중요한 관건이기 때문입니다. 그런 점에서 신과 인간의 관계를 올바로 해명함으로써 우리가 살아가는 목표를 분명하게 설정하고, 이 땅에 신과 인류의 꿈인 이상세계를 실현할 수 있어야 할 것입니다.

기독교 신관이 왜 문제인가?

오늘날 기독교인들에게 가장 큰 소망은 하나님과의 만남을 통해 예수가 공생애를 출발하면서 가장 먼저 선포한 하늘나라를 이 땅에 세우는 것입니다. 그런데 기독교의 신관으로는 하늘나라를 실현하고 하나님에 이르는 길을 올바로 이끌기 어렵다는 점입니다. 그것은 기독교의 초월적 유신론에는 무신론의 또 다른 얼굴이 드리워져 있기 때문입니다. 사회주의 이론을 최초로 정립한 카를 마르크스처럼 역설적이게도 기독교 유신론의 오류를 보면서 무신론의 근거를 찾는 이들이 많다는 것입니다. 이제 전통적 기독교인들이 절대적으로 신봉해오던 초월적 유신론이 그 한계에 봉착하면서 설득력을 잃어가고 있다는 것에 주목해야 합니다.

 기독교는 전통적으로 현상세계를 초월한 절대타자(絕對他者)로 하나님을 이해했습니다. 특히 기독교 신관은 고대 그리스의 철학자 아리스토텔레스의 순수형상 개념에 근거를 두고 있습니다. 즉 신을 어떠한 질료(물질)적 요소도 포함하고 있지 않은 순수한 정신적 존재로 설명했습니다. 그래서 기독교는 하나님을 물질적 욕망으로 뒤덮인 현상세계와는 동떨어진, '저 멀리, 저 높이(god above there, god up there)' 존재하는 초월자이며 타자로 보고 있는 것입니다.

 그러나 기독교는 신을 이처럼 순수형상으로 이해하고 있지만, 어떻게 순수정신에서 물질세계가 산출됐는가 하는 문제를 해명하지 못하고 있습니다. 다만 초기 기독교 교회의 대표적 철학자 아우구스티누스는 '무에서의 창조설'을 주장하면서 절대적 존재인 신은 정신을 통해 물질을 창조할 수 있다는 논리를 폈고, 더 나아가 독일의 철학자 헤겔은 정신에서 물질이 창조될 수 있다는 주장을 변증법이라는 논리로 정당화했습니다. 기독교는 이를 근거로 신을 순수 정신적 실체, 즉 순수형상으로 규정했습니다.

그런데 신은 아리스토텔레스가 말한 것처럼 사유 자체이거나 순수정신이 아니며, 헤겔이 말하듯이 절대정신이라고 할 수 없습니다. 순수형상이나 순수사유, 절대정신 등은 신의 속성 가운데 일부에 불과합니다. 기독교 신학이 이같이 신과 사유 자체를 동일한 것으로 보고 출발점으로 삼았다는 데 한계가 있습니다. 그러다 보니 '정신으로서의 신'이라는 기독교 신관이 '물질로서의 신'이라는 유물론의 도전 앞에 속수무책이었습니다. 이것이 헤겔의 관념론에서 마르크스의 유물론이 나오게 된 배경이 됐습니다.

그리고 신은 인간의 인식이나 합리적 이해의 대상이 아니라 모든 실재의 존재론적 근거를 제공하며, 그것들의 의미와 가치를 부여하는 원인적 존재이지만, 기독교에서 말하는 정신으로서의 신은 철학적 신관에 머물게 될 뿐입니다. 다시 말하면 지금까지 관념론은 정신, 유물론은 물질을 우주의 본질로 보았지만, 정신과 물질은 모두 신의 속성이란 점에서 서로를 분리해 생각해서는 안 된다는 것입니다. 마치 이 둘은 H_2O 분자로 구성돼 있으면서도 물과 수증기의 차이를 보이는 것으로 이해할 수 있습니다. 이렇듯 기독교가 하나님을 정신, 그리고 피조세계를 물질로 보고, 정립(正)과 반정립(反)의 변증법적 대립 관계로 파악한 것은 신을 잘못 이해한 대표적 사례라고 볼 수 있습니다.

그런데 성경에 "하나님의 형상대로 사람을 창조하셨다."(창세기 1:27)라고 기록된 것처럼 인간은 하나님의 형상을 닮았다는 점입니다. 우주 만상은 제1 원인인 신에게서 나온 결과적 존재이기 때문에 서로가 닮지 않을 수 없다는 것입니다. 이는 곧 우리 인간이 하나님과 일체를 이룰 수 있고, 하나님과 같은 위상을 가지고 있다는 것을 말합니다. 그런 점에서도 신과 피조세계, 신과 인간은 하나의 형상을 지니면서 서로 닮았기 때문에 신은 결코 현상세계를 초월해 존재하는 것이 아니라 신은 자신이 머무를 수 있는 터전이 마련되면 언제, 어디서나 인간과 함께하게 된다는 것입니다. 이것이 하나님이 인간을 '성전(聖殿, 고린도전서 3:16)'으로 창조한 이유이기도 합니다.

그리고 신은 원인적 창조자요, 피조세계는 결과적 피조물이라는 사실만으로도 충분히 신의 절대성은 확보될 수 있습니다. 다시 말하면 신과 피조세계는 정신과 물질이라는 대립적 관계가 아니라 원인자와 결과적 피조물, 즉 주체와 대상으로 볼 수 있습니다. 그래서 신과 인간은 서로 동떨어져 있는 것이 아니라 신이 자신을 전개해 놓은 것이 인간이기 때문에 마음과 몸이 서로 닮은 것처럼 신인일체, 즉 신과 인간은 떼려야 뗄 수 없는 관계라는 것입니다. 이는 동서양의 공통적인 사유체계입니다.

신과 인간은 부자의 관계

그렇다면 하나님과 인간은 어떤 관계일까요? 창세기에서 하나님이 인간을 '자기 형상'대로 창조했다고 밝힌 것이나 예수가 하나님을 '아버지'라고 말한 것을 볼 때 하나님은 인간을 자녀로 지었음을 알 수 있습니다. 즉 하나님은 기독교에서 보는 것처럼 초월적인 절대자로 홀로 존재하고자 한 것이 아니라 마음과 몸이 하나로 움직이듯이 인간을 자녀로 품고 사랑하기 위해 부자(父子) 관계로 창조했습니다. 즉 마음과 몸이 서로 닮았듯이 하나님의 모습을 그대로 빼닮은 존재가 인간이라는 것입니다.

그리고 우리의 몸이 아플 때 가장 세심하게 보살피는 것이 마음이듯이 하나님은 언제나 인간을 사랑으로 대하고 있기 때문에 지금까지 구원섭리를 전개해왔습니다. 그리고 부모가 아무런 대가를 바라지 않고 자녀를 사랑하듯이 하나님은 끝없는 사랑을 인간에게 퍼부었습니다. 그래서 우리 인간이 온전한 모습이 되면 보이지 않는 하나님의 신성은 부자 일체의 관계로 나타나게 되는 것입니다.

또한 성경에서 하나님이 자신의 형상대로 남자와 여자를 창조했다고 밝힌 것은 무형의 하나님이 최초의 남자와 여자를 통해 자신의 모습을 드러냈다고 이해할 수 있습니다. 다시 말하면 하나님은 인간의 모습으로 형상화하면서 한 남자와 한 여자의 모습을 통해 자신을 구현한 것으로 볼 수 있습니다. 이같이 한 남자와 한 여자는 무형의 하나님이 실체적으로 나타난 것이기 때문에 인간의 위상은 하나님과 다름없는 소중한 존재라는 것입니다.

따라서 하나님은 기독교에서 말하는 것처럼 '하나님 아버지'만이 아니라 '하나님 어머니'의 속성도 지니고 있다는 점에서 인간의 부모, 즉 '하늘부모님'이라고 볼 수 있습니다. 1970년대 여권신장운동과 함께 나타난 여성 신학이 기독교의 '하나님 아버지'의 개념을 남성 우위의 지배적 불평등한 사회구조의 반영이라고 주장했지만, 이처럼 하나님이 인간의 부모라는 개념은 성경이나 기독교에서 주장해온 성차별의 문제를 극복할 수 있는 유일한 대안입니다. 더구나 하나님이 인간의 부모라는 것은 하나님을 중심한 참된 가정이 이뤄질 때만이 창조 본연의 이상세계, 즉 하늘나라가 이뤄질 수 있다는 것을 말합니다.

그래서 하나님을 부모로 모시고 참사랑의 가정을 실현함으로써 참 평화의 세계를 이루고자 한 것이 하나님의 창조이상이자 창조목적이었다는 것을 확인할 수 있습니다. 이 역시 신이 누구인가를 올바로 해명함으로써 인류가 안고 있는 난제들을 해결할 수 있는 중요한 사례 가운데 하나입니다.

그리고 오늘날까지 세계가 혼란에서 벗어나지 못하고 있는 것은 모든 존재의 근원이자 본질인 신의 정체성을 해명하지 못한 채 인간 중심주의에 휘둘렸기 때문입니다. 특히 종교가 수없이 분열돼 이전투구를 벌이고 있는 것도 신이 누구인가를 올바로 해명하지 못한 까닭입니다. 따라서 모든 사람의 관심사인 인생과 우주의 근본문제를 해결하고 인류가 나아가야 할 방향을 모색하기 위해서는 우선 신의 본체론(本體論)을 정확히 해명할 수 있어야 합니다. 결국 신의 정체성을 올바로 밝힐 때만이 오늘날 인류가 겪고 있는 정신적 혼란상을 수습하고 이상세계 실현도 가능하다는 것입니다.

그동안 종교와 철학계는 인류가 직면한 현안을 해결하기 위해 문명사적 전환을 주창했지만, 그 대안을 내놓지 못했습니다. 이는 신이라는 근원적인 문제에 접근하지 못함으로써 본질적인 해결책을 찾을 수 없었기 때문입니다. 그래서 신의 정체성을 올바로 밝힘으로써 현대문명에서 상실된 신을 재발견하고, 신 중심의 절대가치관을 정립하여 전환기적 혼란을 수습할 수 있어야 합니다.

특히 신 중심의 새로운 가치관을 찾게 된다면 현대인들이 직면하고 있는 가치 부재 현상을 근원적으로 해결할 수 있게 될 것입니다. 그런 점에서 각 종교에서 편의에 따라 왜곡해온 신관을 바로잡고 신·인 관계를 본연의 모습으로 회복하는 것만큼 시급한 과제가 없습니다. 그것만이 누구나 행복하게 살아가는 세상을 꿈꿔온 신의 뜻을 실현하는 첩경이기 때문입니다.

4. 신을 향한 인간의 염원, 다 함께 누리는 행복

성경은 어느 경전보다 신(神)에 대해 구체적으로 기술하고 있습니다. 그러다 보니 구약성경의 경우 유대교와 기독교, 이슬람교에서 똑같이 경전으로 사용하고 있습니다. 그런데 구약성경에 드러난 신의 모습은 히브리어 '헤렘', 즉 '진멸'이라는 말이 80회나 등장할 정도로 무자비한 분으로 나타납니다. '헤렘'이 야훼의 명령이라는 점에서 이들 유일신교는 자신들이 벌이고 있는 전쟁을 '거룩한 전쟁(聖戰)'으로 정당화하는 데 이용하기도 했습니다.

특히 모세는 가나안 정복을 앞둔 이스라엘 백성에게 "하나님은 그들을 당신들의 손에 넘겨주셔서, 당신들이 그들을 치게 하실 것이니, 그때 당신들은 그들을 전멸시켜야 합니다. 그들과 어떤 언약도 세우지 말고, 그들을 불쌍히 여기지도 마십시오."(신명기 7:2)라고 명령합니다. 물론 이러한 구절은 신의 본래의 모습을 보여주는 것은 아니지만, 유일신교들이 왜곡된 신관을 갖게 하는 데 결정적 역할을 하게 됩니다. 그러나 종교인들은 신이 본래 온 인류가 다 함께 행복을 누리는 세상을 꿈꿔왔다는 점에서 신이 누구인가를 올바로 이해하고 신의 뜻을 실현하는 것만큼 시급한 것이 없다는 것을 깨달아야 합니다.

신의 꿈, 인간의 꿈

성경에 기록된 것처럼 하나님은 창조가 끝날 때마다 '하나님 보시기에 좋았다.'라고 하면서 아담과 해와를 창조한 뒤에는 '생육하고 번식하여 만물세계를 주관하라.'(창세기 1:28)라는 3대 축복을 내리게 됩니다. 이는 인간이 가야 할 길을 예시한 것으로 볼 수 있습니다. 즉 인간이 온전히 성장하여 누구나 다 함께 행복을 누리는 세상을 만들어야 한다는 것입니다. 그러나 인간 시조가 "선과 악을 알게 하는 나무의 열매만은 먹어서는 안 된다."라는 지시를 거역함으로써 타락의 길을 걷게 됩니다.

기독교와 이슬람교, 유대교는 오직 한 분의 하나님만을 믿는 유일신교입니다. 그러나 이들 세 종교는 경전이나 교리에서 상당한 차이점이 드러나면서 수많은 갈등과 분쟁을 겪게 됩니다. 즉 유대교는 타라크(구약성경)와 탈무드, 기독교는 구약성경과 신약성경, 이슬람교는 구약성경의 토라(모세오경)와 다윗의 시편, 예수의 복음서, 그리고 쿠란을 경전으로 삼고 있습니다. 특히 이슬람교는 유대교와 기독교가 모세오경과 시편, 복음서를 자기들의 입맛대로 일부 내용을 변질시켰다고 밝히고, 마지막 선지자 무함마드에게 성경 원본을 다시 내려주었다면서 그의 계시가 최종적이라고 주장합니다.

그리고 기독교가 예수의 십자가 죽음을 통해 인류의 죄를 대신 씻고 구원의 길로 이끌었다고 가르치는 것과는 달리 유대교는 원죄의 개념이 없으며,

율법을 실천하고 선행을 하면 구원된다고 믿고 있습니다. 이슬람교 역시 선하고 바른 행동을 하면 천국에 갈 수 있다고 보고 있습니다. 여기다가 이슬람교는 하나님이 선악과를 따먹은 아담을 용서함으로써 원죄가 남아 있지 않기 때문에 메시아가 필요 없다고 주장합니다.

그러나 이들 종교는 한 하나님을 믿고 있지만, '나만 옳고 너희는 틀렸다'라는 근본주의가 득세하면서 종교 본연의 모습을 잃어버리게 됩니다. 특히 이슬람 세력은 거의 1천 년(711~1683년)에 걸쳐 유럽을 지배했고, 가톨릭 교황이 11~13세기에 7차례에 걸쳐 십자군 전쟁을 벌이면서 두 종교는 깊은 상처를 안게 됩니다. 이처럼 이들 종교가 그동안 갈등과 분쟁을 겪어온 것은 하나님을 어떻게 보느냐에 귀착됩니다. 이들 종교는 오로지 하나님이 자기편이라고 믿고 있다는 데 문제가 있습니다. 특히 하나님은 특정 종교의 하나님이 아니라 누구에게나 공평하고, 원리원칙의 하나님이라는 것을 외면하고 있습니다.

그리고 이스라엘 민족이 가나안을 정복하는 과정에서 수없이 이민족(異民族)에 대한 살육전을 벌인 것이 구약성경에 기록돼 있습니다. 특히 하나님이 "성읍을 점령하였을 때에는, 숨 쉬는 것은 하나도 살려 두면 안 됩니다."(신명기 20:16)라고 했다거나 "하나님이 당신들에게 명하신 대로 전멸시켜야 합니다."(17절)라고 설명하고 있습니다. 여호수아는 하나님의 이러한 명령에 따라 남녀 1만2천 명을 진멸합니다(여호수아 8:24~25). 이처럼 당시 여호수아의 정복 전쟁은 모든 땅에 걸쳐서 진행됐습니다.

또 성경은 "주 이스라엘 하나님이 이스라엘의 편이 되어 싸우셨기 때문에 여호수아는 단번에 이 모든 왕과 그 땅을 손에 넣었다."(여호수아 10:42)라고 밝힌 것에서 보듯이 하나님이 이스라엘 편이 돼서 싸운 것으로 기록하고 있습니다. 구약성경에 등장하는 이스라엘 민족과 이방인들의 싸움은 이처럼 하나님의 개입으로 이뤄졌기 때문에 그야말로 '성전'이라고 보는 것입니다. 이스라엘과 아랍 국가들이 서로가 하나님의 이름을 내걸고 수많은 전쟁을 벌여왔지만, 과연 하나님은 누구의 손을 들어주겠습니까?

이렇듯 하나님이 자기편이라고 생각하면서 이웃 나라를 무찌르고 승리를 쟁취하겠다는 것은 잘못된 신관에서 비롯된 것입니다. 하나님이 이스라엘 백성을 위해 직접 전투 지휘관이 돼 다른 민족을 정벌하는 구약성경의 이야기는 어디까지나 수천 년 전 부족사회 사람들의 신관에 비친 것일 뿐이며, 하나님의 본래 모습과는 아무런 관계가 없습니다. 이제 하나님을 내세우면서 자기 종교를 위해 이득을 취하는 행태가 사라질 때만이 하나님의 꿈, 인간의 꿈이 실현된다는 것을 분명히 깨달아야 합니다.

다 함께 누리는 행복의 길

성경은 오랫동안 정경화(正經化)하는 과정에서 많은 왜곡이 일어나게 됩니다. 특히 구약성경은 기원전 13세기부터 기원전 2세기까지 1천 년 이상 고대 이스라엘 민족의 역사와 생활을 바탕으로 하나님의 인간 창조와 구원의 역사를 기록하고 있습니다. 그러나 구약성경은 기원전 5세기쯤에 한 권의 책으로 묶어진 이후 기원후 90년쯤에 이르러 "유포되고 있는 상당수의 책 모두가 과연 진정한 하나님의 말씀인가?"라는 의문을 가지는 사람이 나타나자 유대교는 서둘러 성경 목록을 확정하게 되고, 가톨릭교회는 397년의 카르타고 종교회의에서 오늘의 형태로 정경화하기에 이릅니다. 구약성경은 오랫동안 이스라엘 민족이 전승해온 자료들을 모아 기록하는 과정에서 하나님이 전쟁을 지휘했다는 등의 왜곡된 모습이 나타나게 된 것입니다. 이는 결국 이기적이고 일방적 신관에서 벗어나지 못했기 때문입니다.

신약성경 역시 서기 50년부터 150년까지 100년에 걸쳐 집대성하는 과정을 거친 이후 397년에 정경으로 확정하게 됩니다. 그런데 구약성경의 신관은 신약성경에서 상당히 달라지고 있음을 눈여겨봐야 합니다. 구약성경은 이스라엘이라는 부족의 신관을 통해 하나님의 섭리를 들여다본 것이지만, 신약성경은 예수를 통해 신의 실체와 구원섭리의 전모를 알 수 있도록 정리한 것입니다. 그러다 보니 구약성경에는 율법과 정의를 내세우면서 하나님을 냉혹하고 잔인한 모습으로 그려지고 있지만, 신약성경에는 자비와 구원을 베푸는 신으로 등장합니다.

성경의 신관은 이처럼 시대 상황에 따라 기록하다 보니 신의 모습을 올바로 반영했다고는 볼 수 없습니다. 물론 성경은 창조주인 하나님을 향한 인간의 염원을 담았다는 점에서 높이 평가받고 있습니다. 다시 말하면 성경은 인간 조상의 타락 이후 나락으로 떨어진 인간들이 오랜 기간에 걸쳐 자신을 구원해줄 하나님에 대한 기대와 하늘나라 실현에 대한 소망을 그렸다고 볼 수 있기 때문입니다.

오늘날 기독교인들은 이러한 성경을 바탕으로 하나님이 전지전능한 분이기 때문에 어떤 일이라도 하나님의 뜻대로 이뤄진다고 믿고 있습니다. 그러나 하나님이 에덴동산에서 인간 조상에게 선악과를 따먹지 말라고 당부한 것처럼 인간에게 일정한 책임이 주어지게 됩니다. 그러다 보니 그들이 그 책임을 다하지 못한 채 에덴동산에 쫓겨나면서 비극의 역사는 시작됐습니다. 이는 하나님도 인간이 해야 할 책임이 있기 때문에 간섭할 수 없는 영역이 있다는 것을 말합니다. 그래서 하나님의 구원섭리는 수많은 중심인물을 세워 진행할 수밖에 없었고, 그들이 책임을 다하느냐 못 하느냐에 따라 새로운 단계로 진입하느냐 마느냐가 결정됐던 것입니다.

특히 하나님은 인간 조상이 타락한 이후 10대째 1천600년 만에 의인 노아를 세우게 됩니다. 노아는 '의롭고 흠이 없는' 사람이었고 '하나님과 동행하는 사람'(창세기 6:9)이었습니다. 그런데 하나님은 "사람의 죄악이 세상에 가득 차고, 마음에 생각하는 모든 계획이 언제나 악한 것뿐임을 보시고서, 땅 위에 사람 지으셨음을 후회하시며 마음 아파하셨다."(창세기 6:5~6)라고 기록된 것처럼 인간을 지은 것에 대해 탄식을 하게 됩니다. 그래서 하나님은 노아를 통해 120년 걸려 제작하게 한 방주에 여덟 가족과 동물 1쌍씩을 태우게 한 뒤 1년 10일 동안 홍수 재앙을 내립니다.

하나님이 인간을 자신의 형상(창세기 1:27)대로 창조한 것은 하나님과 인간이 신인일체(神人一體)의 이상을 이룸으로써 이 땅에 영원한 하늘나라를 실현하고자 하는 큰 뜻이 있었기 때문입니다. 그러나 인간 조상이 책임을 다하지 못함으로써 하나님의 꿈은 물거품이 되고, 우리 인간도 불행의 늪에 빠져들게 된 것입니다. 이제 우리 인간은 하나님을 부모로 모시고 온 인류가 오순도순 행복하게 살아가는 세상을 만들고자 한 하나님의 꿈을 이뤄드리기 위해 힘을 모아야 합니다. 그래서 모든 종교가 손을 맞잡고 이 땅에서 누구나 차별없이 행복하게 살아가는 하늘나라를 어떻게 실현할 것인가에 관심을 가져야 한다는 것입니다.

제2장
성인에게 듣는 행복한 공동체의 길

1. 성인들이 제시한 행복 방정식은?

성인들은 인류의 꿈인 이상사회를 실현하기 위해 전력투구한 분들입니다. 특히 성인들은 우리 인간이 이 땅에서 누구나 차별 없이 행복하게 살아가기 위해서는 자신의 탐욕을 내려놓고 서로 사랑해야 한다고 가르치면서 종교인들이 가야 할 전형 노정을 보여주었습니다.

그리고 종교인들은 성인들의 가르침을 따라 누구나 행복한 세상을 실현하고자 노력하는 사람들입니다. 그러나 그러한 사람들도 여럿이 모이다 보니 인간이 가진 한계를 여실히 드러내면서 자기 것이 최고라는 아집과 분열 속으로 빠져들게 됩니다. 이러한 집단이기주의는 다른 이들은 생각하지 않은 채 자기 집단의 이익만을 챙기는 것을 말합니다. 성인들에게는 자기 이익만을 앞세우는 이기주의는 용납될 수 없다는 점에서 오늘날 종교가 성인들의 뜻을 올바로 따른다고 볼 수는 없습니다.

성인들이 보여준 행복 방정식

성인들은 모든 인간이 다 함께 오순도순 행복하게 살아가는 길을 제시하면서 온 인류로부터 존경의 대상이 됐습니다. 특히 성인들은 그러한 인류공동체를 실현하기 위해서는 무엇보다도 남을 먼저 배려하고 사랑할 것을 강조했고, 실제로 온 인류를 위해 자신을 희생하면서 전형적인 행복 방정식을 보여주었습니다.

붓다가 제시한 불국토(佛國土)는 깨달은 이들, 즉 부처와 보살이 머물고 있다고 믿는 불교의 이상향입니다. 특히 불교에서 극락(極樂)은 '아미타불이 살고 있는 정토(淨土)로서 괴로움이 없으며 지극히 안락하고 자유로운 세상'을 말합니다. 불교에서는 누구나 도(道)를 깨달으면 부처가 될 수 있다고 믿고 있으며, 극락은 성불(成佛)한 사람이 가는 곳입니다. 기독교에서 말하는 천국(天國)과 다를 것이 없습니다.

붓다는 6년간의 고행 끝에 보리수나무 아래서 깨달음을 얻은 뒤 함께 수행한 다섯 비구에게 깨달음의 내용을 전하면서 6명으로 구성된 최초의 승가 공동체인 상가(Sangha)를 만들게 됩니다. 이후에 붓다의 가르침으로 깨달음을 얻은 제자들이 2만여 명으로 늘어났습니다. 당시 수행자들은 깨달음을 위해 집을 나와 계급을 뛰어넘어 함께 집단을 구성해 생활했습니다. 붓다가 열반한 이후 분열되기도 했지만, 여기서 철저한 무소유 정신과 깨달음을 위해 엄격한 계율이 만들어졌습니다. 그러면서 중생을 구제하는 데 눈을 돌렸습니다.

고대 그리스 철학자인 소크라테스는 문답을 통하여 상대의 무지(無知)를 깨닫게 하고, 시민의 도덕의식을 개혁하는 일에 힘썼습니다. 특히 그는 이성적인 삶과 영혼에 대한 성찰을 앞세우면서 관념론 철학의 체계를 세웠고, 단순한 지식이 아니라 지행일치, 즉 실천지(實踐知)를 중시했습니다. 그가 말하는 지식의 진정한 의미는 아무것도 모른다는 것을 아는 것, 즉 편견에서 빠져나와 세상을 객관적으로 바라보는 것입니다. 그의 이러한 비판 정신은 인류의 지속 가능한 삶의 태도를 제시하고 있다는 점에서 눈여겨봐야 할 대목입니다.

그러나 소크라테스는 젊은이들을 타락시키고, 아테네의 종교적 권위를 무시했다는 이유로 사형 판결을 받게 됩니다. 그는 절친한 친구로부터 탈출을 제안받게 되지만 단호히 거절합니다. 평생 다른 이들에게 법을 지키라고 한 자신이 스스로 법을 어길 수는 없다는 이유에서였습니다. 그는 자신의 신념을 지키기 위해 죽음을 택한 최초의 철학 순교자였습니다.

공자는 '하늘이 국가의 주권자'라는 천명(天命)사상을 유교의 국가론으로 내세우게 됩니다. 그래서 '민심이 곧 천심'이라고 보았고, 이상적인 통치로 민심에 기반한 '인정(仁政)'을 주창했습니다. 이는 통치자와 백성이 도덕적 차원에서 감응하는 정치를 펼치게 될 때 이상적 통치가 이뤄지게 된다는 것입니다.

그리고 우리는 유대교가 오랫동안 고난을 겪었음에도 오늘날까지 건재한 이유를 눈여겨봐야 합니다. 그것은 우선 기원전 6세기 바빌론 유수 이후 세계 곳곳으로 뿔뿔이 흩어졌던 유대인들이 나치 독일의 홀로코스트 대학살로 인해 600만 명이 희생되는 등 여러 차례의 수난 가운데서도 '디아스포라'라는 유대인 고유의 공동체 정신이 살아 있었기 때문입니다. 다시 말하면 디아스포라 유대인들이 남의 나라에서 살아남기 위해서는 그들끼리 똘똘 뭉칠 수밖에 없었지만, 모든 유대인은 한 형제라는 대가족주의와 '능력껏 벌어 필요에 따라 나누어 쓴다.'라는 디아스포라의 운영 방식이 가장 큰 배경으로 볼 수 있습니다. 이러한 삶의 방식이 생활 공동체인 250여 개의 '키부츠'를 통해 전승되고 있습니다.

이와 함께 이슬람교가 빠르게 성장할 수 있었던 배경도 디아스포라 공동체와 같은 유형의 '움마 공동체'를 통해 어려운 시기를 이겨내고 세력을 확장할 수 있었기 때문입니다. 움마 공동체가 지향하는 정신은 무슬림 형제애와 성별, 인종, 계급을 초월한 평등사상입니다. 게다가 유대인의 공동체는 배타적이지만 움마 공동체는 개방적이었기 때문에 알라를 믿으면 누구나 형제가 되고 움마의 구성원이 될 수 있었던 것입니다. 특히 요즘처럼 탈종교의 시대에도 이슬람교가 크게 발전하는 것은 사회적 약자인 힘없는 서민과 소외계층으로부터 큰 호응을 받고 있기 때문입니다.

예수 정신이 살아 있는 초대교회 공동체

오늘날 종교가 가야 할 길을 초대교회에서 찾는 이들이 많습니다. 이는 예수의 하늘나라 공동체 정신이 고스란히 녹아 있기 때문입니다. 예수가 승천한 후 제자들을 중심한 초대교회 신도들은 "너희는 예루살렘을 떠나지 말고,

내게서 들은 아버지의 약속을 기다려라."(사도행전 1:4)라고 한 당부대로 열흘 동안 마가의 다락방에서 기도 생활을 했습니다. 그들은 오순절에 갑자기 하늘에서 세찬 바람이 부는 듯한 소리가 온 집안에 가득 차면서 모두가 성령에 충만하여 방언하는 등 놀라운 체험을 하게 됩니다(2:1~3). 마가의 다락방은 예수가 로마군에 체포되기 전날 열두 제자와 함께 마지막 유월절 만찬을 나눈 곳이기도 합니다.

특히 베드로가 "회개하십시오. 그리고 여러분 각 사람은 예수 그리스도의 이름으로 세례를 받고, 죄 용서를 받으십시오. 그리하면 성령을 선물로 받을 것입니다."(2:38)라고 선언한 이후 모두가 전도 활동에 나서면서 신도들은 3천 명으로 늘어났습니다. 여기다가 예수는 제자들에게 "성령이 너희에게 내리시면, 너희는 능력을 받고, 예루살렘과 온 유대와 사마리아에서, 그리고 마침내 땅끝에까지 이르러 내 증인이 될 것이다."(1:8)라고 당부했고, 제자들은 복음 전파에 본격적으로 나서게 됩니다. 여기다가 기독교인들을 박해하는 데 앞장섰던 사도 바울이 다마스쿠스에서 영적으로 예수를 만나 회개를 한 이후 열성적으로 전도 활동에 참여했습니다.

초대 기독교는 별도로 마련한 집회 장소가 없이 개인의 집에서 예배를 보는 가정교회 형태였습니다. 그들은 가정교회에 모여 선교와 친교, 섬김, 나눔을 실천했습니다. 특히 신도들은 "서로 사귀는 일과 빵을 떼는 일과 기도"(42절)에 힘썼고, "모두 함께 지내며, 모든 것을 공동으로 소유"(44절) 했으며, "재산과 소유물을 팔아서, 모든 사람에게 필요한 대로"(45절) 나누어주었습니다. 그러면서 "날마다 한 마음으로 성전에 열심히 모이고, 집집이 돌아가면서 빵을 떼며, 순전한 마음으로 기쁘게 음식을 먹고, 하나님을 찬양"하다 보니 많은 이웃에게 감동을 불러일으키면서 신도들이 날마다 늘어난 것입니다(46~47절). 이처럼 초대교회는 성령으로 하나가 되면서 이웃과 교제하고 서로 가진 것을 나누는 생활 공동체이자 행복한 삶의 방정식을 보여줬습니다. 그래서 기독교는 그러한 공동체 정신이 살아 있었기 때문에 온갖 수난을 극복하고 세계적 종교로 발전할 수 있었던 것입니다.

그러나 2천 년의 역사를 가진 기독교가 예수의 뜻인 하늘나라를 제대로 실현하지 못하고 집단이기주의에서 벗어나지 못하는 이유는 어디에 있을까요? 우선 중세시대에 교황이 신(神)의 대리인임을 내세워 무소불위의 권력을 휘두르면서 기독교가 최대의 위기를 맞이하게 된 것부터 살펴봐야 합니다. 특히 16명이나 되는 사생아와 수많은 정부를 둔 교황이 있는가 하면, 매춘부와 손님들을 불러들여 옷을 모두 벗고 난잡하고 세속적인 파티를 벌인 교황도 있었습니다. 여기다가 어떤 교황은 교황령을 넓히기 위하여 여러 차례 전쟁을 일으키거나 엄청난 사치로 교황청의 재정을 붕괴시킨 뒤 이를 메우기 위하여 성직과 성유물을 매관매직했습니다. 급기야 교황이 '면죄부'를 사게 되면 누구나 천국에 갈 수 있다는 '구원의 상품화'에 나서자 마르틴 루터가 '95개 조 반박문'을 올리면서 종교개혁이 일어나게 됩니다.

그런데 가톨릭에서 개신교가 탄생됐지만, 요즘 개신교 역시 사분오열돼 교파갈등 속에 휩싸여 있습니다. 예수의 가르침은 나보다 남을 더 사랑하고, 모두가 행복하게 살아가는 이상공동체를 지향하고 있으나 개신교는 이러한 정신은 사라지고 철저히 이기적이고 세속적 집단으로 변질됐습니다.

이는 다른 종교도 마찬가지입니다. 즉 성인들은 하나같이 인간의 참모습을 회복함으로써 이 땅에 사랑과 평화, 행복이 넘치는 인류공동체를 실현하기 위해 노력했지만, 요즘 성인들의 이 같은 정신을 제대로 전승하고 있는 종교를 찾아볼 수 없다는 것입니다. 그런 점에서 종교인들은 성인들의 가르침을 회복하고, 종교 본연의 모습으로 돌아가는 것이 무엇보다 시급합니다.

2. 성인들이 말하는 온전한 인간, 완전한 행복

세상에는 다양한 종교가 있습니다. 이는 종교마다 신(神)에 대한 시각이 다르기 때문입니다. 특히 신에게 적극적으로 의존하는 종교가 있는가 하면, 신보다는 깨달음을 통한 인간성 회복에 초점을 맞추는 종교도 있습니다. 종교마다 신관에 차이가 나는 것은 신에 대한 기본적인 이해가 부족한 것도 중요한 원인일 수 있습니다.

그렇다면 신의 참된 모습은 어떤 것일까요? 특히 오늘날 세계인들의 절반 이상이 믿고 있는 기독교나 이슬람교, 유대교 등 유일신교의 경우 자기 종단만을 위한 신으로 축소하거나 왜곡하면서 신의 참된 모습을 찾기가 어렵습니다. 여기다가 종주들에게 신성한 옷을 입히면서 혼란은 더욱 가중되고 있습니다. 그래서 신을 올바로 이해하는 것이 종교가 본연의 모습을 회복할 수 있는 지름길이 아닐 수 없습니다. 그것이 인간이 온전한 모습을 회복하고 완전한 행복을 실현하는 길이기도 합니다.

기독교의 신은 왜 예수의 신과 다른가?

예수의 전기 자료는 마태복음, 마가복음, 누가복음, 요한복음의 4대 복음서를 들 수 있습니다. 이 가운데 복음서의 원형이라고 할 수 있는 마가복음은 AD 70년경 전후에 쓰였습니다. 예수가 AD 30년께 십자가의 고난을 겪은 것으로 볼 때 40년의 시차가 있습니다. 여기다가 예수가 당시 사용한 적이 없는 그리스어 코이네(Koine)로 최초의 기록이 남았습니다. 예수는 갈릴리 지역의 토속 말인 아람어를 사용했습니다.

그런데 마가복음은 "하나님의 아들 예수 그리스도의 복음의 시작은 이러하다."(1:1)라고 시작할 뿐 예수의 생애에 관한 역사적 정보는 제대로 드러나 있지 않습니다. 특히 성장 과정에 대한 소개가 없이 성인(成人) 예수가 요한으로부터 세례를 받음으로써 복음 선포를 시작한 것부터 설명합니다. 그러나 마태복음은 예수가 아버지 요셉과 잠자리를 같이하지 않은 동정녀 마리아에게서 태어난 것으로 기록하고 있습니다(1:23~25). 그리고 천사가 약혼자 마리아의 "태중에 있는 아기는 성령으로 말미암은 것이다."라고 요셉에게 말할 뿐 구체적 내용은 역시 언급하지 않고 있습니다.

그런데 기독교 선교 초기에 신성(神性)이 더해지면서 예수의 정체성에 대한 논란은 끊이질 않았습니다. 당시 예수가 하나님과 어떠한 관계인가 하는 것이 최대 관심사였습니다. 그렇지만 예수 역시 나사렛에서 태어나 성장 과정을 거친 뒤 하늘나라 실현을 위해 활동하다가 기득권층의 반발을 사면서 우리와 똑같이 죽음을 맞이하게 된 역사 속의 인물이지만, 기독교에서는 하나님의 계획에 따라 인간으로 탄생한 '성육하신 하나님(God Incarnated)'으로 보고 있습니다. 특히 로마 황제 콘스탄티누스는 325년 니케아 공의회에서 예수의 신성을 부정하는 아리우스파를 이단으로 단죄하고, 성부(하나님)와 성자(예수 그리스도)가 영원히 동질적이라고 하는 아타나시우스파의 주장을 정통교리로 채택하면서 분열된 교회를 수습하고 로마제국을 효과적으로 통치하는 방편으로 이를 이용했습니다.

그러나 예수는 자신이 하나님이라고 말한 기록은 없습니다. 유대인들이 예수에게 "당신이 그리스도이면 그렇다고 분명하게 말하여 주십시오."(요한복음 10:24)라고 다그치자 "나와 아버지는 하나이다."(30절)라고 대답했을 뿐입니다. 그런데 이 말을 들은 유대인들은 예수를 돌로 치려고 하면서 "당신은 사람이면서, 자기를 하나님이라고 하였소."(33절)라고 반발합니다. 그러자 예수는 하나님이 보낸 사람이 자신을 '하나님의 아들'이라고 한 말을 가지고 하나님을 모독한다고 하느냐고 반문하면서 "아버지께서 내 안에 계시고 또 내가 아버지 안에 있다는 것을, 깨달아 알게 될 것이다."(38절)라고 반박합니다. 예수는 하나님이 아니라 하나님의 아들이라고 분명히 말합니다.

그리고 예수가 "우리 하나님이신 주님은 오직 한 분이신 주님이시다."(마가복음 12:29)라고 밝혔고, 사도 바울도 "하나님은 한 분이시요, 하나님과 사람 사이의 중보자도 한 분이시니, 곧 사람이신 그리스도 예수이십니다."(디모데전서 2:5)라고 말했듯이 예수를 하나님으로 볼 수 없습니다. 예수가 하나님처럼 완전성을 지녔다고 하더라도 하나님일 수는 없다는 것입니다. 다만 "그(예수)를 맞아들인 사람들, 곧 그 이름을 믿는 사람들에게는, 하나님의 자녀가 되는 특권을 주셨다."(요한복음 1:12)라는 구절처럼 예수가 하나님의 자녀가 될 수 있는 길을 열어준 것으로 볼 수 있습니다.

특히 유대인들이 "나의 말을 지키는 사람은 영원히 죽음을 겪지 않을 것이다."(요한복음 8:51)라는 예수의 주장에 대해 이의를 달자 예수는 스스로 "아브라함이 태어나기 전부터 내가 있다."(58절)라고 말합니다. 이는 결국 태초부터 있었던 하나님의 구상, 즉 절대진리를 말하는 것이고, 그 진리를 실체화한 인간이 자신임을 말하고 있습니다. 도마가 "나의 주님, 나의 하나님!"(요한복음 20:28)이라고 말한 것처럼 제자들이 예수에 대해 하나님이라고 생각할 정도의 위상을 가지고 있었던 것입니다. 이처럼 예수는 하나님의 아들로서 인성과 신성을 지니고 있었습니다.

또한 예수가 겟세마네 동산에서 제자들과 함께 최후의 기도를 올리면서 "나의 아버지, 하실 수만 있으시면, 이 잔을 내게서 지나가게 해주십시오. 그러나 내 뜻대로 하지 마시고, 아버지의 뜻대로 해주십시오."(마태복음 26:39)라고 말한 것처럼 '예수=하나님' 이라는 등식은 성립되지 않습니다. 다만 예수는 하나님처럼 온전한 인간임을 말하는 것입니다.

따라서 예수가 하나님이 아니라고 하더라도 그 위상이 달라지지 않는다는 점에서 기독교는 예수가 누구인가 하는 문제부터 새롭게 정립해야 합니다. 이렇듯 예수가 보는 신과 기독교가 주장하는 신이 크게 다르다는 점에서 신의 정체성을 제대로 이해하는 것이 올바른 신앙생활을 하는 데 있어서 절대적 과제가 아닐 수 없습니다.

모든 중생은 하나님의 자녀, 참된 행복의 길

성경에는 하나님이 인간을 창조한 과정이 구체적으로 기록돼 있습니다. 특히 성경에 "하나님이 당신의 형상대로 사람을 창조하셨으니, 곧 하나님의 형상대로 사람을 창조하셨다. 하나님이 그들을 남자와 여자로 창조하셨다."(창세기 1:27)라고 기록된 것처럼 인간은 무형의 하나님이 자신을 실체적으로 전개한 것이기 때문에 하나님과 같은 위상을 가진 것으로 볼 수 있습니다. 대승불교에서도 "모든 중생은 불성을 가지고 있다(一切衆生悉有佛性)."라면서 '중생이 곧 붓다'라고 말합니다. 천도교의 '인내천(人乃天: 사람이 곧 하늘)'도 같은 맥락으로 볼 수 있습니다.

그리고 사도 요한이 "태초에 '말씀'이 계셨다. 그 '말씀'은 하나님과 함께 계셨다. 그 '말씀'은 하나님이셨다."(요한복음 1:1)라고 언급한 데 이어, "그 말씀은 육신이 되어 우리 가운데 사셨다. 우리는 그의 영광을 보았다. 그것은 아버지께서 주신, 외아들의 영광이었다."(14절)라고 밝힌 것처럼 예수는 하나님을 부모로 모시는 '외아들(獨生子)'입니다. 이처럼 하나님과 예수는 아버지와 아들, 즉 부자의 관계라고 말할 수 있습니다. 그런 점에서 예수가 '하나님의 아들'이라고 한 것은 하나님과 하나되는 삶, 즉 신인일체(神人一體)의 삶을 살아야 한다는 것을 강조한 것으로 볼 수 있습니다. 특히 예수가 "나를 본 사람은 아버지를 보았다. 그런데 네가 어찌하여 '우리에게 아버지를 보여주십시오' 하고 말하느냐?"(요한복음 14:9)라고 말한 것은 자신을 통해 하나님이 자신을 드러낼 만큼 하나가 됐다는 것을 말하는 것입니다.

불교도 깨달음을 중시하지만, 그것보다도 붓다처럼 실천하는 삶을 더욱 중요하게 보고 있습니다. 실천하지 않는 깨달음은 진정한 깨달음일 수 없기 때문입니다. 요즘 불자들은 붓다를 숭배하면서 자기 소원을 성취하기 위해 정성을 들이지만 이 역시 불교의 본질은 아니라는 것입니다. 불교의 목적은 단순히 붓다를 믿는 것이 아니라, 붓다가 발견하고 체득한 진리를 통해서 누구나 깨달음을 얻고 붓다처럼 되는 것에 있습니다. 이는 붓다가 불자들이 추구하는 삶의 전형이지 단순한 믿음의 대상이 아니라는 것입니다. 더구나 붓다가 열반에 들기 전에 내린 '자등명(自燈明) 법등명(法燈明)'이란 가르침은 자기 자신을 등불로 삼고 진리를 등불로 삼으라는 당부입니다. 이는 붓다를 믿는 것이 아니라 진리만이 의지처가 돼야 한다는 것입니다. 불교의 본질은 나를 세워서 제2의 붓다가 되는 것에 있을 뿐 붓다만을 믿고 붓다를 숭배하는 것이 아니기 때문입니다.

그리고 종교인들이 신에 대해 절대적 기준, 절대적 가치, 그리고 완전한 모습을 상정하는 것은 인간이 그러한 모습이 돼야 한다는 것을 말하는 것입니다. 그런 점에서 종교인들은 나 자신이 누구인가를 올바로 깨달은 뒤 믿음보다는 실천하고 변화하는 데 신앙생활의 목표를 둬야 합니다. 다시 말하면 종교인들이 개인 구원이나 구복 행위에 매달리기보다는 성인들의 가르침을 통해 깨달음을 얻고, 온전한 인간이 돼야 한다는 것입니다. 그렇게 될 때만이 참된 행복을 누릴 수 있기 때문입니다. 특히 예수가 "하늘에 계신 너희 아버지의 온전하심과 같이 너희도 온전하라."(마태복음 5:48)라고 말한 것처럼 온전한 인간이 되는 것이 행복을 실현하는 지름길이라고 볼 수 있습니다.

그래서 우리는 성인들이 지향한 것처럼 온전한 모습을 갖추게 될 때 완전한 행복의 길에 이를 수 있다는 것을 알아야 합니다. 특히 다 함께 행복을 누리는 길은 이웃 종교와 갈등과 분쟁을 벌이는 것이 아니라 모든 종교가 본연의 모습을 회복함으로써 서로 하나가 될 때 가능하다는 것입니다. 이제 우리는 나보다는 먼저 이웃을 사랑함으로써 누구나 차별없이 행복한 세상을 만드는 데 힘을 모아야 합니다.

3. 종교가 말하는 행복은 왜 빗나갔나?

중세 유럽 사회에서 로마 가톨릭교회 교황은 황제를 파문할 정도로 막강한 권력을 누리고 있었습니다. 그러나 중세교회는 이론에 치우친 신학과 형식적인 운영에 매달리면서 많은 지탄을 받았습니다. 여기다가 중세교회는 신앙의 이름 아래 인간을 구속하고 통제하면서 종교의 한계를 극명하게 보여주었습니다.

특히 교황 레오 10세가 성베드로 대성당을 건축하기 위해 면죄부를 팔기 시작한 이후 사제들은 "누구든지 회개하고 기부금을 내면 죄를 용서받을 수 있습니다. 돈이 이 상자에 짤랑하고 들어가는 순간, 영혼은 지옥의 불길 속에서 튀어나오게 됩니다."라고 설교했습니다. 그러나 종교개혁자들은 하나님과 인간 사이에서 중재자로서의 역할을 독점하려는 교회에 대해 반기를 들었습니다. 결국 그들은 인간이면 누구나 성경을 읽고 하나님과 직접 대화할 수 있다고 공표하면서 인간이 종교로부터 해방되고 각자의 행복을 찾을 수 있는 실마리를 만들었습니다.

종교의 쇠퇴를 불러온 사건들

종교는 진리와 믿음을 통해 인간을 해방하고 행복한 세상을 만들겠다고 나섰지만, 대부분 그 반대의 길을 갔습니다. 마치 재산의 공유를 통해 모두가 잘사는 세상을 만들겠다고 나선 공산주의자들이 오히려 인간을 억압하고 가난 속으로 몰아넣은 것과 크게 다를 것이 없습니다.

특히 로마 가톨릭교회는 1천 년 동안 중세 암흑시대를 이끌면서 인위적으로 만든 교리와 신앙의 이름 아래 인간을 구속했습니다. 가톨릭교회가 종교 본연의 모습에서 벗어난 대표적 사례로 '마녀사냥'을 들 수 있습니다. 인간의 한계를 초월하는 능력을 지닌 신비로운 존재로 여겨졌던 마녀는 본래 출산이나 질병 치료를 담당하거나 점을 치고 묘약을 만드는 주술적 기능을 수행했지만, 가톨릭교회가 위기상황과 맞물리면서 '마녀사냥'이 일어나게 됩니다. 즉 11~13세기 십자군 전쟁의 패배로 교황의 권위가 추락한 데 이어 교회가 혼란과 분열에 휩싸이면서 이 위기를 타개할 희생양이 필요했던 것입니다.

그래서 마녀들을 악마와 놀아나면서 신앙을 해치고 공동체에 해악을 끼친다고 낙인찍기 시작했습니다. 특히 교황 인노켄티우스 8세는 1484년 전염병과 폭풍이 마녀의 짓이라는 교서를 내린 데 이어, 1488년 칙령에서 모든 나라에 마녀사냥 심문관을 임명하고 기소, 처벌할 권한을 주었습니다. 그러다 보니 14세기 후반부터 18세기 중반에 걸쳐 50만 명에 달하는 사람들이 마녀 혹은 마법사라는 죄목으로 참혹하게 처형됐습니다. 천사장 미카엘로부터 "프랑스를 지키라!"라는 계시를 받고 영국과 벌인 백년 전쟁에서 조국 프랑스를 구한 17세의 소녀 영웅 잔 다르크도 마녀재판의 희생자였습니다. 이처럼 종교적 광기가 '마녀사냥'을 통해 드러났습니다.

그러나 마녀재판은 18세기에 들어서면서 점차 기세가 꺾여나가기 시작했습니다. 르네상스의 진전과 더불어 이성적이고 과학적 세계관이 자리를 잡으면서 마녀재판도 존립의 근거를 잃게 된 것입니다. 2003년 3월 5일 요한 바오로 2세의 지시에 따라 교황청은 '기억과 화해 : 교회와 과거의 잘못'이라는 제목의 문건을 발표해 가톨릭교회가 '하나님의 뜻'을 앞세워 인류에게 저지른 각종 잘못을 최초로 공식 인정했습니다. 이때 '마녀사냥'에 대한 잘못을 인정하며 교회의 이름으로 사죄했습니다.

이렇듯 종교가 형식화하고 본연의 모습을 상실할 때 역사적으로 씻을 수 없는 과오를 저지르게 되고, 인간에게도 불행의 씨앗을 제공하게 됩니다. 여기다가 종교인들이 말과 행동이 다르고 세속화하게 될 경우 종교 역시 존립 근거를 잃어버리고 무력화해질 수밖에 없습니다. 오늘날 젊은이들이 종교를 외면하고, 탈종교 현상이 심화하고 있는 것도 이와 무관하지 않습니다.

그러나 어둠이 짙어지면 짙어질수록 새벽도 빨리 찾아오는 것처럼 우리는 성인들의 가르침을 통해 새로운 희망을 찾아야 합니다. 더 이상 '마녀사냥' 처럼 종교의 이름 아래 죄악을 저지르고, 인간을 구속하는 사태가 일어나서는 안 된다는 것입니다. 그것은 종교가 인간의 행복을 내세우지만, 끝내 불행 속으로 빠뜨리기 때문입니다.

누구나 행복하게 살아가는 공동체 실현

　종교개혁은 종교 본연의 모습을 되찾고, 종교가 인간에게 어떤 의미가 있는지를 돌아보는 중요한 계기가 됐습니다. 로마 가톨릭교회는 16세기 초까지 하나의 교회라는 개념을 유지하면서 흔들림이 없이 유럽 사회와 정치 권력 위에 군림했습니다. 비텐베르크의 수도사인 마르틴 루터가 1517년 교회 정문에 '95개 조 반박문'을 써 붙이고 면죄부 제도에 대해 비판의 날을 세웠을 때도 그것이 중세교회의 근간을 흔드는 사건의 전주곡이 되리라고는 아무도 예측하지 못했습니다.

　그러나 종교개혁은 그 시대에 갑자기 나타난 현상으로만 볼 수는 없습니다. 특히 르네상스라는 대변혁은 종교개혁에 광범위한 영향을 끼쳤습니다. 이와 함께 1440년게 요하네스 구텐베르크가 인쇄술을 발전시키면서 종교개혁의 불길을 댕겼습니다. 구텐베르크는 가장 먼저 성경 인쇄에 손을 댔습니다. 그 후 경건하고 양심적인 기독교인의 공분을 자아냈던 면죄부 역시 대량 인쇄가 된 데 이어 '95개 조 반박문'이 신속히 인쇄·배포됨으로써 종교개혁의 막이 올랐던 것입니다

　당시 종교개혁자들은 가톨릭교회의 전통과 교리적·신학적 문제점들을 지적하면서 교황의 권위에 정면 도전했습니다. 여기다가 교회가 타락의 길로 접어든 근본 원인이 교회와 국가의 합일, 즉 교회와 세속의 구별이 없는 국가교회에 있다고 주장했습니다. 그리고 종교개혁사들은 성경의 권위를 회복함으로써 모든 사람이 성경을 읽고 공부해야 할 필요성을 역설했습니다. 특히

루터가 모든 사람이 제사장이 될 수 있다는 '만인 제사장설'을 주창하면서 누구든지 예수의 이름만 가지고 나아가게 되면, 하나님을 직접 대면할 수 있다고 역설했습니다.

이렇듯 종교개혁자들은 인위적으로 만든 교리와 제도, 성직자의 권위와 같은 외적인 것은 구원과 아무런 관련이 없고, 누구나 오직 하나님을 믿음으로써 구원받을 수 있다고 주장하면서 종교가 구속해온 인간 해방의 실마리를 만들었습니다. 그리고 종교개혁은 기독교의 진리가 사제들의 권위에 있는 것이 아니라 예수에게 계시된 하나님의 말씀 안에 있다는 것을 새롭게 인식하는 계기가 됐습니다.

지금 종교계는 다시 태어나지 않으면 안 될 어려운 시기를 맞이하고 있습니다. 다시 말하면 제2의 종교개혁을 주저하게 된다면 모든 것을 잃어버릴 수 있는 위기상황에 처해 있다는 것입니다. 더구나 종교개혁이 일어난 지 500년이 지난 지금 다시금 종교가 개혁돼야 한다는 목소리가 높아지고 있는 것은 중세교회와 다름없이 교리를 앞세우면서 교회는 갈라질 대로 갈라지고, 성직자는 신자들 위에 군림하면서 종교개혁의 정신이 사라졌기 때문입니다. 여기다가 교회는 '행함'이 없이 '오직 믿음'을 내세우면서 종교 본연의 모습과는 동떨어지다 보니 인간에게 행복을 가져다주기는커녕 세상으로부터 외면받고 있는 것이 현실입니다.

최근 과학기술의 발달은 신앙생활에도 큰 변화를 몰고 왔습니다. 특히 2천 년 동안 유지돼온 예배가 성전뿐만 아니라 온라인을 통해 이뤄지면서 종교개혁에 버금가는 큰 변화가 나타나고 있습니다. 즉 첫 번째 종교개혁이 교황을 정점으로 주교와 주임 신부로 이어지는 계급적 시스템을 바꾼 것에 있다면, 두 번째 종교개혁은 예배당이라는 특정 공간과 성직자를 절대시하면서 예배를 보던 관행에서 벗어나 어디에서든 하나님과 소통하고 누구든 열심히 기도하면 하나님이 원하는 사람으로 변화할 수 있다는 인식이 자리잡아가고 있습니다. 이제는 종교가 더 이상 갖가지 명분을 내세워 인간을 구속할 것이 아니라 인간이 염원하는 행복한 세상을 만들기 위해 더 많은 관심을 가져야 한다는 것입니다. 그것이 종교 본연의 모습을 회복하는 길이기도 합니다.

우리는 너나 할 것 없이 자기 나름의 행복을 찾기 위해 이리 뛰고 저리 뛰며 바쁘게 살아갑니다. 그러나 그렇게 열심히 살지만, 정작 "나는 지금 행복하다."라고 말하는 사람은 찾아보기 힘든 세상입니다. 오히려 저마다 고민과 상처가 있고, 미래에 대한 불안 때문에 괴로워하는 것을 보게 됩니다. 이럴 때 우리는 사사로운 것보다는 전체를 볼 수 있는 통찰력을 키워야 합니다. '나'라는 울타리에서 벗어나 다양한 관점에서 사물을 바라보고 생각하는 습관을 길러야 한다는 것입니다. 그것은 결국 내 안에 도사리고 있는 고정관념과 아집을 내려놓고 나 자신이 삶의 주인공이 되는 길입니다.

우리에게 종교가 필요한 이유는 예측 불가능한 고통에서 벗어나 행복한 삶을 누리고자 하기 때문입니다. 그러나 종교인이라고 해서 행복하다고 말하는 사람은 많지 않다는 점입니다. 더구나 우리 인간은 자기 능력의 한계를 발견할 때 도움을 줄 대상을 찾게 되고 자신의 무력함에 직면할 때 신에 의지하지만, 과학기술문명이 발달한 현대사회에서는 종교에 의지하는 사람들이 점점 줄어들고 있습니다. 이것은 종교가 본연의 책임을 다하지 못하고 있다는 것을 보여주는 것입니다. 그래서 지금은 종교가 시대 흐름에 맞춰 성인들이 주창해온 것처럼 누구나 행복하게 살아가는 세상을 실현하기 위해 힘을 모아야 할 때입니다. 그럴 때만이 많은 사람이 종교의 문을 다시금 두드리면서 탈종교의 위기에서 벗어날 수 있을 것입니다.

4. 종교가 앞장서 이뤄야 할 행복한 세상

성인들은 누구나 행복한 사회를 실현하는 데 큰 뜻을 두고 살아온 사람들입니다. 그러나 그러한 성인들을 따르는 종교가 본연의 역할을 하지 못한 채 갈피를 잡지 못하고 위기에 처했다는 것은 어제오늘의 이야기가 아닙니다. 이미 2015년 1월 월스트리트저널(WSJ)이 유럽에서 신도 수가 줄어 문을 닫는 교회가 속출하면서 텅 빈 교회 건물들이 상업시설이나 체육시설뿐만 아니라 술집 등 다른 용도로 활용되고 있다고 보도한 적이 있습니다. 그리고 네덜란드에서는 10년 동안 문을 닫은 가톨릭교회가 전체 1천600곳 중 3분의 2에 달한다는 것입니다.

한국 종교계 역시 젊은이들을 중심으로 탈(脫)종교 현상이 두드러졌습니다. 특히 종교의 미래를 짊어질 출가자와 신학생 수가 급격히 줄어들고 있다는 것입니다. 대한불교조계종의 2022년 출가자 수는 61명으로 역대 최저치를 기록했습니다. 이는 2000년 528명에 비하면 충격적인 감소입니다. 개신교 역시 정원을 채우지 못하는 신학대학이 속출하고 있고, 최근 가톨릭대, 대구가톨릭대 등 전국 6개 가톨릭대학 신학과는 입학 정원을 간신히 넘겼거나 대규모 미달이었습니다. 한국 종교계가 이러한 젊은 세대의 종교 외면 현상을 극복하기 위해서는 달라지는 시대 흐름에 맞춰 양질의 콘텐츠를 개발하고, 종교 본연의 모습을 회복해야 하는 절체절명의 과제를 안고 있습니다.

빅 데이터 시대, 우리의 삶을 바꾸다

오늘날 정보통신 분야에서의 화두는 단연 빅 데이터입니다. 요즘 규모를 가늠할 수 없을 정도로 다양한 정보가 생산되는 빅 데이터 환경이 도래하고 있는 가운데 종교계 역시 실시간으로 쏟아지는 정보 홍수를 외면할 수 없는 상황입니다. 그러다 보니 종교계 일각에서는 이러한 빅 데이터를 활용해 맞춤형 선교에 나서는 등 디지털 환경에 발 빠르게 대응해나가고 있습니다.

특히 미국교회들은 자신의 힘으로 도저히 극복할 수 없을 정도로 위기에 내몰린 사람들이 스스로 교회를 찾아오는 것을 기다리는 것이 아니라 빅 데이터를 이용해 새로운 신자 확보를 위해 발 벗고 나서고 있습니다. 다시 말하면 미국교회들은 예전처럼 무작정 길거리 선교에 나선다거나 불특정 다수를 대상으로 메시지를 전하는 방식이 아니라 빅 데이터에 근거해 잠재적 새 신자들을 찾아 나서고 있는 것입니다. 바로 첨단정보기업인 '글루(Gloo)'가 생산한 빅 데이터를 바탕으로 힘들게 살아가는 사람들을 찾아내고, 이들에게 복음을 전하고 있습니다.

2021년 12월 월스트리트저널 보도에 따르면 '글루'는 합법적으로 확보할 수 있는 각종 통계와 디지털 데이터를 활용해 각 개인이 현재 처하고 있는 상황을 정보화한 뒤 이를 3만여 교회에 제공하고 있습니다. 현재 '글루' 측은 구글 같은 빅테크 기업의 홈페이지에서 정신적 스트레스나 공황장애, 우울증, 파산 등의 검색어를 사용한 사람들의 위치 정보를 수집해 합법적으로 교회에서 요청하는 정보를 제공하고 있다는 것입니다. 앞으로 이러한 첨단기술을 활용한 전도는 더욱 다양화할 것으로 보입니다.

그런데 역사학자 유발 하라리가 《호모데우스》라는 저서에서 이미 '인간이 신이 되는 시대'가 됐고, '데이터교'라는 이름의 신흥종교가 나타났다고 주장할 만큼 요즘 젊은이들은 빅 데이터에 무한한 신뢰를 보내고 있습니다. 그것은 빅 데이터로 돈을 버는 빅테크 기업이 제4차 산업혁명을 주도하고 있는 시대 흐름을 반영하고 있기 때문이기도 합니다.

이처럼 양질의 데이터를 지속적으로 확보하기 위해 치열한 경쟁이 벌어지고 있는 상황에서 종교만이 수천 년 전에 만들어진 교리나 제도, 지도 방법으로 신도들을 이끌어갈 수 있느냐는 것입니다. 그래서 디지털 경제 시대에서 빅 데이터가 과거 산업사회의 석탄이나 석유와 같이 가장 중요한 자원이기 때문에 종교계에도 빅 데이터를 수집하고 활용하는 것이 최대의 과제로 떠오르고 있습니다. 이는 결국 어느 종교이든 빅 데이터를 활용해 양질의 콘텐츠를 많이 확보하고, 새롭고 감동적인 정보에 목마른 신자들에게 제공할 때만이 승자가 될 수 있기 때문입니다.

정보통신기술이 인류의 삶에 혁명적 변화를 가져왔습니다. 특히 정보화 시대에는 디지털화한 정보가 넘쳐나면서 누구나 인터넷에서 클릭만 하면 세계 최고의 석학·기술자들이 쌓아 올린 지식까지 습득할 수 있습니다. 이는 곧 모든 사람에게 골고루 혜택을 주는 생활의 평준화를 통해 누구나 차별없이 행복하게 살아가는 인류의 꿈을 실현할 수 있는 날이 가까이 다가오고 있음을 보여주고 있습니다. 그런 점에서 종교계가 이러한 빅 데이터가 인류의 삶을 바꾸고 있는 시대 흐름을 외면한다면 영원히 퇴출당할 수밖에 없는 냉혹한 상황에 직면할 수도 있을 것입니다.

누구나 행복한 세상을 위한 방정식은?

제4차 산업혁명 시대를 앞당긴 코로나19 팬데믹은 종교가 앞으로 어떻게 가야 하는가를 보여준 나침반이었습니다. 특히 빅 데이터가 첨단과학 시대를 이끄는 것처럼 종교 역시 빅 데이터를 기반으로 신도들을 이끌 수 있는 양질의 콘텐츠 생산에 집중하지 않으면 살아남을 수 없다는 것을 보여주었습니다. 다시 말하면 급격한 전환기를 살아가는 젊은이들의 영혼을 울리는 성직자들의 감동적인 설교는 양질의 콘텐츠가 뒷받침될 때 가능하다는 것을 다시 한번 확인한 것입니다. 여기다가 영상미디어와 차별화한 온라인 콘텐츠를 앞세운 교회들의 성장세가 두드러지면서 대형 교회 지형도가 재편될 가능성도 나타나고 있습니다. 그런 점에서 빅 데이터를 활용한 양질의 콘텐츠 생산은 주류종교, 특히 미래를 이끌어나갈 중심 종교의 핵심적 관건이기도 합니다.

그리고 요즘 불교의 핵심적 가르침인 명상이 어떻게 첨단과학기술과 접목되고 있는가를 눈여겨볼 필요가 있습니다. 불교에서는 명상이라는 말 대신에 '참선'이나 '선정'을 강조하지만, 서구사회에서 인기를 끌고 있는 명상은 편견과 독선을 배제하고 자신의 참된 모습을 발견함으로써 종국에는 탐욕이나 집단이기주의 따위를 내려놓아야 한다는 붓다의 가르침에 뿌리를 두고 있습니다. 더구나 명상이 스트레스 해소와 기억력 향상, 통증 완화 등에 도움을 준다는 사실이 과학적·의학적으로 입증되면서 종교 수행법이라는 인식을 뛰어넘어 대중 속으로 파고들 수 있는 계기가 됐습니다. 즉 불교가 낡고 고리타분한 종교라는 인식을 극복하고 현대인에게 새롭게 다가설 수 있었던 것은 명상이 큰 역할을 하고 있습니다.

그렇다면 종교를 이끌 수 있는 좋은 콘텐츠는 어떤 것이고, 어떻게 신도들에게 그것을 전파해야 할까요? 어느 종교이든 성인들의 가르침, 즉 경전을 가지고 있습니다. 우선 이것을 현대인들에게 맞게 시의적절한 콘텐츠로 가공해 전달하느냐가 중요한 과제가 아닐 수 없습니다. 성인들의 가르침에는 현대인이 살아가는 데 지침이 될 수 있는 유용한 지혜가 무궁무진하게 담겨 있고, 종교 본연의 모습을 회복할 수 있는 지름길을 보여주고 있기 때문입니다. 그런 점에서 성인들의 가르침을 통해 삶의 의미를 새롭게 발견하고 궁극적으로 내면적 자아실현을 위한 깨달음의 길로 인도하기 위해서는 이를 어떻게 시대 흐름에 맞게 재해석하여 전달하느냐에 달려 있습니다.

요즘 쇼핑하듯이 마음에 드는 설교를 찾아다니는 사람들이 많다 보니 좋은 콘텐츠가 뒷받침된 설교가 종교의 경쟁력과 다름이 없는 상황입니다. 그런 점에서 종교계도 제4차 산업혁명 시대에 뒤처지지 않기 위해서는 영상 콘텐츠를 제작하고, 유튜브를 통해 예배를 생중계하면서 어떤 사람이든 언제, 어디서나 신앙생활이 가능하도록 개방해야 합니다. 더구나 생성형 인공지능 챗GPT가 설교를 직접 하고 예배를 진행하는 등 신앙생활에도 일대 변화가 나타나고 있습니다. 물론 일부 목회자들이 아직은 성경을 연구하고 설교문을 준비하는 과정에서 인공지능의 도움을 받고 있지만, 앞으로 예배에도 인공지능을 활용하면서 큰 변화를 가져올 가능성이 커지고 있습니다.

종교계는 이번 코로나19 팬데믹을 겪으면서 종교 본연의 모습이 무엇인가를 돌아보는 계기가 됐습니다. 특히 젊은이들을 다시금 끌어안기 위해서는 그들이 종교에 요구하는 것이 무엇인지 찾아야 한다는 과제도 떠안게 됐습니다. 따라서 종교계는 신과 인간, 자연, 그리고 종교에 대한 새로운 접근을 통해 신앙의 패러다임을 전면적으로 개혁할 수 있어야 합니다. 특히 1960년대 한국 교회의 성장을 이끌었던 기복주의적 설교 방식이 더 이상 통하지 않는 데다가 신도들을 교리나 제도, 종교 시설 안에만 묶어두던 시대가 지나갔다는 사실입니다. 그리고 나의 구원에만 매달릴 것이 아니라 종교계 밖에서도 연대와 화합을 통해 종교 본연의 역할을 모색하면서 이웃의 행복을 위해 손을 맞잡아야 한다는 것을 다시 한번 확인하게 됐습니다.

그런 점에서 이제 현대인에게 종교가 왜 필요한 것인가 하는 근본문제부터 점검하면서 종교 본연의 모습으로 돌아가야 합니다. 다시 말하면 종교의 배경이 된 성인들의 가르침대로 돌아가 현대인들의 요구에 부응하면서 종교계가 앞장서서 인류가 당면한 여러 위기를 극복할 수 있는 길을 찾아야 한다는 것입니다. 특히 종교계는 온 인류가 종교는 물론 국가와 인종, 문화 등 모든 장벽을 뛰어넘어 오순도순 행복하게 살아갈 수 있는 방정식을 찾아 인류에게 새로운 희망을 줘야 합니다. 그런 점에서 지금은 종교계가 분열과 갈등을 청산짓고, 누구나 행복한 세상을 실현하기 위해 힘을 모아야 할 때입니다. 그것만이 종교의 존재 이유를 다시금 확인하고, 인류의 미래를 이끌 수 있는 원동력이 될 수 있기 때문입니다.

| 제3장 |

행복한 세상을 위해 우리가 당장 챙겨야 할 것들

1. 인간의 꿈, 행복한 세상은 왜 이뤄지지 않았나?

우리 인간은 누구나 불행을 물리치고 영원한 행복을 누리기 위해 몸부림치고 있습니다. 그래서 어떤 종교이든 모든 사람이 행복하게 살아가는 이상세계를 꿈꿨습니다. 그리고 신을 부정하는 공산주의도 '능력에 따라 일하고, 필요에 따라 나누는' 평등사회 실현을 공언했습니다. 그러나 아직도 인간의 그러한 꿈은 요원합니다.

그런 점에서 우리는 우선 인류가 염원해온 이상세계가 실현되지 않고 있는 이유를 알아야 합니다. 돌이켜보면, 세계의 많은 국가가 참여했던 공산주의의 실험이 70여 년 만에 막을 내리고, 각 종교가 추구했던 이상세계가 실현되지 못한 것은, 그것을 이뤄야 할 인간들이 가지고 있는 모순과 한계와도 무관하지 않습니다. 그래서 우리 인간이 안고 있는 탐욕 등 근본문제를 해결하면서 다 함께 행복을 누릴 수 방안을 찾아야 합니다. 그것이 인류 사회가 직면한 모든 현안을 근원적으로 해결할 수 있는 길이기도 합니다.

인류의 꿈은 왜 좌절됐나

우리 인간은 자신의 고민을 해결하고 행복한 삶을 영위하기 위해 절대자인 신에게 의지해왔습니다. 그렇지만 인류는 수많은 갈등과 분쟁의 역사를 거쳐 오면서 인간 자체의 한계를 실감했습니다. 여기서 신이 얼마나 인간에게 관여하고 어떻게 인류역사를 이끌고 있느냐 하는 문제가 제기되는 것입니다.

초기 기독교 교회의 대표적인 교부이자 철학자인 아우구스티누스는 《신국론》에서 신은 이미 작정한 역사의 종점인 신국(神國), 즉 영원한 제국으로 인도한다고 역설했으며, 역사 진행의 동력은 신의 의지라고 보았습니다. 특히 성경에 "그 환난의 날들이 지난 뒤에, 곧 해는 어두워지고, 달은 그 빛을 잃고, 별들은 하늘에서 떨어지고, 하늘의 세력들은 흔들릴 것이다."(마태복음 24:29)라고 기록된 것처럼 이러한 기독교사관은 종말에 천변지이(天變地異)가 일어나면서 신을 따르는 자들은 축복을 받게 되고, 악마를 따르는 자들은 영원한 불 속에 던져진다고 강조하고 있습니다. 그런데 기독교사관은 역사의 일관된 원칙이나 흐름을 제시하지 못한 채 이처럼 신의 의지에 따라 역사가 흘러왔다고 파악하고 있을 뿐입니다. 다시 말하면 신이 역사에 어떻게 관여해왔느냐 하는 것을 제대로 해명하지 못하고 있습니다.

철학자들은 이와는 달리 구체적인 역사관을 제시하게 됩니다. 특히 독일의 관념론 철학자 헤겔은 물질과 대립되는 관념이 바로 세계의 기초이며 이것이 역사의 동력이라고 생각했습니다. 그는 "세계사란 자유의 의식에 있어서의 진보다."라고 밝히면서 의식의 자유가 확장되는 것이 바로 역사의 발전과정이라고 설명합니다. 그리고 자유를 향한 인간 이성의 작용은 정·반·합의 변증법적으로 일어나며, 이를 가능케 하는 것은 '세계정신'의 끝없는 욕구라고 보았습니다.

카를 마르크스의 경우 역사 발전의 원동력은 관념이 아니라 물질이라는 유물론적 역사관을 내세웠습니다. 다시 말하면 마르크스는 역사를 원시 공산사회, 고대 노예사회, 중세 봉건사회, 근세 자본주의 사회, 미래의 공산주의 사회로 발전하고 있다고 주장하면서 이러한 역사 진행이 신이나 인간 관념이 만든 것이 아니라 물질적 힘이 이뤄낸 필연적 결과물이라고 강조했습니다. 특히 기독교는 인간이 신의 뜻을 거부하고 죄악의 길을 감으로써 신과 인간의 관계가 끊어졌다고 주장하면서 죄의 개념을 내세우지만, 마르크스는 이를 소외의 개념으로 대치하고 있습니다. 기독교와 마르크스는 이처럼 역사의 본질과 방향에 대해 상반되는 이론을 제시하고 있으나 역사를 어떤 특정한 방향으로 움직이고 있는 힘으로 파악하고 있다는 점에서는 일치하는 측면이 없지 않습니다. 즉 기독교사관에서는 역사를 움직이는 주체를 신으로 보는 것과는 달리 유물사관은 역사를 움직이는 힘을 생산력의 발전에서 찾고 있습니다.

이제 우리 인간이 이처럼 불행 속에 허덕이는데도 신이 관여하지 못하는 이유를 알아야 합니다. 다시 말하면 인간 조상이 신의 당부를 외면한 채 타락의 길로 접어든 것처럼 인간이 해야 할 책임이 있는가 하면, 신이 관여할 수 없는 분야도 있기 때문입니다. 그것은 인간의 창조와 타락, 복귀의 과정을 정확히 파악할 때만이 알 수 있습니다. 그런데 인류가 누구나 차별 없이 오순도순 행복하게 살아가는 세상을 실현하고자 하는 꿈이 우리 목전에 다가오고 있다는 것은 다행한 일이 아닐 수 없습니다. 특히 지금까지 인류역사는 수많은 갈등과 분쟁이 있었지만, 과학기술은 인간의 그러한 꿈을 향해 한 걸음씩 진전시키고 있음을 보게 됩니다. 다시 말하면 오늘날 시대 흐름은 모든 사람이 과학기술문명의 혜택을 골고루 누리면서 다 함께 행복하게 살아가는 이상세계를 지향하고 있다는 것입니다.

행복공동체를 실현하기 위한 조건

공산주의자들은 계급투쟁을 통해 무산자의 혁명이 성공하여 계급 없는 사회가 실현되면 역사는 완성된다고 주장했지만, 1990년대에 들어와 소비에트 사회주의 체제의 붕괴가 본격화함으로써 그 꿈도 허망하게 끝나버렸습니다. 그렇지만 자유민주주의가 과연 인류의 꿈을 실현할 수 있는 문명의 최종 단계로 볼 수 있느냐 하는 것입니다.

이제 우리가 인류의 꿈을 실현하기 위해서는 인간 중심주의에서 벗어나야 합니다. 다시 말하면 자유민주주의가 이러한 꿈을 이루기 위해서는 물질 중심, 특히 인간 중심의 역사관이 가지고 있는 한계를 극복하고 누구나 공감할 수 있는 새로운 역사관을 모색할 필요가 있습니다. 특히 자유민주주의는 기독교사관의 신비성과 비합리성을 극복하고 현실적이고도 합리적인 신 중심의 역사관을 제시하면서 인류의 꿈을 실현해나가야 합니다. 그리고 인류역사가 신의 섭리에 의해 인간이 꿈꿔왔던 이상세계를 향해 발전해왔음을 실증적으로 해석하고 증명할 수 있어야 합니다. 이와 함께 새로운 역사관은 궁극적으로는 종교와 이념의 통일을 통해 더 이상 갈등과 분쟁이 없는 이상세계를 실현할 수 있는 길을 찾는 데 집중해야 합니다.

그런데 새로운 역사관을 세우기 위해서는 신에 대한 새로운 이해가 전제돼야 합니다. 즉 기독교의 신관은 신을 정신적 존재로만 보고 피조만물을 무에서 창조한 것으로 설명하고 있지만, 이 역시 한계가 있습니다. 하나님이 우주만물을 창조한 이후 "하나님 보시기에 좋았다."(창세기 1:10)라고 밝히고, 마지막으로 "하나님의 형상대로"(27절) 사람을 창조한 뒤에는 큰 축복을 내린 것에서 보듯이 우리는 신이 사랑과 기쁨의 대상으로 자신을 닮은 인간을 창조했다는 것을 발견하게 됩니다.

그래서 우리는 여기서 신이 인간을 창조한 심정적 배경을 더욱 구체적으로 확인할 수 있어야 합니다. 신은 자신의 형상을 닮은 인간에게 모든 생물을 다스리라고 축복한 심정적 배경에는 억누르려야 억누를 수 없는 사랑의 충동 때문이었다고 볼 수 있습니다. 이러한 자리에서는 상호 배척이나 상충보다는 질서와 조화만이 있을 뿐입니다. 지금까지 인간 세상에서 갈등과 대립이 나타나는 이유는 서로의 목적이 상반되고, 서로에 대한 사랑이 결핍됐기 때문입니다.

그리고 세계 인류가 인종과 민족, 국가, 종교를 초월해 서로 배려하고 사랑하면서 하나의 지구촌 가족을 이룰 수 있는 근거도 신이 인간을 창조한 심정적 배경, 즉 절대사랑에서 찾을 수 있습니다. 결국 이러한 신 중심의 국가와 세계가 공통의 가치와 목적을 가질 때 상호 간의 신뢰와 평화는 필연적으로 도래할 수 있습니다. 이처럼 신중심주의는 참사랑과 절대가치를 기반으로 모든 존재자 사이에 조화로운 관계를 요청하고 사랑과 행복, 평화의 세계를 지향하게 됩니다. 이것이야말로 인간이 가지고 있는 한계를 극복하고 인류의 꿈을 이룰 수 있는 유일한 길입니다.

특히 이 우주는 하나의 목적을 지닌 거대한 유기체입니다. 그래서 모두가 상호 관련성을 가지고 발전하는 것입니다. 인체의 각 기관이 서로 연계돼 의존하고 있는 것과 다름이 없습니다. 즉 각 기관은 기관 자체를 살리는 동시에 인체라는 전체를 살리려는 것입니다. 더 나아가 개체인 각 구성원도 행복하게 살고, 전체인 사회도 평화를 누릴 수 있는 이중목적 때문에 인간 사회가 발전하게 됩니다. 이러한 원칙이 우주에도 똑같이 작용하고 있다는 것입니다. 그래서 신의 창조목적이 실현된 세계는 모두가 행복하게 살아가는 조화와 참사랑의 행복공동체가 아닐 수 없습니다.

그런 점에서 이 우주 만물세계가 투쟁에 의해서가 아니라 공동의 목적 아래 조화와 상응, 통일적인 상호 관계에 따라 변화하고 유지돼온 것처럼 우리 인간 세상도 더 이상 개인과 특정 집단의 이익을 내세울 것이 아니라, 누구나 차별 없이 행복하게 살아가는 참사랑의 공동체를 만들어나가야 합니다. 이렇게 볼 때 인류역사의 종착점은 인류의 부모인 신을 중심으로 인류 한 가족의 이상이 실현된 세계입니다. 그것이 인류의 염원을 성취하는 길이요, 신의 꿈을 실현하는 방안이 아닐 수 없습니다.

이제 우리는 지금까지 지루하게 이어져 온 갈등과 분쟁의 역사를 청산하고 온 인류가 행복하게 살아가는 희망찬 미래를 열어가기 위해서 인간 중심주의의 한계를 깨닫고, 신 중심의 새로운 공동체를 건설할 수 있어야 합니다. 그러기 위해서는 신에 대한 새로운 이해를 통해 신과 인간, 자연이 하나될 수 있는 길을 찾고, 신을 중심한 이상세계 실현의 비전을 제시해야 합니다. 그것이 바로 인간의 한계를 극복하고, 성인들이 강조해온 행복한 공동체를 실현하는 유일한 길이기 때문입니다.

2. 탐욕, 불행의 씨앗이 된 까닭은?

　기독교는 하나님이 인간과 우주를 창조했다고 주장합니다. 창세기는 하나님의 창조 과정은 물론 하나님이 제시한 금기 사항을 인간이 지키지 못하고 타락하면서 혼돈의 세상이 된 것에 대해 자세히 기술하고 있습니다. 하나님의 꿈은 인간 조상의 잘못으로 좌절되고, 인류 역시 지금까지 불행의 늪에서 빠져나오지 못하고 있다는 것입니다.

　그렇다면 전지전능한 하나님이 이처럼 인간 조상의 타락을 간섭하지 않고, 지금도 한과 슬픔 속에서 헤매는 인간에게 구원의 손길을 내밀지 않은 이유는 무엇 때문일까요? 성경의 일관된 흐름은 인간 조상이 태초에 하나님의 당부를 지키지 못한 데 이어 하나님이 그동안 인간에게 맡겨온 책임을 다하지 못했다는 것입니다. 그래서 수천 년이 흘러도 하나님의 구상은 실현되지 못한 것으로 기록하고 있습니다. 그런 점에서 우리는 하나님과 인간의 꿈이 이뤄지지 않는 이유가 어디에 있는지를 올바로 깨닫고, 모든 인간이 오순도순 행복하게 살아갈 수 있는 길을 찾아야 할 것입니다.

탐욕이 불행의 씨앗인 이유는

우리 인간은 누구나 한평생 행복을 찾아 몸부림치고 있지만, 자신이 행복하다고 하는 사람은 많지 않습니다. 그래서 종교는 대부분 인간이 불행하게 된 원인을 선과 악을 동시에 안고 살아가는 인간 자체의 모순에서 찾으면서 수행이나 선한 삶을 통해 이를 극복하고자 노력해왔습니다. 그런 점에서 우리 인간이 이러한 모순을 안고 살아가게 된 이유를 구체적으로 알아야 합니다.

요즘 세상은 온갖 갈등과 분쟁이 끊이질 않으면서 인간 자체의 모순성을 고스란히 드러내고 있지만, 어떤 종교도 인류가 직면한 현안을 근원적으로 해결할 수 있는 길을 제시하지 못하고 있습니다. 그리고 요즘 종교인들은 대부분 신을 믿고 열심히 신앙생활을 하게 되면 이러한 고통에서 벗어날 수 있다고 생각하지만, 그것은 인간의 모순성을 해결할 수 있는 근본적인 방안이 될 수 없습니다. 그래서 우리는 인간이 무지에 떨어지고 고통 속에서 벗어나지 못하게 된 근본 원인부터 찾아야 합니다. 다시 말하면 이러한 모순성에 대한 근원적인 해결방안을 내놓지 못한다면 인간이 고통과 불행의 늪에서 영원히 헤어날 수 없기 때문입니다.

창세기에는 여기에 대한 실마리를 풀 수 있는 구절이 등장합니다. 즉 하나님이 인간을 창조한 뒤 큰 축복을 내리게 되지만 인간이 뱀의 유혹에 넘어가 타락하는 과정을 구체적으로 설명하고 있습니다. 다시 말하면 하나님은 하늘과 땅, 그리고 거기에서 살아갈 생물들에 대한 창조를 끝낸 뒤 자신의 형상대로 사람을 만들고 나서 생육과 번성, 그리고 만물주관이라는 큰 축복을 내리지만, 하나님이 만든 들짐승 가운데 간교한 뱀이 여자에게 "하나님이 정말로 너희에게, 동산 안에 있는 모든 나무의 열매를 먹지 말라고 말씀하셨느냐?"(창세기 3:1)라고 물으면서 접근합니다. 그러나 여자가 "하나님은 동산 한가운데 있는 나무의 열매는 먹지도 말고 만지지도 말라고 하셨다. 어기면 우리가 죽는다고 하셨다."(3절)라고 대답하자, 뱀은 "하나님은 너희가 그 나무 열매를 먹으면, 너희의 눈이 밝아지고, 하나님처럼 되어서 선과 악을 알게 된다는 것을 아시고, 그렇게 말씀하신 것이다."(5절)라고 하나님의 명령을 왜곡하면서 유혹을 합니다. 결국 인간 조상은 '하나님처럼' 되고 싶은 탐욕 때문에 타락의 길로 접어들게 됩니다. 창세기는 이처럼 여러 종교에서 언급하고 있는 것처럼 인간의 탐욕이 고통과 불행의 원인이라는 것을 말하고 있습니다.

붓다가 부귀영화를 누릴 수 있는 왕궁을 뛰쳐나와 6년에 걸쳐 극단의 고행길을 간 것도 인간을 불행으로 이끄는 이러한 문제를 근원적으로 해결하여 행복한 세상을 만들고자 하는 뜻이 있었기 때문입니다. 그래서 붓다는 우리 마음 가운데 내재한 탐(貪)·진(瞋)·치(癡), 즉 탐욕과 성냄, 어리석음에서 벗어날 때 고통으로부터 해방되고, 극락정토를 실현할 수 있다고 보았습니다.

이렇듯 우리 인간이 안고 있는 모순을 근원적으로 해결하지 못한다면 지금까지 지속해온 갈등과 분쟁을 해결할 수 없고, 인간의 꿈도 이뤄질 수 없다는 것입니다. 특히 오늘날 종교인들이 겉으로는 서로 사랑해야 한다고 말하면서

도 실제로는 탐욕에 젖어 자신의 이익만을 챙기고 남을 미워하게 된다면, 누구나 차별 없이 행복하게 살아갈 수 있는 세상은 영원히 올 수 없다는 것을 인류역사는 보여주고 있습니다.

이웃의 행복은 곧 나의 행복

하나님은 자신의 형상대로 인간을 창조했다고 성경은 밝히고 있습니다. 이는 무형의 하나님이 자신을 드러내기 위해 유형의 실체 대상으로 인간을 창조한 것으로 볼 수 있습니다. 그래서 모든 인간이 하나님이 마련한 환경 가운데 가정과 종족, 민족, 국가, 세계를 이루어 행복하게 살아가기를 원했습니다. 하나님의 꿈대로 우리 인간이 서로 사랑을 주고받으면서 행복하게 살아가게 된다면 우리 인간에게 이보다 더 아름다운 세상이 있을 수 없을 것입니다.

그리고 예수가 "아버지께서 내 안에 계시고, 내가 아버지 안에 있는 것과 같이, 그들도 하나가 되어서 우리 안에 있게 하여 주십시오."(요한복음 17:21)라고 기도한 것처럼 하나님은 자신이 머무를 수 있는 대상으로 인간을 창조했습니다. 사도 바울이 "여러분은 하나님의 성전이며, 하나님의 성령이 여러분 안에 거하신다는 것을 알지 못합니까?"(고린도전서 3:16)라고 말한 것도 이를 뒷받침하고 있습니다. 특히 예수가 "아버지께서 내 안에 계시고 또 내가 아버지 안에 있다."(요한복음 10:38)라고 말한 것은 마치 하나님과 인간이 마음과 몸 같은 관계임을 보여주는 대목입니다. 우리가 이처럼 하나님이

거할 수 있는 성전이 되기 위해서는 악한 마음이나 탐욕을 가져서는 안 된다는 것을 말하고 있습니다.

그런 점에서 우리 인간이 하나님의 형상을 완전히 드러낼 때 제2의 하나님이 되는 것이며, 유일무이한 가치를 지니게 된다는 것입니다. 예수는 하나님의 이러한 꿈을 실현한 분이기 때문에 하나님을 아버지라고 말할 수 있었고, 하나님이 자신과 함께한다는 것을 보여주었습니다. 예수가 베드로와 요한, 야고보를 산으로 데리고 올라가 기도를 하게 됩니다. 그런데 예수가 혼자 기도하는 중에 모세와 엘리야가 나타나 앞으로 고난을 받게 될 것을 놓고 대화하고 있었고, 졸던 제자들도 그 광경을 목격합니다. 그리고 제자들은 구름 속에서 "이는 내 아들이요, 내가 택한 자다. 너희는 그의 말을 들어라."(누가복음 5:35)라는 하나님의 음성을 듣게 됩니다. 결국 우리 인간이 하나님의 꿈을 실현하기 위해서는 하나님을 부모로 모시고 이웃과 더불어 하늘나라를 이룰 수 있는 기반을 닦아야 한다는 것을 보여주고 있습니다.

소크라테스는 행복이 인생의 궁극적 목적이라고 천명하면서 육신의 쾌락보다는 '영혼(psyche)'의 정화를 통해 행복의 길을 찾았습니다. 즉 영혼이 맑아지고 마음이 평정한 상태에서 행복을 찾은 것입니다. 그래서 도덕적이고 정의로운 삶이 중요하다고 보았습니다. 특히 그는 옳은 지식과 지혜를 통해 현명해지는 것이 우선돼야 한다고 했습니다. 당시 그리스 철학이 주로 형이상학적인 주제를 다뤘지만, 소크라테스는 이처럼 아테네 시민의 행복한 삶이라는 현실적인 문제에 관심을 기울였습니다.

그리고 소크라테스는 플라톤이 정리한 대화록 《에우티데모스》에서 행복에 대해 다음과 같은 말을 남깁니다. 즉 "행복은 모든 사람이 원하는 것이다. 왜냐면 그것은 모든 행위의 목적이기 때문이다." "행복은 외부적인 것들에 있는 것에 있는 것이 아니고 그것들을 어떻게 사용하느냐에 달려 있다."라고 적었습니다. 예를 들면, 돈이 많다고 해서 행복한 것이 아니라 그것을 어떻게 사용하느냐에 따라 행복이 올 수 있다는 것입니다.

특히 소크라테스는 그리스 사람들이 외부적 쾌락에 경도된 것을 비판하면서 행복은 내적인 조화로움에 있다고 설파했습니다. 그는 도덕적이고 정의로운 삶이 무엇보다도 더 큰 쾌락을 가져온다고 말합니다. 이는 바르게 살아가면서 느끼게 되는 내적인 평화가 외적 쾌락을 추구하면서 오게 되는 불만과 죄책감, 스트레스와 같은 것보다 더 낫다는 것입니다. 그리고 그는 마음의 평화만이 아니라 지식을 추구하면서 오게 되는 희열을 통해 신과 같은 경지에 이를 수 있다고 강조했습니다. 이처럼 소크라테스는 무지에서 벗어나 더 높은 진리를 탐구하는 경험이야말로 모든 육체적 쾌락을 능가하는 즐거움이라고 보았습니다. 그래서 그는 마지막 사형장에서까지 이러한 자신의 양심과 원칙을 지키면서 더 높은 영혼의 쾌락을 추구한 실천적 철학자였기 때문에 성인의 반열에 오르게 된 것입니다.

이제 우리는 인간이 왜 불행의 늪에 빠졌는가를 심각하게 돌아보고, 참된 행복을 찾아 나서야 합니다. 우선 나 자신이 탐욕에 찌들어 가장 중요한 행복을 놓치고 있지는 않은가를 알아야 합니다. 그리고 이웃의 행복이 나의 행복이라는 사실을 깨닫는 것이 이 시대 우리에게 가장 절실한 과제입니다. 다시 말하면 우리는 나 혼자만의 행복을 찾는 것보다는 다 함께 행복을 누릴 수 있는 세상을 만들어가야 한다는 것입니다. 이렇듯 지금은 우리가 그동안 인류가 행복을 찾는 데 실패한 것을 반복하지 않고 다 함께 행복을 누릴 수 있는 길을 찾는 것만이 인류의 오랜 꿈을 실현할 수 있고, 평화로운 세상도 오게 된다는 점에서 행복에 대한 인식의 대전환이 절실한 때입니다.

3. 오늘에 되새겨보는 사랑의 깊은 뜻은?

　종교와 철학은 인간의 정신세계를 탐구의 대상으로 삼고 있다는 데 공통점이 있습니다. 그런데 종교는 신을 통해 인간의 고민을 해결하고자 하지만, 철학은 인간 자체를 놓고 삶의 본질이나 인간과 세계에 대한 근본원리를 찾고자 했습니다. 그렇지만 신에 대해 절대적으로 의존하는 유일신교 계열이나 철학적 사유를 중요하게 보고 있는 불교와 유교 등은 따지고 보면 정상을 향해 가는 길만 다를 뿐 추구하는 목표는 다를 게 없습니다.

　종교인들이 숭상하는 성인들은 종교를 직접 창시한 분들이라고는 볼 수 없습니다. 후대에 그들의 가르침을 따르고 전승하기 위해 종교가 세워지고 경전을 집대성했습니다. 그래서 종교의 본질은 성인들이 한평생 보여준 것처럼 그들의 가르침을 통해 각자가 변화하고, 그들이 추구한 이상공동체를 어떻게 실현하느냐 하는 것입니다. 그런데 교리를 만들고 교단의 체계를 잡아가는 과정에서 많은 변질을 겪게 됩니다. 예를 들면 성인들이 참된 인간이 되고, 누구나 차별 없이 행복하게 살아가는 세상을 만드는 것에 집중한 것과는 달리 요즘처럼 개인 구원이나 복을 받기 위해 신앙생활을 하는 것은 종교 본연의 모습과는 거리가 멀다고 볼 수밖에 없습니다.

성인들이 지향한 것은 무엇인가?

예수와 붓다, 공자, 소크라테스는 많은 공통점이 있습니다. 기원전 4, 5년부터 기원후 30년 무렵까지 살았던 예수 외에는 모두 기원전 5세기 무렵에 활동했습니다. 그리고 성인들이 당대에 누구보다도 뛰어난 가르침을 전하다 보니 이들을 추종하는 제자들이 많았습니다. 공자에게는 안연과 안회, 자로, 자장과 같이 걸출한 제자들이 있었고, 붓다는 열 제자로 불리는 사리불과 목건연, 대가엽 등이 따랐습니다. 그리고 소크라테스에게는 플라톤과 같은 뛰어난 제자가 있었고, 예수에게는 열두 사도로 일컬어지는 베드로와 요한, 야고보, 안드레, 빌립, 도마, 바돌로매, 마태, 야고보, 시몬, 유다, 맛디아 등의 제자가 함께 활동했습니다. 이들 제자는 스승이 후세에 성인의 반열에 오르는 데 결정적 역할을 하게 됩니다.

또한 그리스 아테네에서 태어난 소크라테스를 제외한 세 사람의 출생지를 보면 인류의 4대 문명 발상지와 일치합니다. 공자는 중국의 황하강 유역의 황하 문명, 붓다는 인도의 인더스강과 갠지스강 유역의 인더스 문명, 예수는 티그리스강과 유프라테스강 유역의 메소포타미아 문명을 배경으로 태어나 활동하게 됩니다.

그런데 붓다 외에는 모두 가난한 집안에서 태어났습니다. 특히 공자는 아버지 숙량흘이 정식 결혼을 하지 않은 채 낳은 아들로서 세 살 때 아버지를 잃고 편모슬하의 가난한 환경에서 성장했습니다. 석수장이의 아들로 태어난 소크라테스 역시 제자들을 가르치면서도 저녁 한 끼 얻어먹는 것으로 만족할 뿐이었고, 재물 같은 것에는 아예 관심조차 두지 않았기 때문에 아내 크산티페로부터 구박당한 것으로 유명합니다. 예수가 가난한 목수의 아들로 태어난 것은 잘 알려진 사실입니다. 붓다는 인도 카필라성의 성주 아들로 태어났기 때문에 어렸을 적에는 비교적 유복한 생활을 했지만, 출가 이후에는 가난하고 힘들게 살아가는 중생과 함께 곤고한 세월을 보내게 됩니다.

그리고 성인들은 자신의 뜻을 세우고 세상을 계도하면서 기득권층으로부터 반발을 사게 됩니다. 특히 그들은 현실을 넘어서서 새로운 비전을 제시하다 보니 많은 도전에 직면하게 된 것입니다. 예수는 고향에서 배척받은 것은 말할 것도 없고 동족인 유대인들의 참소로 십자가에 못 박혀 죽어야 했습니다. 공자 역시 조국인 노나라를 떠나 정치철학을 펼치기 위해 자신의 생명이 위협받는 상황에서도 14년 동안 여러 나라를 떠돌아다녔습니다. 소크라테스는 젊은 시절부터 기득권층으로부터 미움을 받았고, 결국 동족인 아테네 시민들의 고소와 재판에 의해 사형을 당해야 했습니다.

그런데 성인들은 하나같이 서로 배려하면서 올바른 인간관계를 가지는 데 관심을 쏟았습니다. 특히 공자는 인(仁), 붓다는 자비, 소크라테스는 진리, 그리고 예수는 사랑을 주요 덕목으로 가르쳤습니다. 이에 대한 근본적인 뜻은 하나도 다를 게 없다고 볼 수 있습니다. 이렇듯 성인들은 난세에 불비한 환경에서 뜻을 펼치다 보니 반대를 받으면서도 누구나 차별 없이 행복하게 살아가는 세상을 실현하고자 노력하였습니다.

종교의 일탈과 성인 정신의 회복

우리가 서양의 정신문화를 제대로 이해하려면 그 원조 격인 그리스 철학을 알아야 합니다. 특히 기독교는 소크라테스와 플라톤의 철학에서 영혼불멸설을 기초로 교리를 정립하게 됩니다. 소크라테스는 "영혼은 사람의 형태와 몸속으로 들어오기 전에 존재"하며, 죽음은 단지 육신과 영혼이 분리되는 것일 뿐이라고 말합니다. 그가 아테네 법정에서 사형선고를 받고 초연하게 죽음을 맞이한 것도 죽음은 단순히 육체가 소멸하는 것에 불과하며, 육체에서 벗어난 영혼은 영원히 살게 된다고 보았기 때문입니다. 그리고 "지혜는 일종의 정화의식"이기 때문에 지혜로 정화 받은 사람은 저승에 가더라도 신들과 함께 오래 살 수 있게 된다고 주장했습니다.

스승의 죽음을 지켜본 플라톤은 현실보다는 이상, 감성보다는 이성, 육체보다는 영혼을 사랑한 철학자였습니다. 특히 그는 변화·소멸하는 세계가 아니라 영원불멸하는 실재, 즉 이데아(Idea)를 꿈꾸고 설계했습니다. 그리고 플라톤은 "삶은 육체 안에 갇힌 영혼의 감금 생활이요, 죽음은 육체로부터 영혼의 해방이자 분리되는 것"이라고 설명하면서 금욕과 절제, 선하고 정의로운 삶을 통해 영혼을 깨끗하게 정화해야 한다고 가르쳤습니다. 결국 플라톤의 철학은 소크라테스처럼 영혼의 정화를 지향했으며 정화의 최종 목표는 신의 곁으로 다가서는 것이었습니다.

이처럼 종교가 지향하는 것도 바로 육신으로 더럽혀진 영혼을 깨끗이 정화하는 일이라고 볼 수 있습니다. 다시 말하면 육체적 욕망으로부터 자유롭게 될 때 우리의 영혼은 더 이상 윤회하지 않고 행복만이 가득한 파라다이스, 구원의 세계로 가게 된다는 것입니다. 그런데 소크라테스와 플라톤의 철학을 기초로 교리를 체계화한 기독교는 욕망에서 벗어나지 못한 채 이기적 집단으로 바뀌고 세속화하고 말았습니다. 그래서 아널드 조지프 토인비는 《토인비와의 대화》에서 "나는 현대의 소크라테스가 등장하여 오늘날 세계의 정신의 방향을 바꾸어놓았으면 하고 바랍니다. 우리에게는 과학과 기술을 바르게 사용하는 정신적 힘, 예지와 선이 결여되어 있습니다. 우리는 새로운 소크라테스가 필요합니다."라고 말한 것입니다.

특히 기독교는 지금까지 예수의 가르침을 실천하는 것보다는 믿음을 내세우거나 교리나 제도를 만들어 신도들을 통제하고 관리하는 데 역점을 뒀습니다. 다시 말하면 신앙생활은 예수의 가르침을 믿고 따르면서 그것을 각자의 삶을 통해 재현하는 것이 목표이지만 과연 그러한 신도들이 얼마나 되느냐는 것입니다. 예수는 산상설교를 통해 "너희의 의가 율법학자들과 바리새파 사람들의 의보다 낫지 않으면, 너희는 하늘나라에 들어가지 못할 것이다."(마태복음 5:20)라고 당부한 것은 오늘날 기독교를 향한 메시지나 다름없습니다. 당시 예수의 눈에는 바리새인들이 지나치게 율법주의에 빠져 겉과 속이 다른 사람들로 보였습니다.

기독교인들의 빗나간 행태에 대해 가장 신랄하게 비판한 사람이 독일의 철학자 프리드리히 니체입니다. 니체는 《안티크리스트》라는 저서에서 "신은 죽었다. 우리가 신을 죽였다."라고 주장했습니다. 특히 그는 기독교의 도덕과 신앙체계를 토대로 한 서양의 문화를 공격하면서 신앙인들의 무게 중심을 신에게서 다시 인간으로 되돌려야 한다고 말했습니다. 그리고 니체는 인간은 누구나 끊임없이 능동적으로 자신의 삶을 창조하고 전통적인 규범과 신앙을 뛰어넘어 새로운 가치를 만들어내야 한다고 강조했습니다. 이는 곧 자신의 주체성을 잃어버린 기독교인들과 예수의 정신과는 동떨어진 기독교를 비판한 것입니다.

한국의 대표적인 사회학자인 한완상 교수 역시 《바보 예수》라는 책에서 "한마디로 한국 교회는 예수의 십자가를 폐기·처분함으로써 예수님을 추방시켰다."라면서 "예수의 십자가는 자기 비움, 자기 지움의 깊고 높은 사랑의 힘이자 철저히 자기를 비우면서 남을 생명으로 채워서 새 존재로 우뚝 세워주는 힘"이라고 말했습니다. 그는 예수의 삶이 가지는 의미에 대해 "비움으로써 채우는 역설"이라면서 이는 사랑의 원형이라고 말합니다. 특히 그는 "교회의 조직이 거대화하고 관료제화하면서 조직의 권한이 막강해지고, 그 영광이 세상 속에서 휘황찬란해지면서 예수와 하나님도 세상에서 군림하는 절대 독재자처럼 숭앙되기에 이르렀다."라면서 주류 사회의 가치와 삶의 방식에 대한 반성적 성찰과 함께 새로운 양식의 삶을 선택하는 용기를 촉구했습니다.

이제 우리는 성인들의 꿈을 이뤄야 합니다. 그것은 이웃을 위해 사랑을 실천함으로써 누구나 차별 없이 행복하게 살아가는 세상을 실현하는 것입니다. 그러기 위해서는 성인들의 가르침을 오늘에 되살리고, 그들이 세상을 대신하여 희생했듯이 종교계는 이제 이웃을 위해 모든 것을 내려놓고 온전히 자신을 비울 수 있어야 합니다. 종교는 어떤 개인이나 특정 교단의 이익을 위해 존재하는 것이 아닙니다. 지금 종교가 집단이기주의에서 벗어나 본연의 모습을 회복하지 못한다면 영원히 외면받을 수밖에 없을 것입니다.

4. 한순간의 결단, 그리고 영원한 행복

　종교는 인간의 변화에 가장 큰 목표를 두고 있습니다. 특히 불교는 깨달음과 수행을 붓다의 가르침에 이를 수 있는 가장 중요한 수단으로 강조하고 있으며, 기독교 역시 예수가 "누구든지 다시 나지 않으면, 하나님 나라를 볼 수 없다."(요한복음 3:3)라고 강조할 만큼 중생(重生)을 신도들이 거쳐야 할 가장 큰 과제로 보고 있습니다. 이는 우리 인간이 남을 위해 희생을 한다거나 누구나 행복하게 살아가는 이상공동체를 실현하기 위해서는 무엇보다도 인격적 변화가 선행되지 않으면 안 되기 때문입니다.

　그런데도 종교가 인간의 변화에 실패한 것은 무엇 때문일까요? 그것은 오늘날 종교가 개인의 구원이나 구복 행위에만 목을 매면서 각 개인의 변화를 통해 누구나 행복하게 살아가는 세상을 실현하는 데는 소홀히 해왔기 때문입니다. 더구나 오늘날 종교인들이 남을 위해 살아가기보다는 개인 중심주의로 흘러가면서 종교 본연의 모습은 사라지고 말았습니다.

톨스토이에게 배우는 행복한 삶

　세계적 대문호 레프 니콜라예비치 톨스토이(1828~1910)는 50세가 될 때까지는 세속의 욕망에 찌들어 살았지만, 기독교 신앙을 통해 완전히 새로운 사람으로 다시 태어나게 됩니다. 그는 1884년 발표한 《나의 신앙은 어디에 있는가》라는 책에서 신앙에 깊이 심취하면서 스스로 변화된 자신의 모습을 고백합니다. 톨스토이는 이 책에서 "나는 깨달았다. 어디에 나의 행복이 있으며, 그것을 믿기 때문에, 즉 그것에 나의 신앙이 있기 때문에 나에게서 나의 행복을 의심할 여지없이 빼앗아가는 그러한 행동을 할 수 없다는 것을 깨달았다. 하지만 그렇게 살아야겠다는 확신에 그치는 것이 아니라, 그렇게 살아간다면 나의 삶이 오직 하나의 가능한 이성적이고 즐거운, 그리고 죽음으로도 없어지지 않을 의미를 얻게 된다는 것을 믿는다."라고 적고 있습니다.

　이렇듯 젊은 시절에 톨스토이는 《전쟁과 평화》《안나 카레니나》 등을 펴내며 인기를 누렸지만 40대 중반부터 불현듯이 삶에 대한 회의가 찾아옵니다. 누구나 피할 수 없는 죽음과 인생의 허무감 때문입니다. 그리고 지금까지 자신이 살아온 상류층의 삶이 철저히 거짓과 위선 위에 세워졌다는 결론에 이르게 됩니다. 그러면서 기독교 사상에 몰두하게 됐고, 그를 통해 기독교적 인간애를 근간으로 하는 자신의 철학을 정립하게 됩니다. 톨스토이의 대표적 장편소설 《부활》은 기독교적 가치관과 상상력이 녹아 있는 작품입니다. 특히 그는 '산상수훈'(마태복음 5~7장)을 기본 골격으로 자신의 철학적 토대를 완성했습니다. 도덕적 무소유, 무저항주의 등으로 대변되는 톨스토이 철학은 그의 문학을 분석할 때 꼭 필요한 핵심 키워드이기도 합니다.

톨스토이는 말년에 이르러 문학보다 종교 활동에 비중이 커지게 되자, 이를 못마땅하게 생각한 부인 소피야와 작품의 판권을 놓고 갈등이 벌어지게 됩니다. 그는 1910년 끝내 노구를 이끌고 몰래 집을 빠져나와 기차 여행을 하는 도중에 폐렴으로 인해 허름한 기차역에서 불행한 최후를 맞이하게 됩니다. 그러나 톨스토이는 기독교를 통해 자신이 사는 의미를 새롭게 발견하고 인생의 전환점으로 삼으면서 인류역사에 누구도 뒤따를 수 없을 만큼 대작을 남길 수 있었습니다.

우리는 시간을 거꾸로 돌리거나 시간을 멈출 수 없습니다. 지나간 시간은 다시 돌아오지 않고 지금, 이 순간도 영원 속으로 흘러가고 있습니다. 그리고 우리의 삶은 톨스토이처럼 늘 결단해야 할 순간을 맞이합니다. 우리가 자신에게 닥쳐온 전환점을 아무런 생각 없이 즉흥적으로 판단하느냐, 아니면 그것을 새로운 발전의 밑거름으로 삼느냐에 따라 인생은 크게 달라지게 됩니다. 한순간의 결단에 따라 고통이나 불행의 늪으로 빠져들기도 하고, 행복한 삶을 영위할 수도 있기 때문입니다.

더구나 진실로 성공하고 싶고 행복한 순간에 다다르고 싶다면 자신이 어떤 인생을 살고 싶고, 그렇게 되기 위해 어떤 각오가 돼 있는가를 자신에게 진지하게 물어봐야 합니다. 요즘처럼 급격한 변화의 시기에 자기만의 행복을 추구하기 위해선 반드시 결단의 힘이 필요하기 때문입니다. 그 결단은 상식과 고정관념에 얽매이지 않고, 자기 주도적으로 어떤 어려움도 극복해 내겠다는 의지의 표현이라고 볼 수 있습니다.

자신이 변화할 때 찾아오는 행복

요즘 세상에는 종교인은 많지만, 그들이 내세우는 것처럼 종교인들로 인해 세상이 달라졌다고는 말할 수 없습니다. 그것은 종교가 성인들의 가르침과는 동떨어진 행태를 보여주고 있기 때문입니다. 그 대표적 사례가 믿음의 문제입니다. 기독교인들에게서 볼 수 있듯이 믿음을 앞세우는 종교는 인격적 변화에는 별다른 관심이 없습니다. 이는 예수를 열심히 믿으면 구원을 받을 수 있다고 생각하기 때문입니다. 그러나 신이 내 안에 들어와서 역사할 수 있는 터전을 마련하지 않으면 축복이나 구원은 불가능하다는 점에서 성인들은 하나같이 인격의 변화에 초점을 맞췄습니다.

세계적 평화운동가인 틱낫한 스님은 《붓다처럼》이라는 책에서 뗏목의 비유를 통해 종교인의 자세에 대해 소개하고 있습니다. 이 저서는 초기 경전을 바탕으로 붓다의 일생을 소설 형식으로 그려내면서 불교를 알기 쉽게 쓴 책입니다. 다음은 디가나카라는 제자가 붓다에게 "고타마여! 하지만 어떤 사람이 당신의 가르침을 독단론으로 받아들이면 어떻게 됩니까?"라고 질문하자 잠시 침묵하다가 답변한 내용입니다.

"디가나카, 아주 훌륭한 질문이오. 나의 가르침은 독단론이나 교리가 아니지만, 나는 나의 가르침이 실체를 경험하는 방법이지 실체 그 자체는 아니라는 것을 분명히 말하는 바입니다. 달을 가리키는 손가락이 달 그 자체는 아닌 것과 마찬가지지요. 총명한 사람은 달을 가리키기 위해 손가락을 사용합니다. 손가락을 보면서 그것을 달이라고 착각하는 사람은 진정한 달을 결코 볼 수 없습니다. 나의 가르침은 수행의 방법일 뿐이며 떠받들어지거나 숭배되어야 할 대상이 아닙니다. 나의 가르침은 강을 건너기 위한 뗏목과도 같은 것이지요. 어리석은 자만이 피안, 다시 말해 대자유의 강기슭에 이미 도착한 뒤에도 뗏목에 매달리지요."

붓다는 이처럼 자신의 가르침을 뗏목에 비유하곤 했습니다. 뗏목은 강을 건너는 유용한 수단이지만, 강을 건너고 나면 버릴 줄도 알아야 한다는 것입니다. 붓다는 자신의 법은 깨달음에 이르기 위한 방편이지 결코 목적이 아니라고 보았습니다. 그리고 강을 건너는 수단은 여럿이기 때문에 자신의 신앙을 통해서만 구원에 이를 수 있다는 것은 독선이자 집착일 뿐이라고 보았습니다. 이는 신앙의 본질을 찾으라는 것입니다.

성경에 등장하는 착한 사마리아인의 이야기는 종교인들이 가야 할 길을 구체적으로 제시하고 있습니다(누가복음 10:30~35). 강도를 당해 거의 죽은 상태로 길에 쓰러진 사람을 보고 제사장과 레위인은 그냥 지나쳤으나 유대인과 적대 관계인 사마리아인은 측은한 마음이 들어 상처에 올리브 기름과 포도주를 붓고 싸맨 다음에 나귀에 태워 여관으로 데려가 돌봐주게 됩니다. 이러한 이야기를 통해 종교인이 어떻게 살아가야 하는가에 대해 설명하고 있습니다. 이는 예수가 자신을 시험하기 위해 율법학자가 영원한 생명을 얻으려면 어떻게 해야 하느냐고 묻자 이 비유를 통해 세 사람 가운데 어떤 사람이 강도를 만난 자의 이웃이냐고 되묻는 과정에서 나온 내용입니다. 이처럼 우리 자신이 변화하지 않으면 아무것도 이룰 수 없다는 것을 알아야 합니다.

우리 인간이 꿈꿔온 행복한 세상은 개인이 올바로 설 때 이뤄질 수 있습니다. 유교 경전의 하나인 《대학(大學)》에 나오는 '수신제가치국평천하(修身齊家治國平天下)'라는 말도 이를 뒷받침하고 있습니다. 이 책은 사람이 스스로 수양하고 덕을 갖춘 뒤에 세상을 다스려야 한다고 설명하고 있습니다. 즉 마음이 바르게 가다듬어진 후(修身)에 집안을 돌보고(齊家), 그런 다음에 나라를 다스리고(治國), 천하를 경영할 때 화평해진다(平天下)는 것입니다.

요즘 기독교는 외부의 비판을 의식하지 않은 채 독단적 신앙으로 똘똘 뭉친 견고한 성이 됐습니다. 특히 기독교는 권력화하고 제도화하는 과정에서 예수와 상관없는 종교로 변질하고 말았습니다. 그래서 이를 예견한 예수는 "주님, 주님, 우리가 주님의 이름으로 예언을 하고, 주님의 이름으로 귀신을 쫓아내고, 또 주님의 이름으로 많은 기적을 행하지 않았습니까?"(마태복음 7:22)라고 항의하더라도 "나는 너희를 도무지 알지 못한다. 불법을 행하는 자들아, 내게서 물러가라."(7:23)라고 말하겠다는 것입니다. 오늘날 예언을 하거나 귀신을 쫓아내고, 기적을 행할 정도의 신도라면 잘 믿는다고 할 수 있습니다. 그러나 예수가 도무지 알지 못한다고 한다면 그들의 신앙이 크게 잘못됐다고 볼 수밖에 없습니다. 이제 기독교인들은 예수의 가르침을 실천함으로써 행복의 순도를 더욱 높이고 그 농도를 더욱 진하게 해야 할 것입니다.

오늘날 종교인들이 손가락질을 받는 것은 말과 행동이 다르기 때문입니다. 특히 예수가 제사장에게 "겉으로는 사람에게 의롭게 보이지만, 속에는 위선과 불법이 가득하다."(마태복음 23:28)라고 질타한 것처럼 요즘 성직자들도 그들과 크게 다르지 않다는 것입니다. 그런 점에서 지금은 종교인들이 성인들의 가르침대로 나 자신보다는 남을 위해 사랑을 실천함으로써 종교 본연의 모습을 회복하고, 누구나 차별 없이 행복하게 살아가는 세상을 만들기 위해 앞장서야 할 때입니다. 지금 한순간의 결단이 영원한 행복으로 이어질 수 있다는 것을 잊어서는 안 될 것입니다.

| 에필로그 |

뉴노멀 시대, 인간의 꿈이 현실로 다가오다

    인류는 오늘날 과학기술의 발전으로 외적 생활은 편리해졌지만, 내적으로는 가치관의 부재로 한 번도 경험하지 못한 혼돈 속에서 살아가고 있습니다. 특히 개인은 눈만 뜨면 치열한 경쟁을 벌여야 하다 보니 늘 상대적 박탈감과 불만족을 느끼면서 살아가고 있고, 세계는 인종과 민족, 종교 등의 갈등과 분쟁으로 바람 잘 날이 없습니다. 여기다가 인류는 기후 재앙과 감염병 등으로 인해 생존조차 걱정해야 할 상황에 처해 있습니다.

    그런데 인류에게 복합적으로 몰려오고 있는 이러한 혼란상은 인류 최대의 전환기이자 뉴노멀 시대를 맞아 한번은 극복해야 할 불가피한 현상으로 볼 수 있습니다. 그래서 전면적인 패러다임의 전환을 통해 이를 수습할 수 있는 길을 찾아야 합니다. 이는 성인과 철학자들이 고민해온 것처럼 신(神)과 인간, 자연의 관계를 어떻게 풀어나가느냐에 달려 있습니다. 다시 말하면 신이 누구인가를 올바로 해명한 터전 위에 인간과 자연의 관계를 제대로 정립할 때만이 각종 현안을 해결하고 인류의 오랜 꿈을 실현할 수 있다는 것입니다.

신 · 인간 · 자연, 그리고 미래의 이상공동체 실현

우리 인간은 그동안 신이나 초자연적 절대자를 통해 자신의 고뇌를 해결하고 삶의 궁극적인 의미를 찾았습니다. 그래서 기원전 9세기부터 기원전 2세기까지 유대교와 힌두교, 불교, 도교 등 고등종교가 출현했고 1세기에 기독교, 6세기에 이슬람교가 등장하게 됩니다. 2018년 8월 영국의 가디언 보도에 따르면 2015년을 기준으로 지구상에는 기독교인이 전체 인구의 31.2%인 23억 명, 이슬람교도가 24.1%인 18억 명, 힌두교도가 15.1%인 11억 명, 불교도가 6.9%인 5억 명에 이르며, 무종교인은 16%인 12억 명에 불과할 정도로 종교인이 절대다수를 차지합니다.

우리 인간이 이처럼 종교에 의존하는 것은 궁극적 실재인 신을 통해 인간과 우주의 근본문제, 더 나아가 인류의 당면 현안을 해결하고자 했기 때문입니다. 특히 유일신교는 우리 인간에게 내재한 온갖 고통을 근원적으로 해결하고, 이 땅에 누구나 자유롭고 행복하게 살아갈 수 있는 세상을 만들기 위해 신을 내세웠습니다.

그리고 대부분의 종교는 신과 인간의 올바른 관계 회복을 통해 인간 본연의 모습을 찾고자 노력했습니다. 인간은 본래 하나님의 형상대로 창조했다고 성경에 기록된 것처럼 '제2의 하나님' 위상을 가지고 있습니다. 그래서 예수는 "하늘에 계신 너희 아버지께서 완전하신 것같이, 너희도 완전하여라."(마태복음 5:48)라고 강조한 것입니다. 이는 곧 오욕칠정(五慾七情)으로 인해 더럽혀진 심성을 깨끗이 하고 창조 본연의 모습을 찾게 될 때 하나님과 같은 가치를 회복하고, 하나님이 우리와 함께할 수 있는 기대를 갖추게 된다는 것을 말하고 있습니다.

특히 인도의 브라만교와 민족종교 등은 인간이 신의 모습을 닮고, 신과 하나가 되는 길을 추구했습니다. 브라만교는 우주의 본질적 존재인 브라만과 인간의 본질적 존재인 아트만이 서로 같은 것이라는 범아일여(梵我一如) 사상을 내세우고 있습니다. 민족종교에서 내세우는 신인합일(神人合一) 사상 역시 내 안에 내재한 신을 자각함으로써 참된 자아를 발견하고 신과 하나가 되면서 인간 본연의 모습을 회복해야 한다고 보고 있습니다.

종교는 이처럼 우리 인간이 신을 잃어버린 채 탐욕에서 벗어나지 못하면서 세상이 온통 갈등과 분쟁 속으로 휘말리게 됐다고 보고, 신과 하나되는 길을 가르치고 있습니다. 그래서 우리 인간이 신과의 관계를 회복할 때만 비로소 인간 본연의 위상을 되찾고, 누구나 차별 없는 행복한 세상을 만들어갈 수 있다고 본 것입니다.

그리고 성인들은 개인이 올바로 서서 이웃과 하나가 되지 않으면 누구나 행복하게 살아가는 세상이 올 수 없다고 보고 우선 개인의 변화에 집중했습니다. 그래서 공자는 인(仁), 붓다는 자비, 소크라테스는 진리, 그리고 예수는 사랑을 내세운 것입니다. 다시 말하면 성인들은 세상이 혼란을 겪고 있는 것은 모든 것을 자기중심으로 생각하고 남보다 더 많은 것을 챙기고자 하는 이기심 때문으로 보면서 사랑이나 인, 자비를 통해 나 자신보다 상대를 먼저 생각하고 서로 사랑하라고 주장했습니다. 그럴 때만이 누구나 행복하게 살아갈 수 있는 세상을 실현할 수 있기 때문입니다.

누구나 차별 없이 행복을 누리는 세상

이제 인류가 꿈꿨던 이상세계는 과학기술의 발전으로 꿈만이 아닌 현실로 다가오고 있습니다. 예를 들면 인터넷이나 스마트폰을 이용해 누구나 무료로 음악을 즐긴다거나 동영상을 접하고, 필요한 지식이나 뉴스를 실시간 손쉽게 습득할 수 있게 됐습니다. 여기다가 인공지능(AI) 기술은 우리의 삶을 혁명의 소용돌이 속으로 몰아가고 있습니다.

요즘 미국 스타트업 오픈AI의 생성형 AI 서비스 챗GPT는 단순히 인간을 돕는 차원을 넘어 논문이나 소설 집필과 코딩 등 인간의 창작 영역까지 떠맡고 있습니다. 제조업계는 AI를 앞세워 수요와 생산 일정을 예측하거나 생산성을 높이는 데 박차를 가하고 있고, 자동차 업계는 AI를 활용한 자율주행 교통수단 상용화를 목전에 두고 있습니다. 증권사들이 AI를 활용한 투자 콘텐츠와 투자 자문 서비스에 나서는가 하면, 의료산업 분야에서도 신약개발 등 AI 헬스케어 시대가 열리고 있습니다. 이제 여기에서 뒤처지면 도태된다는 위기의식과 절박함 속에 모든 분야에서 AI 역량 강화에 발 빠르게 움직이고 있습니다.

그리고 과학기술의 발전으로 공유 경제가 활성화하면서 개인의 소유물까지도 한 형제처럼 함께 소유하고 나눠 쓰는 세상이 다가오고 있습니다. 카를 마르크스가 사유재산제를 철폐하고 재산의 공동소유를 통해 누구나 잘살 수 있는 세상을 꿈꿨지만, 이제야 시대 흐름은 모든 것을 공유하는 시대를 지향하고 있는 것입니다. 이는 과학기술의 발전에 따라 물질을 소유하는 시대를 넘어 그 가치를 추구하는 시대로 접어들었음을 보여주고 있습니다.

특히 이제는 물질을 독점하면서 재산적인 가치에만 집착하는 것이 아니라 자신이 필요할 때 그 물질을 활용하고 그 가치를 공유하면서 스스로 만족하는 삶을 이끌어가게 되는 것입니다. 그래서 소유의 시대에는 인간이 물질에 지배당했다고 본다면 공유의 시대에는 탈물질주의 가치관이 자리를 잡으면서 서로 나눔과 섬김, 베풂의 문화가 정착될 수밖에 없습니다. 여기다가 인공지능(AI) 등 과학기술의 발전에 따른 자동화로 인해 공장 역시 생산성을 극대화하면서 누구나 필요한 만큼 소유할 풍요로운 시대가 앞당겨지고 있습니다.

이제 우리는 과거와는 전혀 다른 생각과 삶의 방식이 필요한 뉴노멀 시대를 살아가고 있습니다. 특히 지금은 격식과 예법을 앞세우던 과거의 권위와 질서가 무너지고, 새로운 패러다임을 절실히 요청하고 있음을 보게 됩니다. 그런데 노년 세대 등 아직도 많은 계층이 과학기술이 만들어낸 변화에 적응하지 못한 채 큰 충격에 휩싸여 있다는 것입니다. 그래서 누구나 행복하게 살아가는 세상을 만들기 위해서는 이처럼 달라지는 시대 흐름에 발맞출 수 있도록 힘을 모아야 합니다. 그리고 사람과 사람, 사람과 기기, 기기와 기기가 서로 연결되는 사회에서는 사람의 마음을 사로잡는 기술, 즉 돈으로 살 수 없는 즐거움과 공감을 지향할 수밖에 없다 보니 개인 중심의 생각과 삶의 방식을 바꾸지 않으면 안 된다는 것입니다.

지금부터 250여 년 전에 시작된 산업사회는 화석연료가 주요 기반이 됐습니다. 이 기간에 세계 인구는 7억6천만 명에서 78억 명으로 약 10배, 지구의 평균기온은 1.1도가 높아졌습니다. 여기다가 '거대한 가속(Great

Acceleration)'이라는 말이 나올 정도로 제2차 세계대전 이후 경제성장이 급속히 진행되면서 빈곤에서 차츰 벗어나게 됩니다. 그러나 인류는 이러한 과정에서 자연생태계를 무분별하게 파괴하면서 기후 재앙과 감염병 확산 등 새로운 경험을 하고 있습니다.

특히 지구촌 곳곳에 일어나는 이상기후 현상을 목격하면서 인간과 자연의 관계를 새롭게 정립해야 한다는 목소리가 높아졌고, 더 이상 개발이라는 명목으로 자연생태계를 파괴해서는 안 된다는 것을 확인하게 된 것입니다. 더구나 인류는 경제성장과 안락한 생활만을 추구할 것이 아니라 그에 따른 위험도 함께 돌아봐야 한다는 것을 깨닫기 시작했습니다. 여기다가 시대 흐름은 자연과의 관계 회복을 통해 당면한 인류의 위기를 극복하고, 자연과 공존하는 생명공동체 실현에 나설 것을 재촉하고 있습니다.

오늘날 우리 인류가 한꺼번에 몰려오는 당면과제를 해결하기 위해서는 신과 인간, 자연 등 우리 인간이 그동안 가장 크게 고민해왔던 화두를 붙잡고 본질적 접근을 하지 않으면 안 될 상황에 이르렀습니다. 특히 우리 인간이 어디서 와서 어디로 가며, 왜 사는가 하는 근본문제부터 성찰하면서 개인부터 올바른 가치관으로 무장할 때 평화롭고 행복한 세상이 오지 않을 수 없습니다. 그래서 우리는 삶의 틀과 규범 등을 새롭게 잡아가는 뉴노멀 시대를 맞아 누구나 차별 없이 행복을 누릴 수 있는 세상을 실현하기 위해 공생·공영의 새로운 가치관으로 무장해야 합니다. 그렇게 될 때 인류가 오랫동안 꿈꿔왔던 세상도 머지않아 우리 앞에 다가오게 될 것입니다.

다 함께 누리는 행복

1판1쇄 인쇄 | 2024년 10월 15일
1판1쇄 발행 | 2024년 10월 20일

지은이 | 권오문
펴낸이 | 권오문

펴낸곳 | 울림과세움 | **출판등록** | 제2024-000051호
주소 | 서울특별시 은평구 연서로46길 7, 1103동 1005호
홈페이지 | https://unspub.com
이메일 | omk2000@gmail.com
전화 | 010-6213-5875

ISBN | 979-11-989441-0-8 (03300)

※ 무단 전재 및 복제는 금합니다.
※ 잘못된 책은 바꾸어 드립니다.